中国债券市场违约处置研究

毛振华　闫　衍　袁海霞　等著

中国金融出版社

责任编辑：吕　楠
责任校对：孙　蕊
责任印制：丁淮宾

图书在版编目（CIP）数据

中国债券市场违约处置研究／毛振华等著．—北京：中国金融出版社，2024.1
ISBN 978-7-5220-2293-2

Ⅰ.①中…　Ⅱ.①毛…　Ⅲ.①债券市场—研究　Ⅳ.①F830.91

中国国家版本馆CIP数据核字（2024）第030521号

中国债券市场违约处置研究
ZHONGGUO ZHAIQUAN SHICHANG WEIYUE CHUZHI YANJIU
出版
发行　中国金融出版社
社址　北京市丰台区益泽路2号
市场开发部　(010)66024766，63805472，63439533（传真）
网上书店　www.cfph.cn
(010)66024766，63372837（传真）
读者服务部　(010)66070833，62568380
邮编　100071
经销　新华书店
印刷　河北松源印刷有限公司
尺寸　169毫米×239毫米
印张　19.75
字数　254千
版次　2024年1月第1版
印次　2024年1月第1次印刷
定价　68.00元
ISBN 978-7-5220-2293-2
如出现印装错误本社负责调换　联系电话(010)63263947

序

防范化解金融风险是关乎经济金融发展的重要议题，对于促进经济高质量发展、维护金融稳定与安全、提高资本市场有效性至关重要。伴随债券市场的发展成熟与信用风险的有序释放，债券市场违约风险处置日益成为防范化解金融风险的重要一环，受到监管机构、市场参与者及专家学者的广泛关注。近年来，债券市场违约处置机制朝着市场化、法治化方向迈进，在完善制度、丰富路径、监管协调等层面开展有益探索，但处置成效及市场化程度尚待进一步提升。现阶段，聚焦我国债券市场违约风险处置领域开展系统、深入的研究，促进债券市场信用风险有效防范和有序化解，成为一项重要而不可忽视的工作。

我国债券市场的违约处置实践最早可追溯至20世纪90年代。当时适逢经济进入高速发展期，企业债券融资无序扩张积累的风险陆续暴露，发生了大面积违约，这些违约债券最终以政府主导下的银行代偿、承销商垫付以及财政拨款等方式实现全额处置。此后，企业债市场加大整顿力度，很长一段时间里，债券市场在“风险零容忍”理念下基本维持着“零违约”状态，市场上陆续出现的兑付危机普遍由政府协调全额兑付或由担保方代偿，避免了债项实质性违约的发生，但这一时期的风险处置具有浓厚的行政化色彩，市场化程度偏低。直至2014年“超日债”打破公募债券市场刚兑，债券市场日益常态化的风险暴露与明显滞后的风险处置之间的矛盾逐渐显化，倒逼违约处置机制开始真正意义上的市场化探索。尤其是历经新冠疫情的冲击，微观企业在生产经营困境下债务问题更为突出，债券风险处置工作相比于逐步积累的违约风险而言更加滞后，加快完善债券违约处置机制、提升违约处置效率的迫切性和必要性进一步上升。2020 年 7 月，人民银行会同证监会、国家发展改革委发布《关于公司信用类债券违约处置有关事宜的通知》，就构建市场化、法治化债券处置机制、推动债券市场规则统一做出指引性制度安排。近年来，违约处置制度体系逐步完善，配套规则及操作指引渐次落地，处置途径、工具更加多样化，为提升违约处置效率奠定了基石。

不过，目前我国债券市场违约处置制度体系尚未完全成熟，违约处置进展相对缓慢，这也是下一步违约处置机制建设“补短板”的必要着力点。实践中，违约处置过程中仍存在相关信息披露不充分、投资者保护力度不够、持有人会议不规范、处置方案缺乏执行约束力、违约债券流动性不足等现实问题，影响违约债券处置工作的顺利开展。与美国、英国、日本等主要发达国家相比，我国债券市场在违约处置体系的完备性、违约处置效率、高风险投资者参与程度，以及违约债券回收率估算体系建设上也存在着不小的差距。健全债券市场违约处置机制，加快推进违约风险处置与化解，需坚持问题导向，不仅要总结过去的经验教训，更要以解决现实问题为目标，充分吸取国际市场成熟经验，提出切实可行的制度优化思路。撰写本书，正是基于这一目的。

中诚信国际研究院的研究团队多年来深耕信用风险领域，积累了丰富的研究经验与成果，是本书得以形成的研究基础。从 2014 年债券市场刚兑打破开始，研究团队持续关注信用风险演化趋势，在信用风险领域形成一系列高质量研究成果，发布《债券市场信用风险回顾与展望》《债券市场违约处置回顾与展望》《债券违约案例分析》系列报告百余篇。2017 年，以专著形式出版阶段性研究成果《中国债券市场信用风险与违约案例研究》，这是国内最早关于中国债券市场违约案例的研究书籍之一，获得较高的市场认可度。自 2020 年起，研究院强化国内外风险处置领域专项研究，开创高收益债研究系列，发布《从海外回收率模型看高收益债定价》《中美债券市场回收率研究》《我国违约债券交易机制及现状研究》《债券价格对信用风险预警有效性的实证研究》《困境反转型高收益债投资实践及策略建议》（获《债券》创刊10周年征文二等奖）等专题报告。连续两年参与中国银行间市场交易商协会“NAFMII研究计划”，完成《债券市场违约处置机制研究》《债券市场违约处置机制研究——基于困境企业庭外重组的视角》（2022年“NAFMII研究计划”获奖课题）课题报告。本书的内容凝聚了研究团队一系列研究成果之精华，其间经过不断地补充、完善与修改，历时约9个月最终形成本书。书中全面回顾我国债券市场及违约处置制度的发展过程，聚焦违约处置实务中存在的问题，并从国际比较视角对完善我国违约处置机制进行探讨，为提高违约债券处置效率、化解债券市场信用风险献计献策。

全书共分为十一章。第一章，回顾我国债券市场的发展历程，分析我国债券市场发展现状并进行国际比较；第二章，分析我国债券市场信用风险的演变趋势、成因与风险化解的必要性；第三章，回顾我国债券市场违约处置机制的发展历程，分析现阶段违约处置进展并进行国际比较；第四章，分析我国债券市场违约处置方式与效率；第五章、第六章，从司法途径和非司法途径两个类别，详细分析不同处置方式的特征及适用性，选取典型处置案例介绍其违约原因、处置进展，并总结相关启示；第七章，从市场化角度，探讨近年来我国违约债券交易机制的建设举措及其成效；第八章，重点分析违约回收率的测算方法及其国际比较；第九章，探讨我国债券市场违约处置实践中的现实问题；第十章，从国际视角，介绍主要发达国家债券市场违约处置的实践经验；第十一章，对我国债券市场违约处置进行展望并提出完善建议。

由于本书只是阶段性研究成果，书中如有纰漏之处在所难免，恳请专家、学者及读者批评指正。同时希望本书为我国债券市场信用风险化解与处置工作带来新的思路与启发，对关心我国债券市场发展的读者有所裨益。

2023 年 10 月

目　录

第一章

中国债券市场发展概述

历经30余年的跨越式发展，中国债券市场存量规模逐步扩容，截至2022年末已超过140万亿元，成为仅次于美国的全球第二大债券市场，并在实体经济融资中发挥重要作用。本章通过描述中国债券市场发展历史与市场特点，为后续深入探讨债券市场违约处置机制做铺垫。本章在回顾中国债券市场的演进与发展历程的基础上，从债券品种、发行人特点、参与者特点等多个维度系统剖析债券市场发展现状，最后以国际视野分析中国债券市场表现出的特点，从市场规模、融资结构等角度与美国、日本债券市场进行国际比较。

第一节　债券市场发展历程回顾

经过数十载的发展，中国债券市场存量规模上升，截至2022年末达到141万亿元，占GDP的比重达到117%，整体实现了跨越式发展。与此同时，中国债券市场在资本市场中地位不断提升，存量规模明显高于股票市场总市值，成为仅次于银行贷款的重要融资渠道。随着债券市场的扩容和基础设施的逐步完善，中国债券市场直接融资功能不断强化，在金融体系中发挥越来越重要的作用。

中国债券市场的发展大致经历了以下三个阶段。

一、起步期（1950—1991年）：以国债市场为主，场内场外市场并存发展

新中国成立初期，1950年中国发行了“人民胜利折实公债”，支援经济恢复和发展，并于1954—1958年连续5次发行了“国家经济建设公债”，发行规模总计30.3亿元，发行对象主要为城市私营工商业者、机关团体职工等。随后国债发行进入了20余年的“空白期”，直至1981

年，国债才恢复发行。

20世纪80年代至90年代这一阶段，中国债券市场以一级市场为主，且发行品种均为国债。1981—1987年国债发行主要采用行政摊派方式，由财政部门直接向企业、居民个人等出售国债，该时期债券市场并未形成市场化的一、二级市场。1988年中国开始尝试通过商业银行和邮政储蓄的柜台销售方式发行国债，为实现国债可以流通变现，财政部在全国60余个城市试点国债的流通转让，以场外柜台交易为主的市场开始形成；截至1991年初，国债实现在全国400个地市级以上的城市进行流通转让。1990年12月，上海证券交易所成立，开始接受债券托管和记账式交易，形成了场内场外两个交易市场并存的格局。从发行规模来看，1981—1987年，国债发行规模逐步由40亿元增长至超过110亿元，1988年进一步增长至接近200亿元，截至1991年总发行规模已超过350亿元，债券市场存量规模超过1100亿元（见图1-1）。

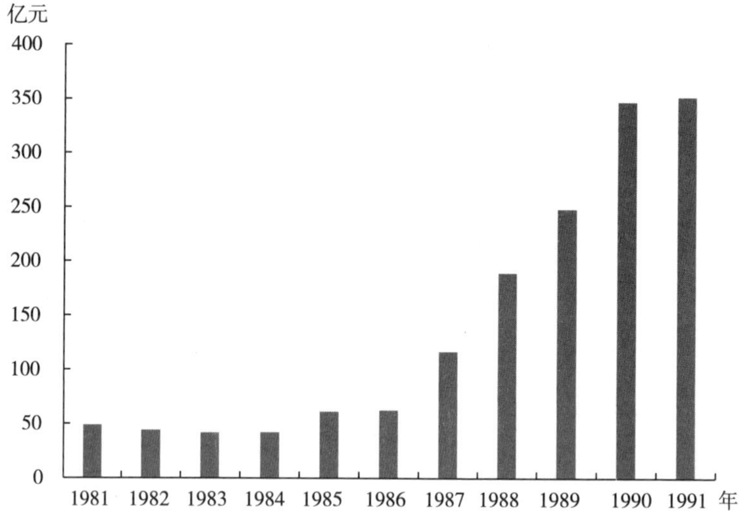

图1-1　1981—1991年国债发行规模变化

二、曲折探索期（1992—2004 年）：企业债券市场稳步发展，基础制度初步构建

20 世纪 90 年代初期，全国性债券市场开始形成并得到初步发展，债券发行更加规范化，债券发行开始市场化运作，发行规模不断扩张，发行品种也有所增加。这一阶段国债发行方式由最初的行政派购过渡到承购包销，不过发行利率的确定仍有较明显的行政色彩；1995 年国债招标发行试点成功，国债发行开始实行市场化利率，次年国债市场化发行模式正式建立，国债发行方式发展为公开招标。除国债外，金融债开始出现并初步发展。1991—1992 年，由中国建设银行和中国工商银行共同发行了 160 亿元的国家投资债券。1993 年中国投资银行被批准在境内发行 5000 万美元外币金融债券，发行对象为城乡居民，期限 1 年，而且采用浮动利率，这是中国首次发行境内外币债券。1994 年，中国三大政策性银行成立。同年 4 月，国家开发银行第一次通过派购方式发行债券，政策性金融债券应运而生。

此外，这一阶段企业债券市场稳步发展，政府支持机构债和可转债也陆续出现。1993 年 8 月，为整顿当时经济生活中普遍存在的乱集资现象，国务院修订颁布了《企业债券管理条例》，对企业债券市场进行规范，严格企业发债条件和资金用途。1995 年，根据《关于制定国民经济和社会发展“九五”计划和 2010 年远景目标的建议》，国家下达了 150 亿元的企业债券发行计划，企业债券的发行量开始逐步增加。政府支持机构债和可转债也分别自 1997 年、1998 年起进行了较小规模的尝试。从发行规模来看，1992—2004 年，中国债券市场发行规模由 400 亿元增长至 1.3 万亿元左右；同时发行品种也有所丰富，国债发行占所有券种的比例从 1992 年的 100%下降至 2004 年的 56%，同年金融债和公司类信用债[①]的占比分别为

① 公司类信用债包括银行间非金融企业融资工具、政府支持机构债，交易所公司债、可转债、可交换债及企业债等。但该阶段债券市场发行主要为企业债。

40%和4%（见图1-2）。

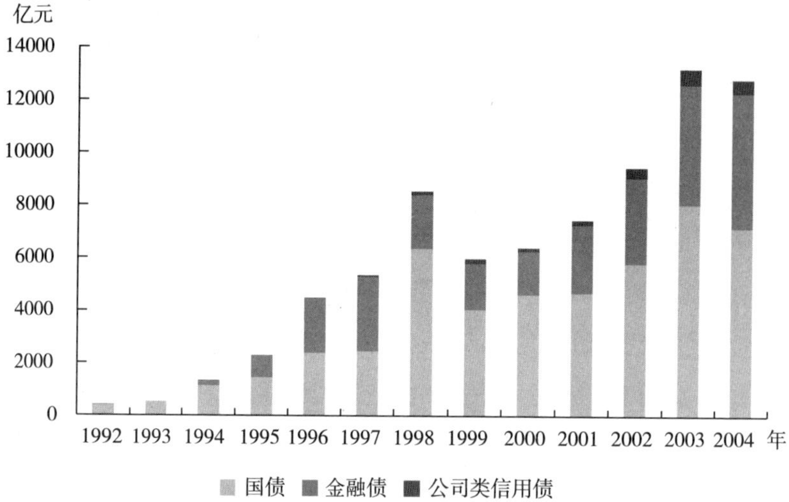

图1-2　1992—2004年债券发行规模变化

一级市场发展的同时，债券二级市场交易场所、品种和交易方式也更加多样。上海证券交易所和深圳证券交易所先后开展国债现货、期货、回购交易和企业债券现货交易。1993年，国债期货开始在上海证券交易所进行试点。同年，上海证券交易所推出国债回购业务，交易所交易品种拓展至国债现券、期货和回购交易，推动场内市场交易量大幅增加。此外，继上海证券交易所开办债券交易之后，深圳证券交易所也于1994年开通了债券交易，1994年11月1日，“深盐田”作为第一只上市的企业债券在深圳证券交易所上市。不过受国债“327”事件影响，1995年场外债券交易活动正式停止，交易所成为唯一合法的债券市场。由于大量银行资金通过违规方式进入股市加大了泡沫成分，为规范银行资金，1997年6月，中国人民银行发布了《关于各商业银行停止在证券交易所证券回购及现券交易的通知》（银发〔1997〕240号），要求商业银行全部退出上海和深圳证券交易所市场，同时成立了银行间债券市场，商业银行持有的债券统一托管于中央国债登记结算公司，债券现货、回购交易等则通过全国银行间同业拆借中心办理。银行间债券市场建立初期成员只有16家商业银行总行，随后几年人民银行陆续批准保险公司、城乡信用社、证券公司等进入银行间债券市场，银行间债券市场参与主体迅速增加；同时随着财政部、人民银行、国家开发银行和中国进出口银行等先后在银行间债券市场发行债券，银行间债券市场规模逐步扩大；2002 年银行间债券市场交易主体的准入机制由核准制改为备案制，市场管理效率也有所提升。同时，银行间债券市场开始探索引入双边报价商机制，试点初期多为中小银行试点参与，后中国工商银行等大型商业银行也获准成为双边报价商，中国银行间债券市场的做市商制度逐步发展起来。此外，为方便个人投资者买卖记账式国债，中国人民银行与财政部合作，推出了商业银行柜台记账式国债交易，进一步拓宽了商业银行债券交易渠道。总体来看，在最初成立的 6 年间，银行间债券市场交易量均低于交易所市场，交易活跃度有限，债券交易仍主要在交易所进行。从 2002 年开始，在准入机制改革的催化下，银行间债券市场的成交规模大幅增长，并超越交易所市场成交规模（见图 1-3）。

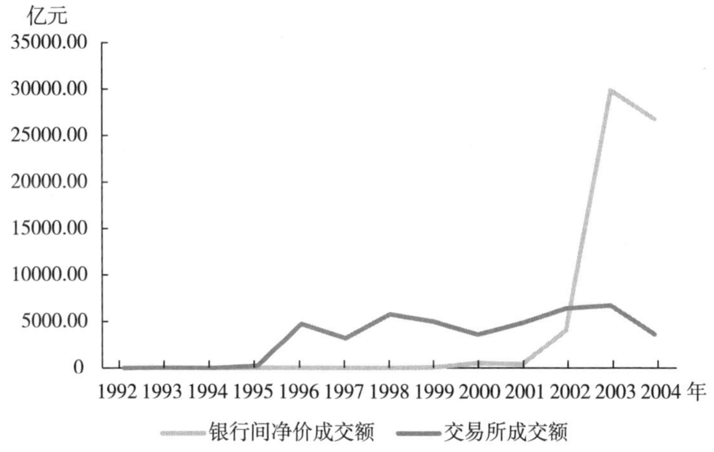

图 1-3 1992—2004 年银行间和交易所市场成交规模变化

三、快速发展阶段（2005年至今）：银行间债券市场快速发展，债券扩容创新提速

从2005年开始中国债券市场发展步伐加快，市场规模不断扩大，债券品种愈加丰富，各类基础设施也更为完善，银行间和交易所市场共同扩张，尤其是银行间债券市场快速扩容；同时，随着人民币国际化推进，债券市场对外开放也有所加快。这一阶段债券市场实现多维度发展，本书主要从一、二级市场，对外开放进程，债券市场统一监管强化等方面进行回顾，具体如图1-4所示。

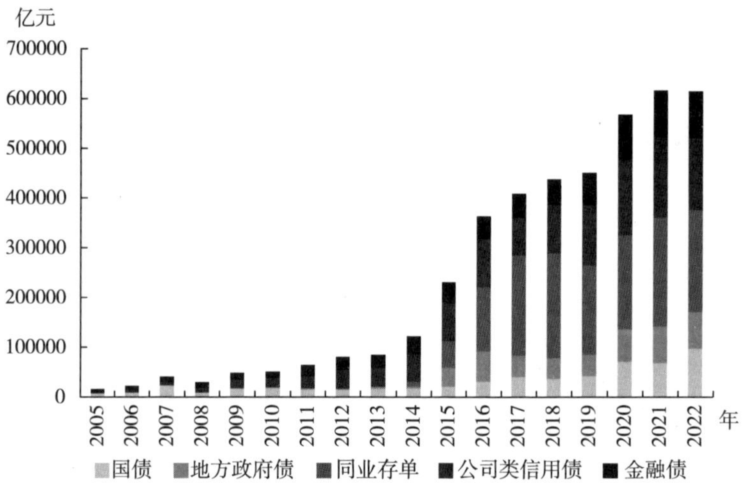

图1-4　2005—2022年债券发行结构

一级市场方面，随着银行间债券市场上短期融资券发行重启，中期票据、超短期融资券、PPN等品种相继登场，债券市场扩容明显提速，交易所市场也推出公司债，这一时期公司类信用债品种丰富程度明显提升。从发行规模来看，2005年债券发行规模为1.64万亿元，此后发行规模快速上升，在2014年增长至10万亿元，2017年已突破40万亿元，自2021年起发行规模已超过60万亿元；其中信用债发行规模从2005年的不足2200亿元增长到2022年的14万亿元以上，在债券发行规模中占比超过两成。

实践过程中，公司类信用债的发行要求也不断优化，发行流程不断简化，特别是2020年修订的《证券法》正式实施后，债券发行注册制全面实施，明确公开债券发行由核准制改为注册制，简化公开发行公司债券的条件，同时取消了对发行人准入方面的净资产规模要求及对资金投向限制等约束条件，有效提振了债券发行人的发债意愿，并在后续发布《关于深化债券注册制改革的指导意见》《关于注册制下提高中介机构债券业务执业质量的指导意见》，通过强化以偿债能力为重点的信息披露要求、强化投资者保护、压实中介机构责任、畅通违约债券出清渠道等内容，进一步深化和完善债券注册制改革。在信用债品种不断丰富的同时，各类围绕国家战略和重点领域发展的创新品种债券持续推出，进一步强化对实体经济重点领域和薄弱环节的支持。在绿色金融领域创设了包括以支持减少碳排放的效益绿色产业为主的碳中和债券，支持高碳行业转型资金缺口和棕色领域转型融资的低碳转型债券和可持续发展挂钩债券，支持海洋保护和海洋资源可持续利用相关项目的蓝色债券等品种；科技创新方面，推出了科技创新公司债、科技创新票据等支持高新技术企业融资的债券，还于2023年推出了拥有浮动利率设计、附有转股权、可以专利权的质押担保作为增信措施等特点的混合型科技创新票据；此外，还创设了乡村振兴债、革命老区发展债等品种。

信用债快速发展的同时，地方政府债品种稳步发展，2009年为实施积极的财政政策，增强地方安排配套资金和扩大政府投资的能力，国务院同意地方发行2000亿元债券，此后地方政府债在2009—2014年经历了由代发代还到试点自发待还与自发自还的过程，发行量由2000亿元增长至接近9000亿元。2015年地方债全面启动自发自还，当年发行规模大幅扩张至3.8万亿元，2022年发行规模已超过7万亿元，存量规模达到34.88万亿元。同业存单也从2013年开始起步，人民银行于当年发布了《同业存单管理暂行办法》，明确了同业存单的发行、存续期间的管理要求，2013年同业存单的发行规模为340亿元，2014年就增长到9000亿元以上，自2017年起发行规模已超过20万亿元，成为银行补充资本的重要手段。金融债除政策性银行债外，也不断涌现出商业银行债、商业银行次级债、证券公司债、其他金融机构债等多种产品形式。总体来看，中国债券市场发行规模、债券品种丰富程度大幅增加，债券市场的融资功能充分发挥。

一级市场发展的同时，二级市场也实现了进一步发展，债券交易工具更加丰富，交易规则也更加便利化和规范化。1997 年，中国债券市场仅有现券买卖和质押式回购两种基本的工具；2004 年，银行间债券市场和交易所债券市场在质押式回购的基础上，均推出了债券买断式回购业务。此后，为满足市场参与主体的多元化需求，进一步增强市场交易活跃程度，丰富债券市场避险工具，银行间债券市场先后推出了债券远期交易、人民币利率互换远期利率协议等衍生产品品种及债券借贷工具，交易所则推行新质押式国债回购交易等，进一步活跃债券交易。同时交易规则也更加便利化和规范化，债券上市流通交易的相关流程进一步简化，建立了规范的电子交易平台及相应的债券托管、清算、结算制度；监管政策也并不断完善，市场套利空间缩小、降低金融机构杠杆等防范金融风险。交易工具的不断丰富，对帮助投资者规避债券市场风险，提高市场流动性，促进价格发现功能发挥了积极作用。随着时间的推移，债券市场投资主体范围也有所拓宽，基本实现了对银行、券商、基金、保险、信用社、境外机构等各类金融机构的全覆盖。在交易工具更加丰富、交易规则更加完善的背景下，债券市场交易活跃度不断提升，2005 年二级市场债券成交规模仅 6.22 亿元，2010 年成交规模突破 60 万亿元，截至 2022 年，成交规模已达到 306.14 万亿元，交易活跃度实现明显增长。

同时，中国债券市场双向开放步伐稳步推进。制度优化方面，一方面允许更多境外机构“引进来”，境外人民币清算行和参加行、国际金融组织、RQFII 和 QFII 等先后获准进入中国债券市场；另一方面着力支持境内机构“走出去”，随着离岸市场的不断发展，不断简化境内金融机构境外发债程序，越来越多的境内企业进入离岸债券市场发行债券。从双向开放渠道来看，在“北向通”落地 4 年后，2021 年 9 月“南向通”正式开闸，内地与香港债券市场实现双向连通，跨境资金双向流通机制更加完善；2023年5月15日，内地与香港利率互换市场互联互通合作机制正式上线运行，便利境外投资者更好地使用利率互换工具进行套期保值，管理利率风险，缓和利率波动对其持有债券的影响，债券市场对外开放再进一步。在优化开放制度、丰富开放渠道的背景下，中国债券市场对外开放成效显著：2021年中国国债先后被纳入彭博巴克莱全球综合指数（BBGA）、摩根大通全球新兴市场多元化指数（GBI-EM）以及富时世界国债指数（WGBI）三大主流债券指数，显示中国债券市场国际认可度不断提升；同时，越来越多境外资金流入中国债券市场，境外机构持有境内人民币债券规模持续增长，从2013年12月的不足4000亿元增长至2022年12月的接近35000亿元；此外，更多境外机构作为发行主体在境内发行熊猫债，2015年以前熊猫债发行规模不足100亿元，但2015年达到130亿元，2016—2022年发行规模在580亿~1300亿元，发行熊猫债的境外机构数量达到98家。

此外，近年来债券市场互联互通不断推进，债券市场统一监管不断加强。中国债券市场主要由交易所和银行间市场组成，由于历史发展原因，债券市场存在多头监管的现象。2018年，银保监会（现国家金融监督管理总局）首次提出“要建立统一管理和协调发展的债券市场”，围绕这一目标，金融监管部门陆续出台一系列措施搭建统一监管的制度框架，推进债券市场的规范统一。2019—2021年，《公司信用类债券信息披露管理办法》《关于推动公司信用类债券市场改革开放高质量发展的指导意见》《银行间债券市场与交易所债券市场互联互通业务暂行办法》等文件先后发布，优化了债券市场统一监管、债券信息披露条件统一、债券市场互联互通基础设施构建等方面的规定。2023年3月《国务院机构改革方案》发布，包括组建国家金融监督管理总局、由证监会统一负责企业债发行审核等举措实施，进一步明确和落实监管职能，推动金融监管朝着更加协调、统一、有效的方向发展（见表1-1）。

表 1-1　债券市场主要债券品种及监管机构

债券类别	监管机构	上市场所
政府债券（国债、地方政府债）	财政部、人民银行、证监会	银行间市场、交易所
政策性银行债	人民银行	银行间市场、交易所
非政策性金融债券、同业存单	人民银行、国家金融监督管理总局	银行间市场
证券公司债、证券公司短期融资券、证券公司短期公司债	人民银行、证监会	银行间市场、交易所
非金融企业债务融资工具［（超）短期融资券、中期票据、PPN］	交易商协会（自律管理）	银行间市场
企业债	国家发展改革委（正逐渐移交证监会）、人民银行、证监会	银行间市场、交易所
公司债	证监会、证券业协会	交易所
资产证券化产品（ABS、ABN）	人民银行、国家金融监督管理总局、证监会	银行间市场、交易所
可转债、可交换债	证监会	交易所

总体来看，近年来债券市场整体保持扩容态势，发展迅速，在制度建设、品种创新等方面均有所提升。中央大力推进金融市场改革，拓宽企业直接融资渠道和改善融资结构，在发行方面放宽标准、简化流程，债券创新品种也不断出现，在交易方面完善交易规则、扩大投资者范围，提升交易活跃度；债券市场开放取得重大突破，“走出去”和“引进来”措施齐头并进，国际认可度不断提升；交易所、银行间债券市场互联互通机制稳步推进，债券信息披露条件统一、债券市场互联互通基础设施建设不断深化，尤其是 2023 年上半年金融监管架构重塑，债券市场统一监管取得重大进展。经历数十年发展，中国债券市场活跃度大大提高，服务实体经济能力、国际影响力明显提升。

第二节 债券市场发展现状

现阶段中国债券市场已初步形成多层次的市场体系，在市场债券品种、发行人性质、参与者结构等方面呈现多样化特征。本书对债券市场债券品种结构、市场参与者性质结构、债券交易结构等方面的特点进行总结，全方位、多角度分析债券市场发展现状。

一、债券品种结构：利率债[①]为规模最大的存量品种，信用债持续扩容

截至2022年末，债券市场存量规模共计141.36万亿元。其中，利率债占比呈现降低趋势，从2005年的占比超过九成降低至2022年的近六成水平，国债、地方政府债、政策性银行债存量分别为25.59万亿元、34.88万亿元、22.53万亿元，占比分别为18%、25%和16%。同业存单和非政策性金融债占比呈上升趋势，2015年增加至10%以上，2022年占比达到18%，截至2022年存量规模分别为14.11万亿元和11.21万亿元，占比分别为10%和8%。公司类信用债占比呈持续提升态势，2005年起步期其规模占比约在5%，2009年突破10%，2010年增加至19%，此后一直在20%以上，截至2022年末公司类信用债存量为33.05万亿元，占比为23%（见图1-5）。

公司类信用债作为承担工商企业融资功能的主体，相较于承担政府和金融机构融资的债券品种，其债券品种更为丰富[②]。公司类信用债在银行

---

① 包括国债、地方政府债、政策性金融债。

② 银行间债券市场的主要信用债品种包括短期融资券（短期融资券和超短期融资券）、中期票据、定向工具、银行间ABN等品种，交易所市场则包括公司债（公开和非公开发行公司债）、可转债、可交换债、交易所ABS等品种，跨市场债券品种为企业债。

间债券市场、交易所市场均有不同品种。截至 2022 年末，银行间债券市场发行品种仍主要为存续债券品种，合计占存续信用债规模的比例达到 53%，其中一般中期票据占比为 27%，为所有信用债券中规模占比最高的品种，其他银行间品种占比均在 7%以下；交易所债券占存续信用债的比例达到 41%，其中公开发行公司债和私募公司债规模占比均在 16%左右，其他品种占比均在 6%以下；企业债占比 6%（见图 1-6）。

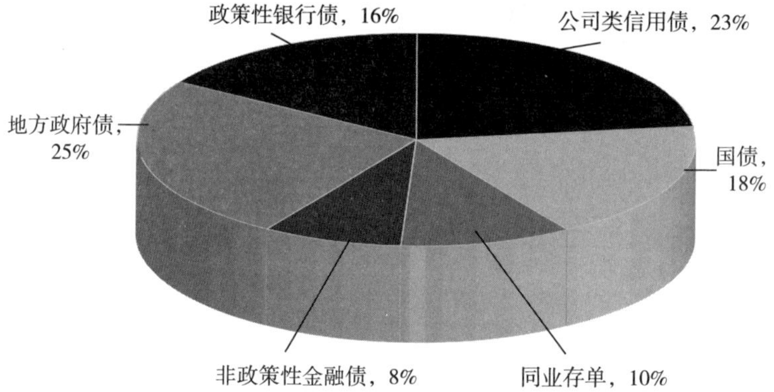

图 1-5　2022 年末债券市场品种结构

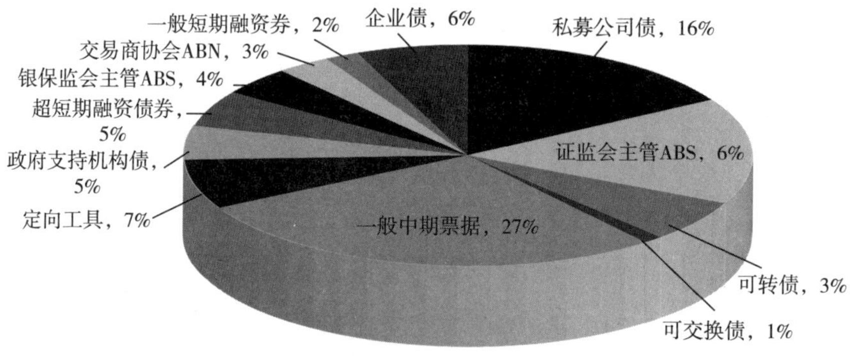

图 1-6　2022 年末信用债存续品种结构

从发行变化情况来看，近年来①债券市场呈现发行规模持续扩容，公司类信用债发行占比上升的特点。从总量来看，中国债券市场发行规模保

① 选取 2018—2022 年数据体现近年发行特点变化。

持增长态势，2022 年发行量超过 60 万亿元。从具体券种来看，利率债方面，国债近年来发行规模占比呈现波动上升态势，2022 年发行规模达到 9.7 万亿元，占比升至 16%；地方政府债发行规模占比近年来呈现上升态势，2022 年发行规模为 7.3 万亿元，占比为 12%。金融债方面，同业存单作为银行补充资本的重要工具，是中国债券市场中发行量最高的债券品种，近年来发行规模在 18 万亿~21 万亿元波动，但其发行规模占比近年来呈现下降趋势，由 2018 年的 48%下降至 2022 年的 33%；政策性银行债和非政策性金融债占比近年来均呈现上升态势，2022 年发行规模占比分别为 9%和 6%。随着发行品种的不断丰富和发行制度的不断优化，公司类信用债近年来发行规模持续上升，由 2018 年的 9.7 万亿元增长至 2021 年的 16.2 万亿元，发行占比一度达到 27%；2022 年由于宏观经济运行面临多重压力，企业投资扩产意愿减弱，信用债发行规模有所降低，但发行量仍有 14.4 万亿元，其发行占比依然达到 23%。2023 年第一季度国债发行占比小幅下降、同业存单小幅上升，其他券种发行占比变化不大（见图 1-7、图 1-8）。

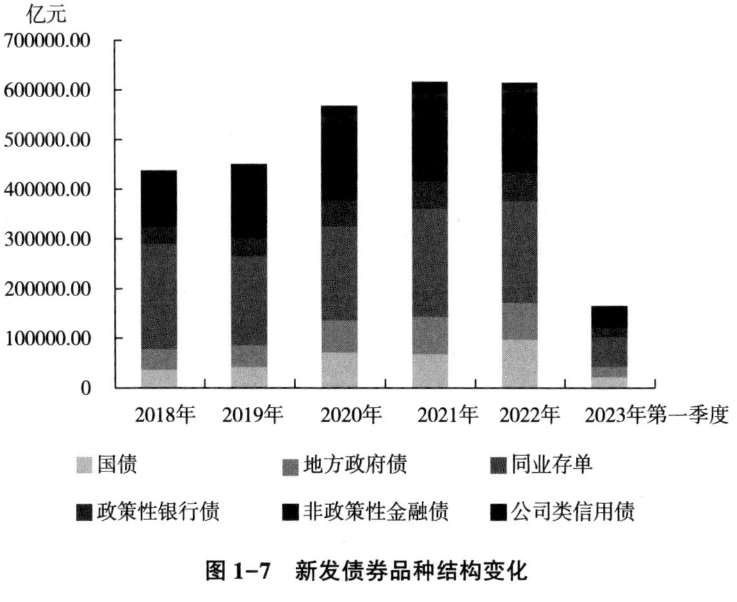

图 1-7　新发债券品种结构变化

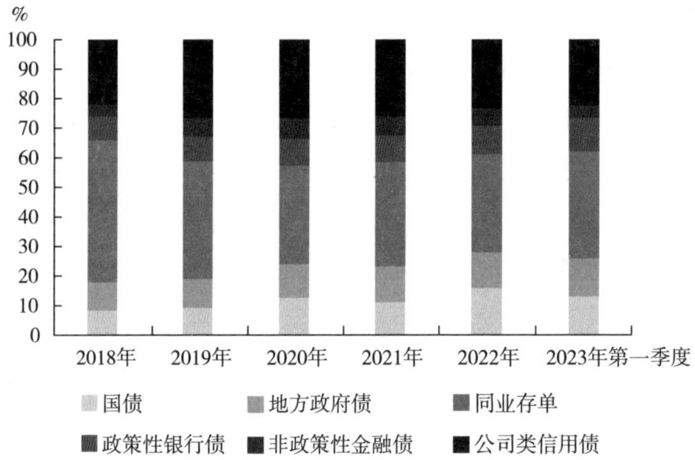

图 1-8　债券发行规模占比变化

从公司类信用债发行变化情况来看，近年来公司类信用债发行呈现以银行间债券市场为主，交易所市场占比先升后降的态势。银行间债券市场的发行规模占比 2018 年以来波动上升，2022 年占比达到 63%；交易所市场的发行占比 2018 年为 39%，此后呈现阶段性上升态势，2019 年、2020 年占比连续超过 40%，但 2022 年由于交易所 ABS 发行量大幅下降，占比回落至 35%；跨市场债券占比较低，占比维持在 3%左右。从具体信用债品种来看，超短期融资债券为信用债中占比最高的品种，其发行占比近年来持续上升，2022 年发行规模占比已达到 31%，债券发行短期化趋势明显；公司债和中期票据分别为占比第二、第三位的品种，发行规模占比也均呈现持续上升的态势，2022 年发行占比分别达到 22%和 20%；其他券种占比均在 5%以下。2023 年第一季度，各信用债券种发行占比情况与 2022 年相比变化不大（见图 1-9、图 1-10）。

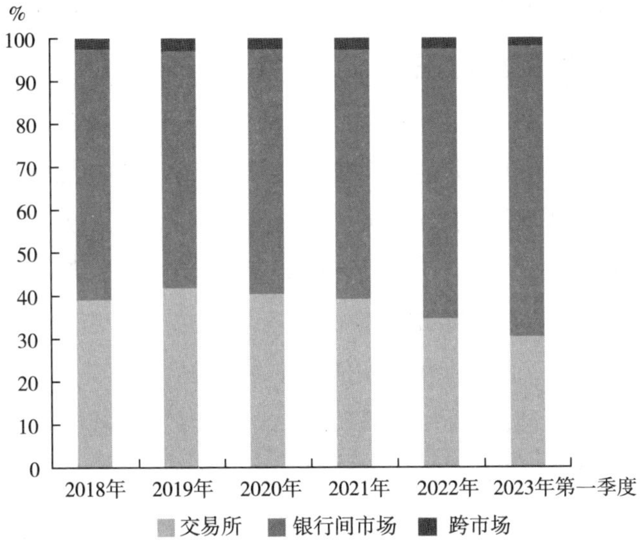

图 1-9　不同市场发行占比变化

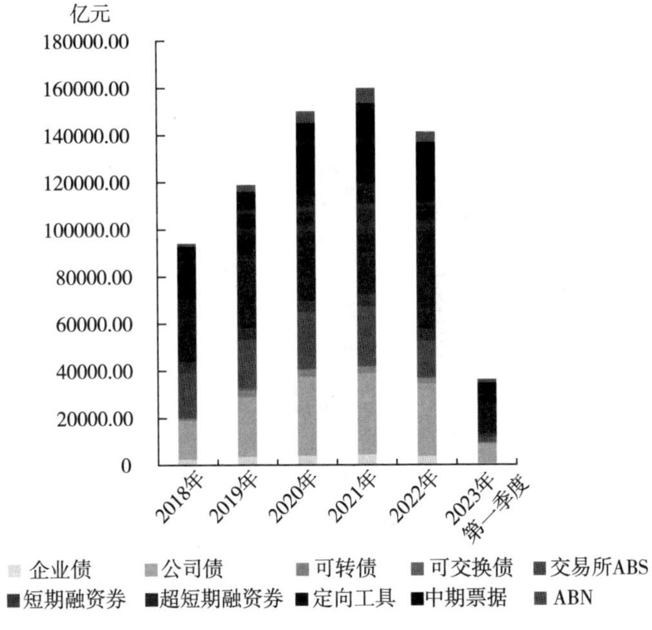

图 1-10　信用债品种发行规模变化

二、债券交易结构：信用债交易活跃度持续提升，交易方式以回购交易为主

随着债券市场不断发展，交易工具也日趋丰富，参与主体类型不断增加，债券市场交易活跃度持续上升。从交易规模来看，债券总成交规模从2018年的150万亿元增长至2022年的超过300万亿元，年均增长率高达26%。从交易结构来看，2022年债券市场总交易量从高到低依次是金融债、公司类信用债、同业存单、国债和地方政府债。从变化趋势来看，近年来同业存单交易量占比持续降低，由2018年的36%降低至2022年的18%；其他类型债券交易量占比均增加，其中金融债和国债增幅最高，分别由33%、12%各增加6个百分点至39%和18%；公司类信用债交易量占比从18%上升至22%（见图1-11）。

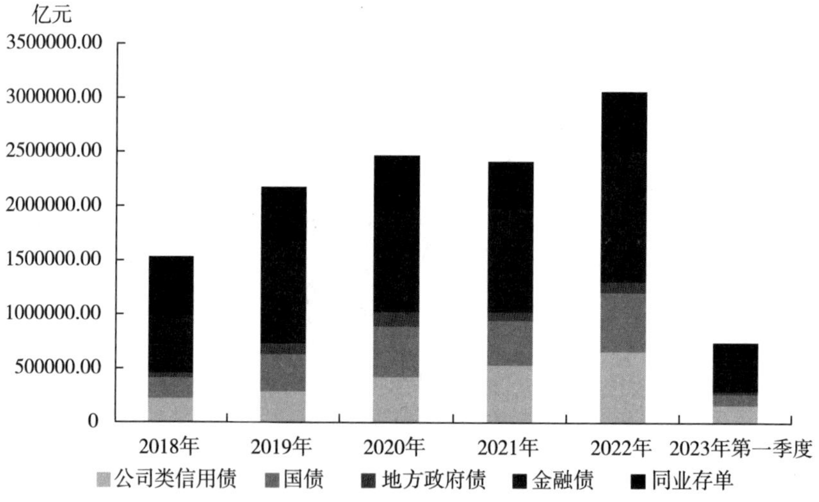

图1-11 债券品种成交规模占比变化

公司类信用债交易规模近年来呈现稳步上升趋势。具体来看，5年间信用债交易规模从2018年的28.5万亿元升至2022年的65.5万亿元，年均增长率超过30%。从具体品种来看，短期融资券和中期票据为中国债券市场的主要交易品种，2018年成交规模占比分别达到36%和35%，合计

占比超过七成。但从2020年开始，可转债交易规模大幅上升，2020年交易规模达到9.7万亿元，较2018年增加接近6倍，交易规模占比也从2019年的5%大幅升至23%，自2021年起已成为中国债券市场交易规模最高的品种，2023年第一季度占比有所下行，但仍有23%，与短期融资券、中期票据的占比持平（见图1-12）。

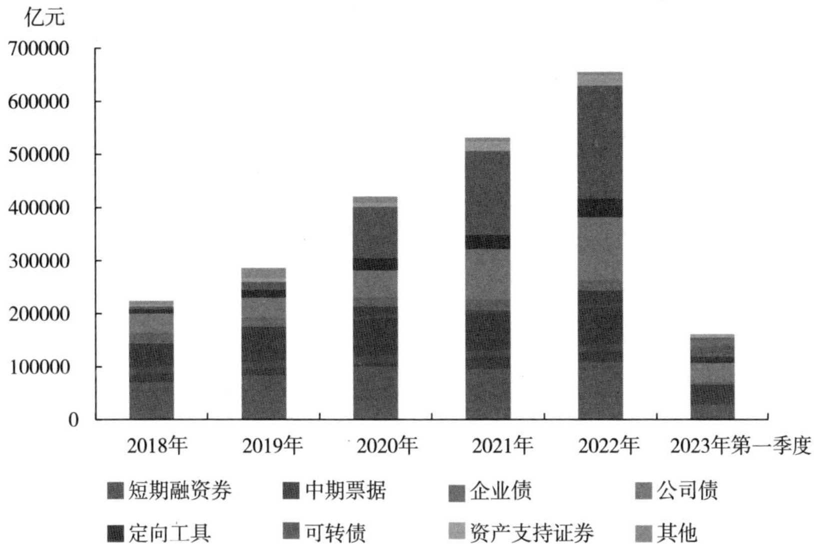

图1-12　信用债品种成交规模占比变化

从债券交易方式来看，债券市场交易方式分为现券交易、回购交易，现券交易是反映债券二级市场活跃度的重要指标。从规模来看，中国债券市场成交方式一直以回购交易为主，不过近年来现券交易在债券成交中占比呈上升趋势，截至2022年末占比达到14%。回购交易中，质押式回购为中国主要的交易类型，近年来交易规模占比始终在98%以上（见图1-13、图1-14）。

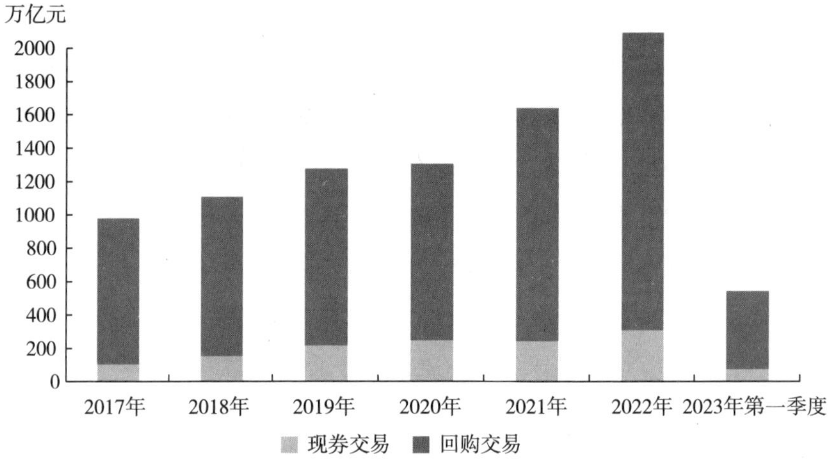

图 1-13　2017 年至 2023 年第一季度债券市场交易情况

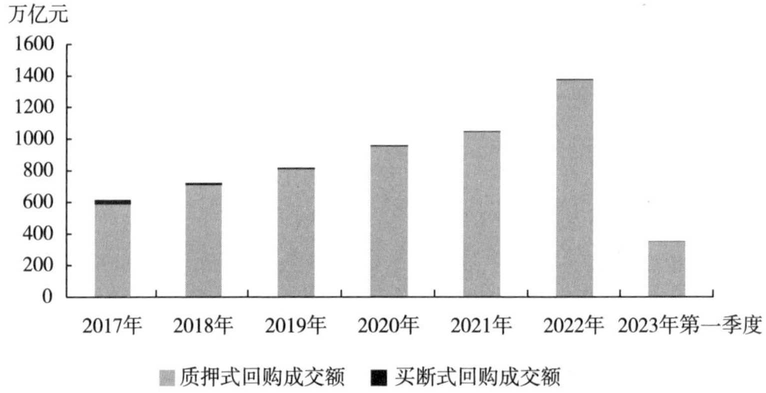

图 1-14　2017 年至 2023 年第一季度债券市场回购交易情况

三、市场参与者结构：信用债发行人以高等级国企为主，主要持有人为非法人产品

中国债券市场发行人涵盖包括财政部①、地方政府②和政策性银行③在

① 国债发行主体。

② 地方政府债发行主体。

③ 政策性银行债发行主体。

内的利率债发行主体，以及金融机构和非金融企业。具体来看，截至2022年末，利率债发行人的存续债券规模占比接近六成，发行公司类信用债的工商企业债券存续规模占比为23%，发行金融债和同业存单的金融机构发行规模占比均为18%（见图1-15）。

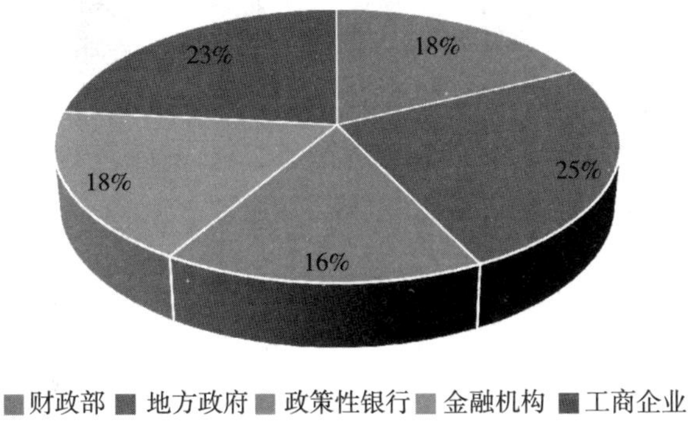

图1-15　债券市场发行人存续规模占比

存续公司类信用债品种发行人以经济发达地区的高等级国企发行人为主。具体来看，截至2022年末，国有企业发行人债券存续规模占比超过90%，其中地方国有企业占比达到70%，央企占比达到22%，其他性质企业占比均不超过5%；信用等级方面，AAA、AA+和AA等级发行主体存续规模占比超过97%，其中AAA和AA+等级占比接近80%；区域方面，北京、江苏、广东、浙江、山东和上海地区存续债券规模合计超过六成。

从发行情况来看①，金融机构为中国债券市场占比最高的发行人，其发行规模占比虽然近年来有所下行，但2022年占比仍接近四成。包括央企、地方国企、民营企业和其他类型企业在内的工商企业发行人发行规模占比合计23%，其中地方国企债券占比最高，2022年为14%，央企债券占比为7%，其他两类企业发行债券占比均为1%。财政部（国债发行主体）、地方政府（地方政府债发行主体）和政策性银行（政策性银行债发

① 选取2018—2022年数据描述近年来发行结构变化。

行主体）的发行规模占比分别为16%、12%和10%（见图1-16）。

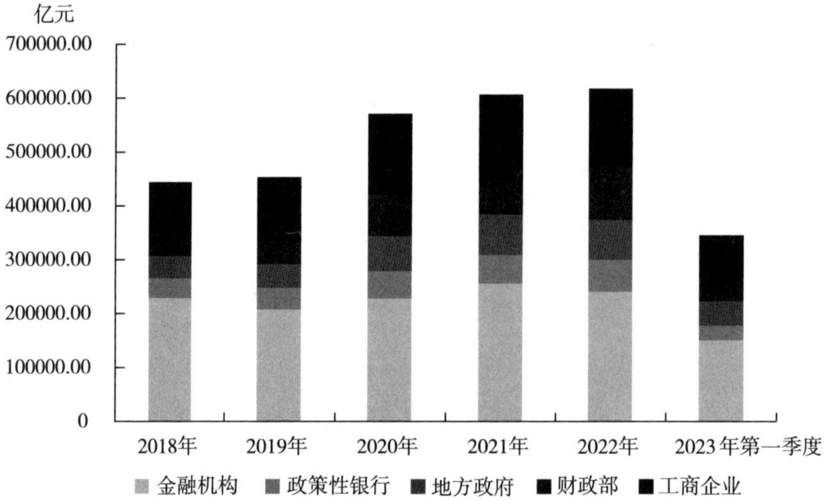

图1-16 债券市场发行人结构

从公司类信用债的发行变动趋势①来看，近年来公司类信用债发行人向高等级国有企业集中。主体评级②方面，发行人以中高等级为主，AAA、AA+和AA等级发行人发行的债券规模合计占比超过90%，且呈现逐年上升态势，自2021年起占比已达到99%。其中，AAA级主体占比持续上升，AA+和AA等级主体占比波动下降，体现了近年来信用债等级向高等级集中的趋势。结合主体性质来看，央企和地方国企发行规模占比近年来持续上升，2022年已超过九成，而民企和其他企业占比合计不超过10%，较2018年合计超过20%的比例明显降低；2023年第一季度国企发行占比进一步上升，发行向国有企业集中的趋势更加明显（见图1-17、图1-18）。

① 包括企业债、公司债、中期票据、超短期融资券、短期融资券和定向工具等可以确定发行人性质的信用品种。

② 统计披露评级的发行人。

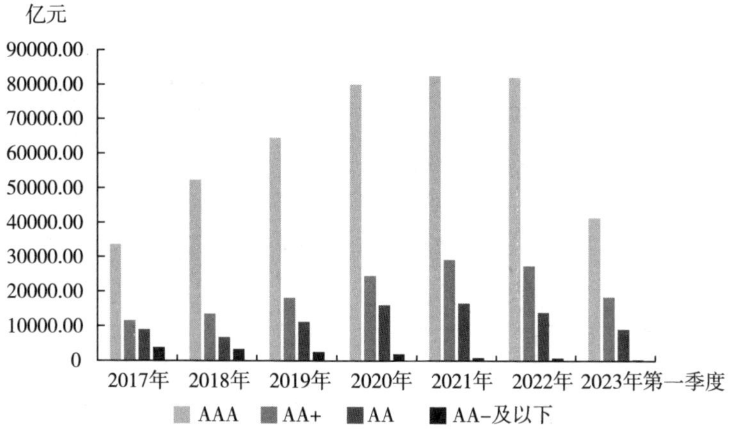

图 1-17　主要信用品种发行主体级别分布

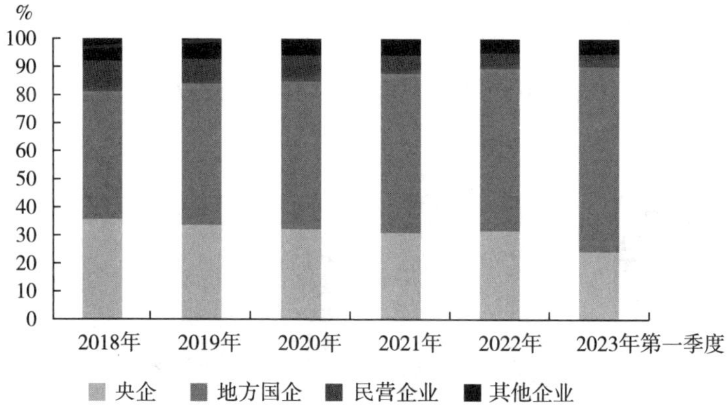

图 1-18　发债主体性质（按规模分布）

从行业来看，信用债发行人主要集中于基础设施投融资行业，近年来其发行规模占比逐年上升，自 2021 年以来已突破四成。电力、综合、交通、房地产、化工和煤炭行业为近年来发行规模较高的行业。从区域来看，中国信用债发行主体集中于经济发达地区。北京、江苏、广东、浙江、上海和山东发行规模位居前列，其合计发行规模占比超过 65%；其中北京市发行规模占比持续在 20%以上，主要与辖区内覆盖大量央企总部以及企业债券融资需求较高有关（见图 1-19、图 1-20）。

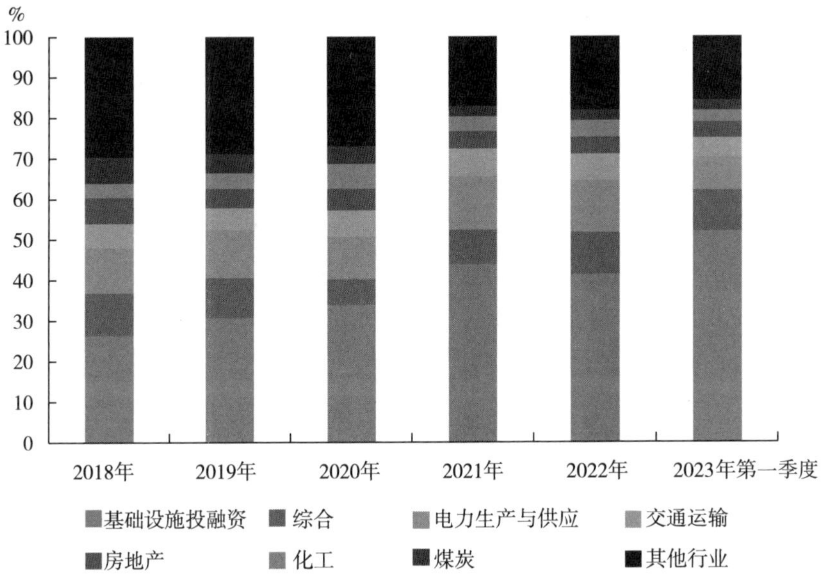

图 1-19　主要信用债品种发行行业分布①

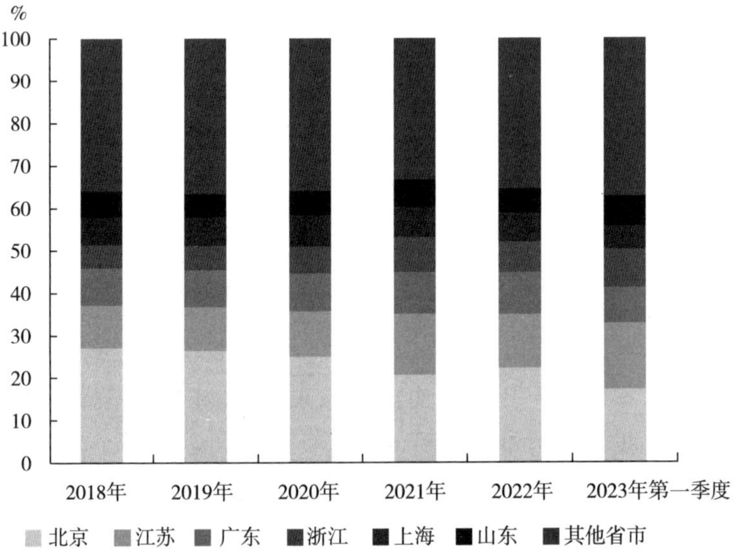

图 1-20　主要信用债品种发行区域分布

① 采用中诚信行业分类。

从债券持有人结构来看，近年来中国债券市场持有人结构相对稳定，形成以商业银行为主，非法人产品、证券公司持有债券占比较高，政策性银行、保险公司、境外机构等机构共同参与的投资者格局。具体来看，截至 2022 年末，根据上清所和中债登发布的数据，债券持有人以商业银行为主，占比超过六成；非法人产品占比次之，达到 22%；证券公司占比为 9%，位居第三；其他机构占比均不超过 5%。2023 年第一季度末情况较 2022 年末变化不大，依然呈现以商业银行为主的持有人构成（见图 1-21）。

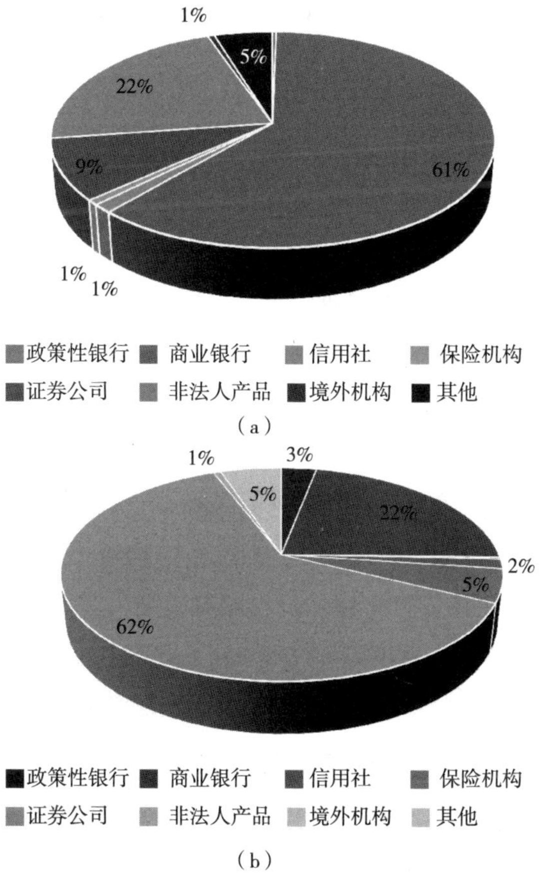

图 1-21　债券市场持有人分布（a）和上清所信用债持有人分布（b）

（资料来源：上清所、中债登官网）

从信用债持有人情况来看，以上清所数据为例，截至 2022 年末，非法人产品为信用债主要的持有主体，其占比达到了 62%；商业银行占比也超过了 22%，为信用债第二大持有主体。其他类型主体持债占比均不超过 5%，具体来看，证券公司占比为 5%，政策性银行占比为 3%，保险机构占比为 2%，境外机构占比为 1%，其他类型机构占比共计 5%。2023 年第一季度末的情况与 2022 年末较为相似。

第三节　中国与美国、日本债券市场比较

历经 30 余年发展，中国债券市场已超越日本，成为仅次于美国的第二大债券市场。由于发展历史、发展环境以及市场化程度的不同，现阶段中国债券市场在产品种类、市场结构等方面均与美国、日本有所差异。本节主要从债券市场整体规模与品种分类，以及信用债市场的行业分布、评级分布、持有人结构等方面，对中国、美国、日本债券市场进行对比分析。

一、美国、日本及中国债券市场规模比较

从整体规模看，相较于中国、日本债券市场，美国债券市场起步更早、规模更大，一直以来债券市场规模稳居全球第一；日本债券市场规模在 2017 年及之前稳居亚洲第一，近几年虽被中国超越但体量仍远高于亚洲其他国家，位居全球第三。截至 2022 年末，美国、中国、日本债券市场余额分别为 51.94 万亿美元、21.66 万亿美元和 12.06 万亿美元（见图 1-22）。

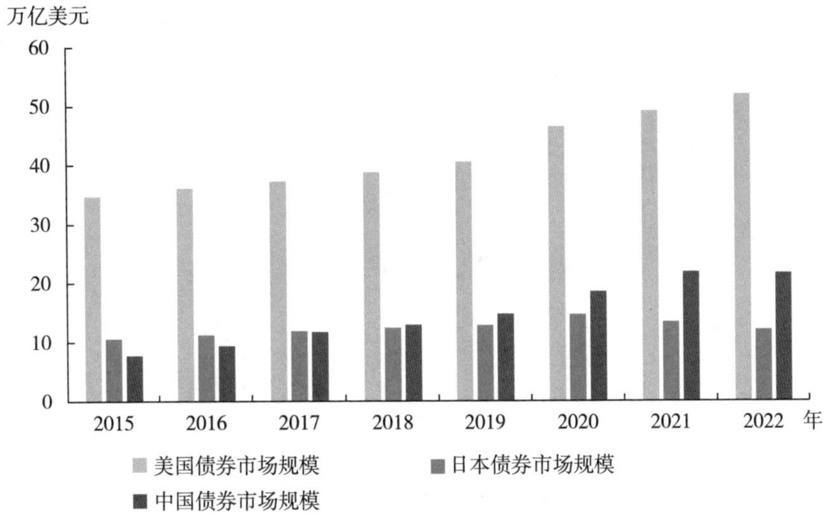

图 1-22　美国、中国、日本债券市场规模

（资料来源：SIFMA）

从品种分类及占比上看，美国债券市场品种丰富，包括国债、公司债、市政债、联邦机构债、ABS、MBS、货币市场工具等。其中，公司债占比近两成，仅次于国债和抵押贷款相关证券（见图 1-23）。日本债券市场主要分为公共部门债券和私人部门债券。其中公共部门债券以日本国债（JGBs）、融资券[①]为主，在公共债券中占九成左右，此外还包括政府担保债券、市政债（LGBs）、财政投融资计划机构债（FILP）；私人部门债券包括普通公司债、资产担保型公司债和可转债。从规模分布来看，日本债券市场中公共部门债券占比较高，支持企业融资的公司债券发行规模较小，当前占比不足一成（见图 1-24）。中国债券市场的品种主要包括利率债（国债、政策性金融债、地方债）、信用债（非政策性金融债、公司类信用债）及其他（同业存单等），其中利率债存量占比近六成，公司类信用债市场存量占比约为 1/4，非政策性金融债占比不足一成。且公司类信用债细类品种丰富，主要包括短期融资券（短期融资券和超短期融资券）、

① 类似于政府短期债券。

中期票据、定向工具、公司债（公开和非公开发行公司债）、可转债、可交换债、资产支持证券等。

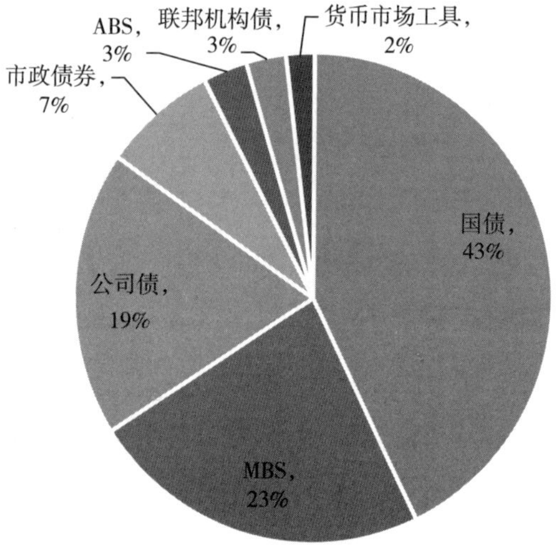

图 1-23　美国债券市场各类产品规模占比

（资料来源：SIFMA）

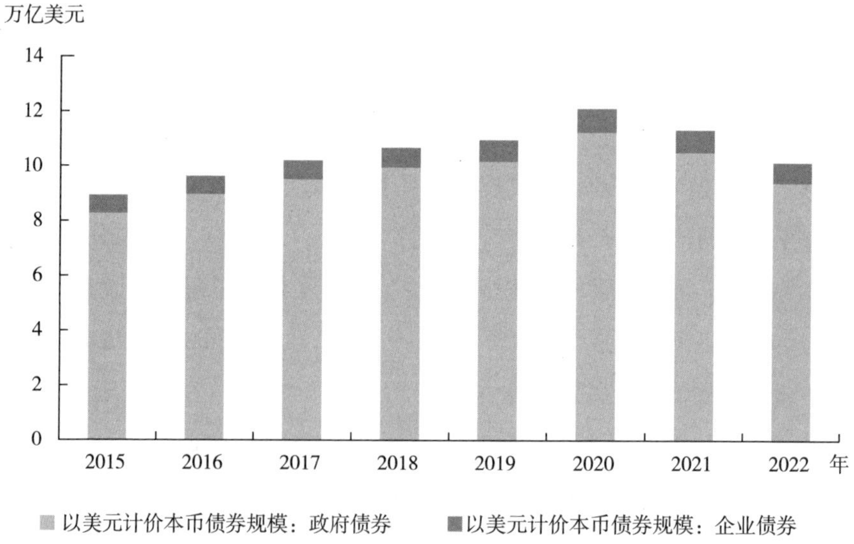

图 1-24　日本存量债券结构

（资料来源：Wind，亚洲开发银行）

二、美国、日本及中国信用债市场比较

美国、日本债券分类标准与中国存在差异，但按照信用风险水平划分，各国信用债范围存在着大致类似的对应关系。具体而言，美国的信用债主要包括公司债和市政债；日本的信用债则指公司债，包括普通公司债、资产担保型公司债和可转债；中国的信用债主要包括非政策性金融债和公司类信用债（包括公司债、企业债及非金融企业债务融资工具）。从各国信用债规模来看，2022 年末，美国信用债规模最高，余额达 14.24 万亿美元（见图 1-25），其中公司债余额为 10.22 万亿美元，占比为 71.77%；中国次之，信用债券市场余额约为 6.36 万亿美元（45.38 万亿元人民币），其中公司类信用债余额约为 4.75 万亿美元（33.90 万亿元人民币）。日本公司债存量余额达 0.65 万亿美元[①]（93.24 万亿日元），主要为普通公司债（见图 1-26）。从信用债规模占债券市场整体规模的比重看，美国和中国信用债市场规模占比均近三成；日本较低，在 3%左右。

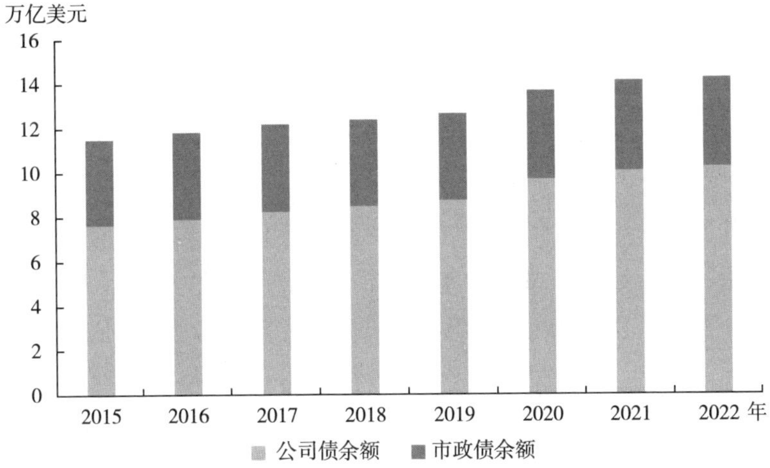

图 1-25 美国信用债市场规模

（资料来源：SIFMA）

① 以 2022 年 12 月 30 日汇率计算。

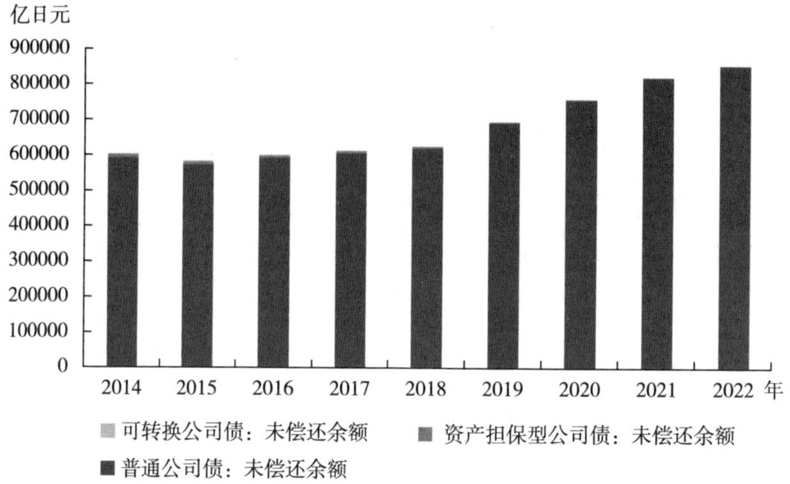

图 1-26　日本信用债存量规模（合计）

（资料来源：Wind）

美国公司债、日本公司债以及中国的公司类信用债是各国国内工商企业通过债券市场融资的主要工具，以下对上述品种债券进行进一步对比。从新债发行规模来看，日本公司债发行规模趋势与美国较为相似，2016—2020 年呈现较为明显的上升趋势，2020 年后有所下降（见图 1-27、图 1-28）。从发行人行业分布来看，除金融行业外，美国和日本的非必需消费品行业债券均占比最高；中国则有约四成公司类信用债属基础设施投融资行业，产业债中电力、综合、交通、房地产、化工和煤炭行业发行规模相对较高。具体而言，美国存量公司债中金融类公司债存量规模占比超三成；非金融类公司债中非必需消费品和医疗保健存量规模相对最高，占全部存量公司债的比例均在一成左右；其余行业包括公用事业、通信、科技、能源、工业和日常用品等，占比为 6%~9%；原材料行业债券存量规模相对偏低（见图 1-29）。日本公司债行业分布方面，金融类公司债占比最高，超三成；除金融类公司债外，非必需消费品与公用事业类公司债规模靠前；其余行业规模占比均不超过一成（见图 1-30）。

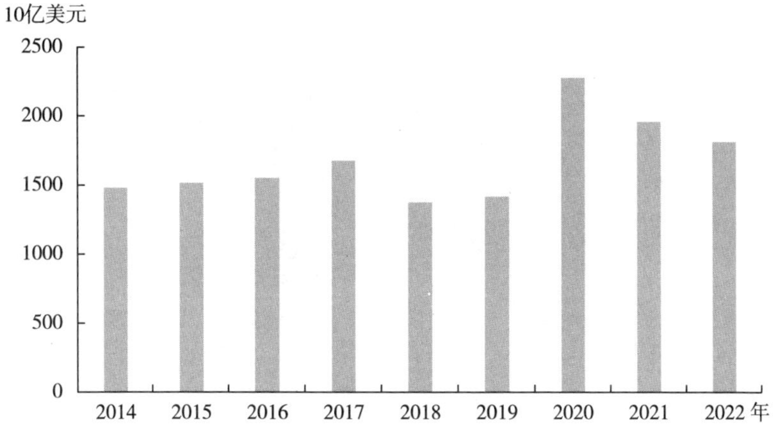

图 1-27　美国新发行公司债规模

（资料来源：SIFMA，彭博）

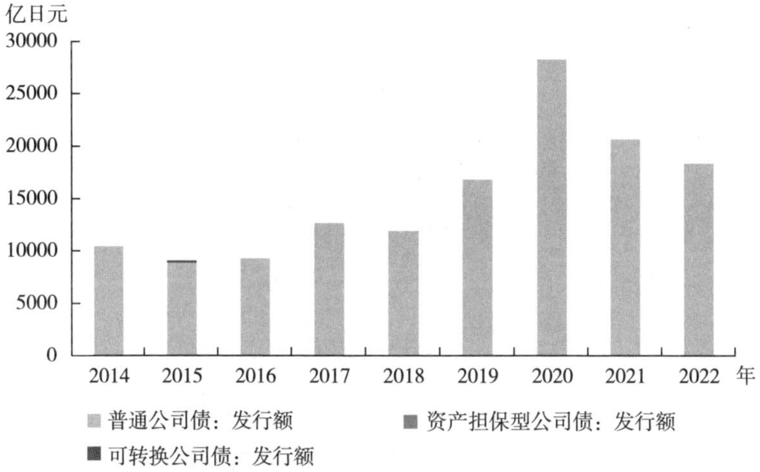

图 1-28　日本新发行公司债规模（合计）

（资料来源：Wind）

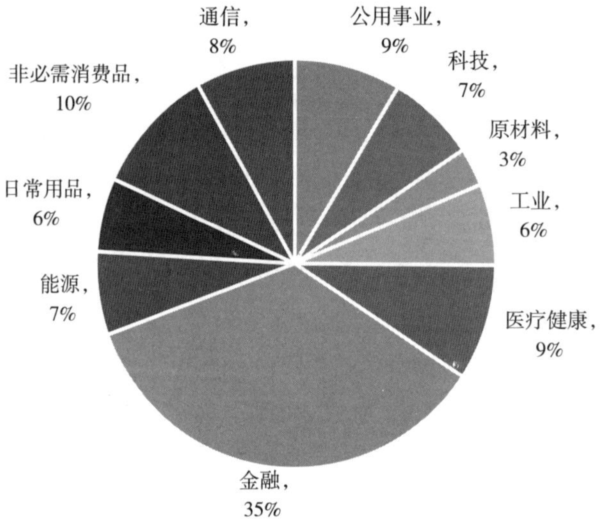

图 1-29　2022 年末美国存量公司债行业分布

（资料来源：Bloomberg）

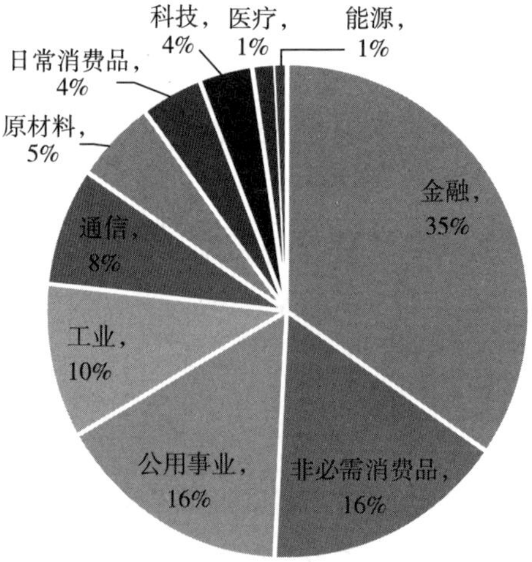

图 1-30　2022 年末日本存量公司债行业分布

（资料来源：Bloomberg）

从评级分布来看，美国信用债评级分布相对均匀，评级中枢为 BBB+级。存量公司债以投资级为主，根据彭博综合评级，投资级（BBB 级及以上）债券占比超五成，投机级占比不足两成，无评级占比超三成。存量公司债信用评级集中在 A 等级到 BBB 等级之间，A-级别的存量公司债最多，在有评级债券中占比为 21.7%（见图 1-31）。日本信用债整体评级较高，不考虑无评级债券，整体评级中枢落在 AA-级别，占比两成。存量公司债主要集中于 AA 等级到 A 等级之间，合计占比超七成（见图 1-32）。中国存续债券信用级别普遍在 AA 级以上，AAA、AA+级债券存续规模占比分别超六成、两成，低级别主体占比则较小。

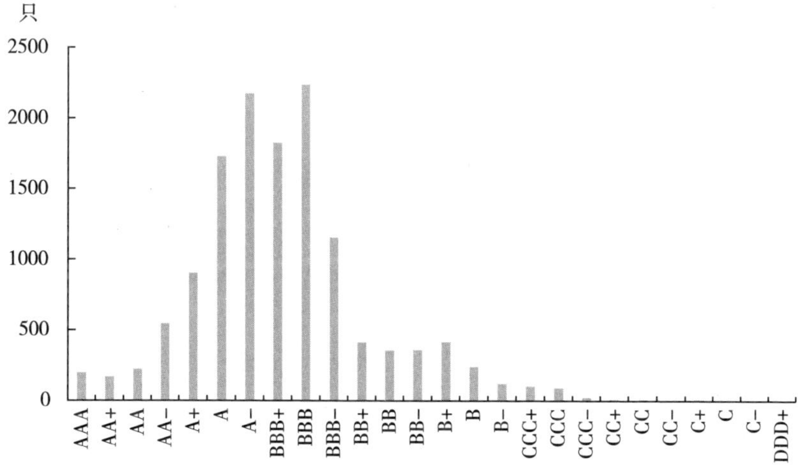

图 1-31　2022 年末美国存量公司债评级分布（彭博综合评级）

（资料来源：Bloomberg）

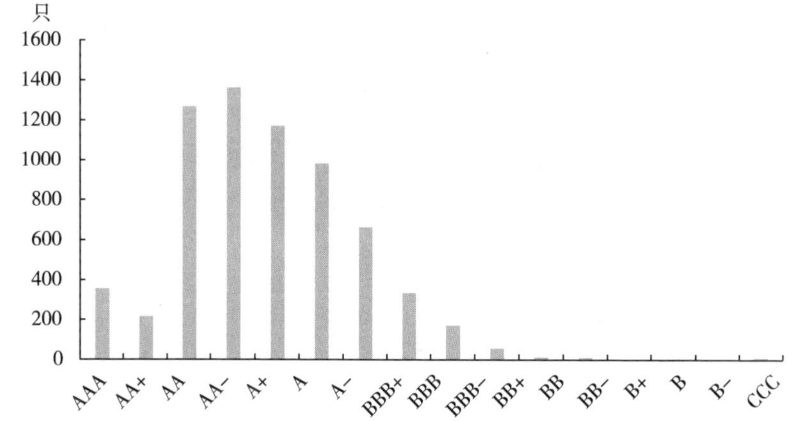

图 1-32　2022 年末日本存量公司债评级分布（JCR 评级）

（资料来源：Bloomberg）

从持有人结构来看，投资顾问（Investment Advisor，包括共同基金、ETF 等）是美国公司债持有人中占比最大的一类管理机构，占比近六成；其次是保险公司，占比超四成；其他包括养老金、政府部门、证券经纪商、对冲基金以及银行等（见图 1-33）。日本公司债持有人集中度较高，其中日本政府养老基金持有规模占比超七成，占比最高；公司类型投资者和投资顾问机构占比分别排第二和第三，分别为 17% 和 11%（见图 1-34）。中国信用债券市场持有人以非法人产品为主，占比超六成；其次为商业银行，占比超两成；其他类型主体持债占比均不超过 5%。

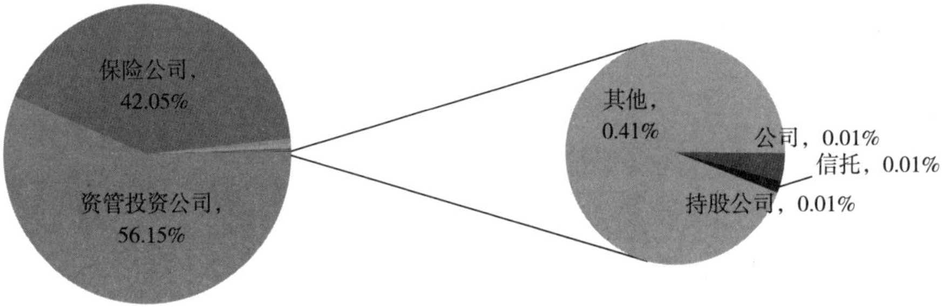

图 1-33　美国公司债持有人结构

（资料来源：Bloomberg）

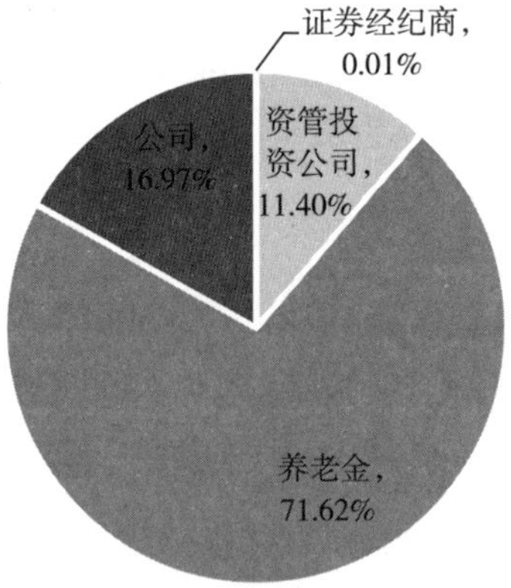

图 1-34　日本公司债持有人结构

（资料来源：Bloomberg）

三、小结

综上对比来看，由于发展历史、发展环境的不同，中国与美国及日本债券市场在市场体量、券种结构、市场结构等方面存在一定差异。

从债券市场整体规模看，近年来中国债券市场发展迅速，已超越日本成为全球第二大债券市场，与美国债券市场体量差距也不断缩小。从债券存量占 GDP 的比重看，截至 2022 年末，美国、日本的债券存量占 GDP 的比重分别为 204. 1%、285. 1%。中国从 2000 年的 26. 4%上升至 2022 年的 119. 7%，呈现快速上升的特征，但与美国、日本相比该比重偏低。主要原因或在于中国金融体系以银行业为主导，债券融资在社会融资中占比不高。从信用债市场看，近年来中国信用债市场持续创新扩容，信用债市场规模占比有所提高，目前已远高于日本，与美国相比也并不低。尤其是中国与日本金融体系均是以间接融资为主，中国信用债余额占债券市场比重近三成，而日本仅在 3%左右。非金融类发行主体行业方面，美国和日本的非必需消费品行业债券占比均相对最高，但整体看行业较为分散；中国有近半数信用债属基础设施投融资行业，这与中国债券市场特有的城投债市场有关。评级方面，美国、日本存量公司债信用评级区分度相对显著；美国评级中枢较低，日本次之，中国相对偏高。这主要与美国高收益债市场更为成熟、中国信用债发债主体覆盖面相对较窄、国内外投资人结构及风险偏好存在差异，以及国内外评级体系差异等多重因素有关。持有人结构方面，美国信用债市场持有人以投资顾问为主，风险偏好较高；相比之下，中国信用债市场以非法人产品和商业银行为主，风险偏好较低。

从整体看，与美国、日本债券市场相比，中国债券市场起步较晚，但发展迅速，从 2004 年债券市场总量不足 5 万亿元，成长至 2023 年 6 月的 150 万亿元，18 年间债券市场体量扩大 30 倍，实现了跨越式发展，并成为全球第二大债券市场。随着中国市场扩容、产品创新以及基础设施不断完善，债券市场功能持续深化，在服务稳增长和推动实体经济发展方面发挥重要作用。同时，伴随中国对外开放程度提升、人民币国际化稳步推进，债券市场高质量双向开放格局加速形成，中国债券市场国际影响力日益提高。未来，中国债券市场发展将立足中国国情，借鉴国际经验，统筹促发展与防风险，持续完善各项制度，优化债券市场结构，加速推进中国特色现代化债券市场建设。

第二章

中国债券市场信用风险演化

随着我国债券市场的不断发展和成熟，信用风险也逐渐显现，从“零违约”到打破刚兑，债券市场违约逐渐步入常态化趋势。截至2023年3月末，债券市场累计769只债券发生违约，违约规模合计6603.39亿元，涉及发行人222家。随着经济周期及外部环境的改变，信用风险的演变呈现出不同短周期变化的特点。近年来，在债券市场投资者谨慎情绪升温和信用风险联动的影响下，信用风险对债券市场乃至资本市场的负反馈效应凸显，防范化解债券市场信用风险逐步成为监管部门及各市场相关方的共识。防风险基调下，债券市场信用风险缓释与化解举措持续发力，使得近年来违约风险释放呈现趋缓的特点。本章节主要梳理我国不同阶段的债券市场信用风险释放的特点，并结合实践案例分析当前债券市场违约事件成因；同时，聚焦防风险，探讨近年来我国信用风险对债券市场的影响以及信用风险缓释和化解的现状。

第一节　债券市场信用风险演化特征

信用风险的存在是市场经济发展的客观规律，随着经济周期波动、监管政策调整和信用环境变化，以及新冠疫情冲击阶段性影响，国内债券市场的风险呈现出不同周期变化的特点。在债券市场发展过程中，信用风险的演变可以分为四个阶段：1992—2013年、2014—2016年、2018—2019年和2020年至今。

一、1992—2013年：债券市场规模扩容与信用风险积累

早在20世纪90年代初期，我国债券市场便已出现过企业未能按期兑付债券的情况。随着我国经济在90年代初进入快速发展阶段，企业融资需求十分旺盛。当时适逢国内债券市场起步发展之际，企业发债热情高

涨。然而，此时债券市场各方面制度尚未完全建立，市场发展相对无序，部分规模较小、资信水平较差的企业也进入债券市场发行债券。自1993年起，随着前期发行的企业债陆续到期，债券市场发生企业债兑付危机。在这一阶段，债券投资人多为个人投资者，为避免债券违约对市场及社会带来较大冲击，政府不得不出面兜底信用风险。与此同时，监管部门也加大了对债券市场的整顿力度，债券市场由此进入短期的“风险零容忍”阶段。

不过，随着债券市场发展进程的逐步加速，市场规模不断扩大。特别是在2005年以来，为推动资本市场更好地服务于实体经济，我国加快推动债券市场发展。债券市场由此开始扩容，信用风险也随之不断累积，风险事件逐渐开始暴露。2006年，福禧投资控股有限公司（以下简称福禧投资）发行短期融资券“06福禧CP01”之后的第四个月，因公司与其实际控制人涉嫌非法拆借上海企业年金中心资金遭到彻查，且公司主要资产被法院冻结。受此事件影响，“06福禧CP01”陷入偿付危机。不过由于相关主承销商及时成立债权人维权委员会，并在金融主管部门和政府的帮助下，顺利开展福禧投资的资产处置工作，于2007年3月按期足额兑付完成“06福禧CP01”本息，福禧投资的兑付危机事件得以化解。

随后在2011—2013年，随着信用债陆续迎来偿债高峰，债券市场风险事件频频发生。2011年末，“11海龙CP01”的发行人山东海龙股份有限公司，受所在的纺织行业不景气、业务运营不稳定等因素影响，经营业绩亏损严重，导致资金链极度紧张，债券兑付压力极大。最终，相关债券疑似由公司向银行贷款进行兑付。2012年，信用风险事件数量进一步增加。新疆中基实业受番茄制造行业产能过剩、产品价格低迷影响，业务经营持续亏损，贷款逾期、无法兑付债券等事件接连发生，相关债券在新疆生产建设兵团帮助下完成兑付；江西赛维则受光伏行业不景气影响，公司财务指标持续恶化，负债率高企、债务压力大等问题暴露，最终在地方政府及银行的救助下完成到期债券的兑付。此外，同年还有部分中小企业集合债券、集合票据的发行人无法按时偿付债券利息或本金，发生主体违约事件，如地杰通信、康特荣宝、惠佳贝和高力彩钢等，相关债券均通过担保人代偿或债券提前偿付的方式兑付，避免了债项实质性违约。

总体来看，在这一阶段发行人的债券兑付危机，最终均通过政府协商或担保代偿的方式进行化解，避免了债项实质性违约的发生。但债券市场信用风险整体水平较高，成为债券市场由“零违约”向实质性违约过渡阶段。

二、2014—2016年：打破刚兑与过剩产能行业信用风险出清

自2014年以来，宏观经济持续下行压力导致周期性行业延续低迷态势，经营恶化的企业不断增多，行业内所积累的过剩产能亟待释放。同时，信用债券市场在历经几年的快速扩容后，2014年企业再融资需求加大，而2013年底金融监管打击“影子银行”，资金环境收紧导致融资成本快速攀升，信用债供需矛盾进一步激化，债券市场的刚性兑付难以为继。2014年，由上海超日太阳能科技股份有限公司发行的“11超日债”未能按期支付利息，成为国内债券市场首只违约的公募信用债券，债券刚兑历史被打破，信用债违约风险开始加速暴露。2014年全年共有8只债券发生违约，规模合计15.64亿元。2015年，央企及子公司刚性兑付被打破，违约债券只数增加至28只，规模合计127.79亿元。2015年末，中央开始推出以“去产能、降杠杆”为核心的供给侧结构性改革，这便推动了部分处于强周期行业尾部的企业率先被市场出清，2016年产能过剩行业违约事件增多推动信用债违约规模达到高峰，违约债券共计66只，违约规模超过330亿元，超过2014年和2015年违约规模总和的两倍（见图2-1）。

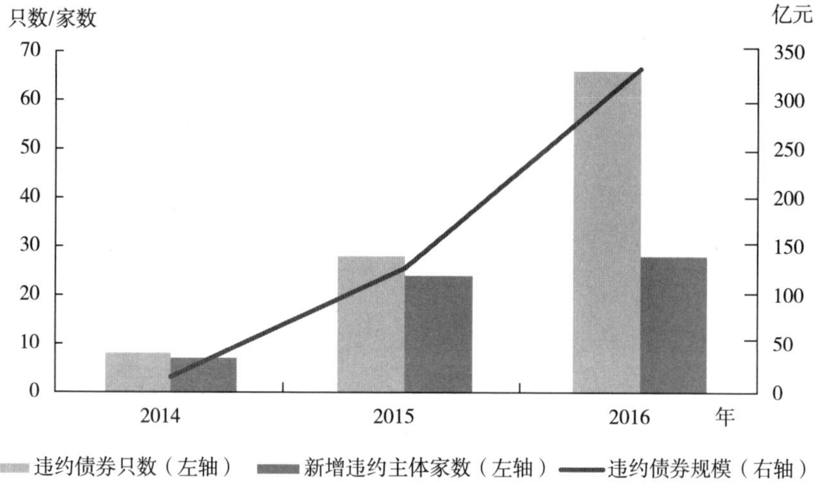

图 2-1　2014—2016 年债券市场违约情况

（资料来源：中诚信国际违约数据库）

三、2018—2019 年：信用收缩环境下民营企业及上市公司风险暴露

随着供给侧结构性改革效果显现及前期产能过剩行业信用风险的出清，2017 年在宏观经济短期企稳的背景下，债券市场信用风险释放出现阶段性的缓释，当年新增违约主体数量、债券违约只数及违约规模均较 2016 年显著回落。但自 2017 年下半年以来，随着“影子银行”扩张、金融杠杆加剧、结构性风险突出、房地产结果性泡沫等问题，我国宏观调控的重心由稳增长向“防风险、去杠杆”转变，中央高规格会议多次强调“防风险”，货币政策边际结构性收紧，市场流动性维持“紧平衡”基调。在此背景下，金融监管全面升级，党的十九大报告提出强调“健全金融监管体系，守住不发生系统性金融风险的底线”，同时“一行三会”等金融系统代表纷纷表示，要继续探索货币政策和宏观审慎政策“双支柱”调控框架，并进一步强化金融业监管，坚决抵御和化解金融风险，维护系

统性金融稳定。多份重要监管文件先后出台落地，部分金融机构还收到各类大额罚单，我国金融监管力度逐渐加大。2018 年金融行业继续把主动防范化解系统性风险放在首位，监管机构更加严格，标准更高，对违法违规行为的处罚力度也进一步加大。在此背景下，叠加国内经济下行压力持续较大，市场信用收缩加剧，投资者风险偏好也明显下降，特别是民营企业和上市公司成为本轮风险的主要释放对象。

从违约规模来看，2018 年共有 136 只债券发生违约，违约规模超过 1000 亿元，是 2014—2017 年合计规模的 1.4 倍。2019 年在宏观经济下行压力加大的背景下，企业盈利增速持续放缓，当年共计有 190 只债券违约，合计规模超过 1300 亿元。从违约发行人数量来看，2018 年、2019 年两年，债券市场新增违约发行人共计 87 家，债券违约规模保持高位，债券市场信用风险仍在持续释放（见图 2-2）。

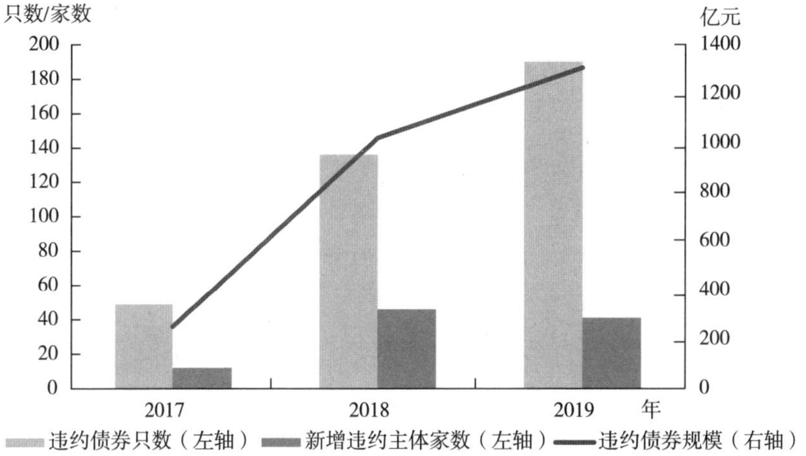

图 2-2　2017—2019 年债券市场违约情况

（资料来源：中诚信国际违约数据库）

四、2020 年至今：大型企业集团风险释放与房地产企业风险集中暴露

此轮信用风险的释放根据表现特点可进一步划分为两个阶段：一是

2020—2021年：新冠疫情冲击下新一轮信用风险释放，大型企业违约增多，房地产领域风险抬头。2020年，在新冠疫情冲击下，国内经济增速下滑，企业基本面持续弱化，年度违约规模依旧较高，且新增违约发行人数量环比有所增多，多为大型企业，债券市场信用风险水平维持高位。尤其是从2020年第四季度开始，地方国企违约明显增多，引发市场对国企信用风险的担忧，债券一、二级市场受到阶段性的明显冲击。进入2021年，我国宏观经济面临“供给冲击、需求收缩、预期转弱”的三重压力，叠加新冠疫情点状暴发对经济恢复产生负面影响，宏观经济修复整体稳中趋弱。不同行业、不同规模企业的恢复程度也延续分化态势，债券发行人融资结构性失衡加剧，投资者谨慎情绪升温，进一步加剧尾部企业的融资难度，信用风险持续释放。尤其是对于房地产行业来说，自2020年下半年以来，为约束地产领域债务扩张，在“房住不炒”的基调下，房企融资政策进一步趋严，“三道红线”“贷款两集中”“集中供地”等政策相继落地，随着融资端的收紧，房企流动性危机爆发，债券兑付风险明显上升。二是2022年至今：违约释放趋缓但实质信用风险不低，房地产行业风险集中暴露。自2022年以来，受疫情阶段性冲击、俄乌地缘冲突等非预期因素，以及地产行业下行、消费疲弱等周期性因素的共同影响，经济运行压力不减，疫情后经济修复节奏和力度有限。在此形势下，货币政策坚持以稳为主、精准发力，保持了相对充裕的资金环境；与此同时，防风险基调延续，在金融监管工作中信用风险防范与处置被放在更加重要的位置；发行人也积极采取风险缓释措施，推动债券市场违约风险释放有所放缓。债券市场新增违约事件减少，违约主体数量和违约规模均明显下降。但在此阶段，房地产企业违约风险进一步凸显，并成为信用风险暴露的主要领域。

从违约发行人特点来看，自2020年以来的违约主体以大型企业集团和房地产企业为主。伴随宏观经济下行压力的加大，高债务大型企业集团风险持续释放，北大方正、紫光集团、华晨集团、海航集团等大型企业先后发生违约。同时，部分违约的大型企业风险还在集团内部出现传导，引致关联公司发生违约，其中海航集团破产重整导致债券兑付违约的关联公司数量超过 10 家。房地产企业方面，随着中央多次重申“房住不炒”，2020 年多项房地产调控政策实施，叠加银行房地产贷款集中度政策限制下房地产企业融资环境不断收紧，房企债务风险持续暴露。自 2020 年末以来，中央及各地方政府在保持“房住不炒、保交楼、稳民生”的基调下，房地产行业政策得以优化调整，在房地产市场供给侧、需求侧以及资金端等多方面持续发力。从市场表现看，房地产行业销售及资金情况难言改善，内部分化现象显著，特别是前期出险企业的市场认可度较低，尾部风险持续出清。2020 年至 2023 年第一季度新增房地产业违约发行人共 18 家，是前六年新增违约房企家数总和的两倍（见图 2-3）。

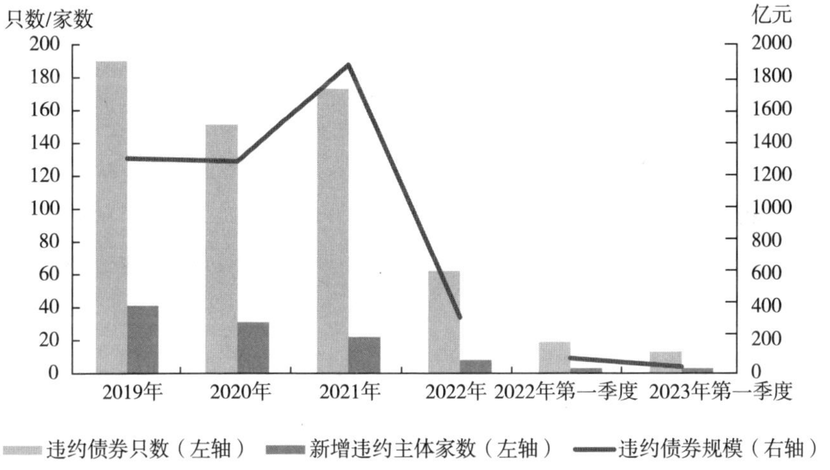

图 2-3 2020 年以来债券市场违约情况

（资料来源：中诚信国际违约数据库）

总体来看，自 20 世纪 90 年代以来，我国债券市场信用风险逐步积累并经历三轮释放。2014 年公募债券市场刚兑被打破后，违约风险释放呈现先升后降，再次加速释放再回落的态势：2014—2016 年，个券违约风险加速暴露。无论是违约债券只数、规模，还是新增违约主体数均呈现出逐年上升的趋势。2017 年随着宏观经济的阶段性回暖，企业盈利能力整体好转，再加上前期产能过剩行业的市场出清，信用债违约事件有所减少。

2018 年在紧货币与严监管背景下，社会融资规模存量增速快速回落，信用收缩加剧，债券市场信用风险再次大幅抬升。2019 年，国内经济下行压力尚存叠加近期新冠疫情的冲击下，债券市场的信用风险整体维持在较高水平。2020—2021 年，新冠疫情的点状暴发对经济修复持续造成负面影响，大型企业集团风险开始释放，同时房地产企业信用事件密集出现，信用风险进一步释放。2022 年至今，在全力防范化解债券违约风险的政策背景下，债券市场违约风险释放趋缓，但在房地产行业风险高企、企业之间风险联动加剧的情况下信用风险仍需警惕。

第二节　债券市场信用风险成因分析

随着信用风险的暴露，导致企业发生违约的影响因素也逐渐多元化。当前引发我国债券市场违约风险的成因主要可以分为宏观、中观和微观三个层面。其中宏观层面因素主要涉及经济周期及产能过剩、融资环境以及调控政策，因宏观层面因素变化导致发行人自身经营能力恶化、融资能力下滑，进而引发流动性问题导致违约。中观层面主要考虑到当前我国债务压力处于高位，经济金融脆弱性明显抬升，进而导致企业部门债务风险突出的问题。微观层面即企业内部因素则主要包含资本扩张、公司治理、集团内部风险联动以及低偿债意愿等方面。

一、宏观层面：经济周期及政策调整因素

宏观层面信用风险影响因素主要涉及经济周期和政策调整两个方面。企业在生产经营过程中，受外部宏观经济及调控政策的变化影响，其自身内部经营情况、对外融资能力等也会随之发生改变。

一方面，宏观经济周期变化是导致企业发生信用风险的重要因素之

一，当宏观经济进入下行或收缩周期时，周期性行业景气度承压，行业内部企业的经营状况会受到负面影响。近年来，国内经济增速整体呈现下滑趋势。2019 年，在宏观经济下行压力较大的背景下，企业盈利增速放缓，债券市场违约事件进一步增多；2020 年，新冠疫情冲击加大经济运行压力，融资环境先放松后逐步收紧，信用资质较弱的主体违约风险陆续暴露，推动当年下半年信用风险呈边际回升趋势；自 2021 年以来，疫情后经济呈现持续修复态势，但受新冠疫情反复、双碳和能耗双控政策力度加大等因素影响，经济修复稳中趋弱，不同行业、不同规模企业的恢复程度也延续分化，同时大型民企风险的持续暴露对市场情绪带来一定影响，投资者风险偏好有所下降，加剧尾部企业的融资难度，债券市场信用风险持续释放。例如，海航集团的违约在一定程度上受到宏观经济因素的影响。自 2020 年以来，在宏观下行压力以及疫情影响的冲击下，交通运输行业需求端下滑，海航集团的航空、机场服务、物流等相关业务遭受严重冲击，特别是航空运输需求严重受创，航空旅客量呈现断崖式下跌，业务运营受到严重的负面影响。

另一方面，市场政策调整及限制也会加速企业自身问题的暴露，进而引发风险事件。这一因素主要体现在 2014—2016 年产能过剩风险集中暴露阶段、2018 年信用环境风险释放阶段以及 2021 年房地产行业信用风险的加速释放阶段。2014—2016 年，随着人民银行逐步推出以“去产能、降杠杆”为核心的供给侧结构性改革，煤炭、钢铁、有色金属、化工等强周期性及产能过剩行业景气度下行，尾部的企业率先被市场出清。2018 年，随着宏观经济增速的放缓、货币政策的逐渐收紧以及金融监管的不断加码，信用收缩明显加剧，债券市场进入新的一轮风险加速释放期。房地产行业方面，2021 年上半年房地产行业监管环境逐渐趋严。“三道红线”、房地产贷款集中管理、“集中供地”等制度的出台，对房地产市场需求端、供给端和融资端均产生一系列影响。在这样的市场环境下，房企销售回款下滑压缩利润空间，叠加信贷环境偏紧及投资者信心不足，房企再融资压力上升，2021 年下半年开始房地产企业信用风险加速暴露。

二、中观层面："债务—投资"扩张模式下信用环境变化因素

中观层面的信用风险因素主要聚焦信用市场环境变化影响下我国非金融企业部门的债务风险。改革开放以来，我国长期采用"债务—投资"模式驱动经济发展。特别是在2008年金融危机以后，为应对经济短期波动，宏观政策加大逆周期调节，我国经历了多轮加杠杆过程，企业、政府、居民各部门轮番加杠杆。具体来看，2009—2010年，为应对次贷危机对国内经济运行的冲击，我国开展了以企业部门加杠杆为主的第一轮信用扩张，"四万亿元投资"影响下，资金重点流向国有企业；2012—2014年则是以非标融资、影子银行快速膨胀为主要特征的第二轮信用扩张；2015—2016年，以资金流向股市、债券市场、房地产等金融领域为主要特征，我国开启第三轮信用扩张；2020年以来在新冠疫情冲击经济下行压力加大背景下，我国开启了第四轮信用扩张，但本轮信用扩张更加注重统筹兼顾总量宽松与结构性调整，加大对中小微企业的支持力度，并对信用宽松环境下金融市场的规范化提高要求。根据中诚信国际测算，我国非金融部门总债务从2008年的44万亿元攀升至2022年的超过355万亿元，杠杆率也由2008年末的139%攀升至2022年的290%以上。尽管目前宏观债务风险总体可控，但在债务持续快速扩容、结构与效率尚未有效匹配的情况下，日益突出的债务负担将进一步加剧金融脆弱性。

经历四轮信用扩张后，企业、政府、居民各部门轮番加杠杆，非金融企业部门作为实体部门加杠杆的主要载体，债务风险更加突出。截至2022年底，非金融企业部门债务规模达到208万亿元，占非金融部门债务比重达到58%。从杠杆率趋势来看，2018年以来非金融企业部门加杠杆能力及动力有所弱化，杠杆率较2016年的180.3%高点回落，截至2022年底为171.2%，但仍处于全球前列，债务风险突出。与此同时，非金融企业部门高债务水平下还本付息压力上升，若按照5%的利率水平估算，近年

来非金融企业在债券市场融资还本付息的比例持续在80%以上，付息额占新增社融的比重超过30%。较高的企业部门债务滚动压力，对其生产经营带来一定负面影响。大规模债务导致过高的财务费用会侵蚀企业的经营利润、削弱盈利能力，挤占企业生产经营端的运营资金，影响企业业务经营与债务融资的长期可持续，为其后续发展埋下债务隐患。此外，根据明斯基的“金融不稳定性假说”，投机性融资与庞氏融资的比重越大，融资结构的脆弱性就越大，经济的总安全边界就越小，债务风险隐患越高。目前，中国非金融企业部门有相当一部分比例为庞氏融资者，且近年来该比例不断增加。以发债的非金融企业为例，2018—2022年，年末现金与到期债务比小于1的企业，在发布财报的发债企业中的占比持续维持在40%左右的水平；利息保障倍数小于1的发债企业占比持续上升，截至2022年末约48%。可以看出，国内非金融企业中庞氏融资者占比较高，且所占比重呈增加趋势。在投机性及庞氏融资者占比较高的情况下，随着宏观经济大环境的复杂多变、市场信用环境的收缩，企业信用风险集中爆发有可能加剧风险从非金融企业部门向金融体系的传导，带来系统性区域性风险隐患（见图2-4）。

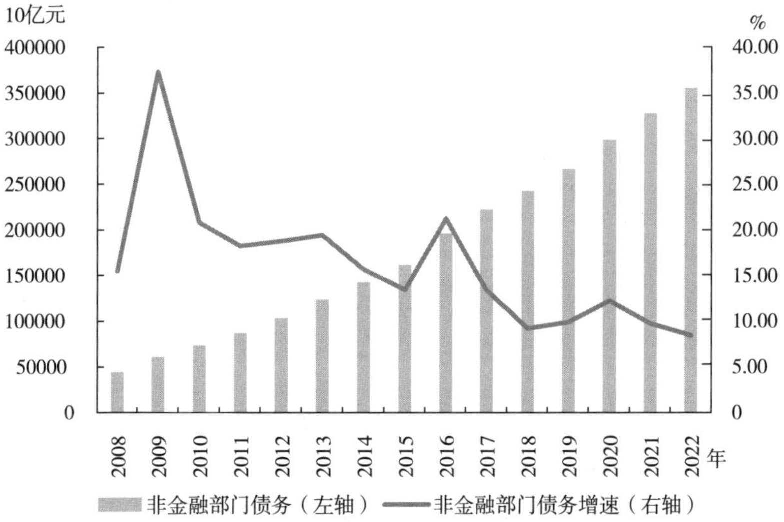

图2-4　非金融部门总债务持续攀升

（资料来源：Wind，中诚信国际整理）

三、微观层面：资本扩张、治理缺陷与低偿债意愿等因素

微观层面的信用风险因素排除了外部环境因素的影响，涉及发行人个体因素引致的偿债风险，主要包括企业资本扩张、公司治理缺陷及低偿债意愿等。

第一，资本扩张、业务经营激进是导致企业债务风险累积并释放的直接因素，也是债券市场发行人在违约发生前大多面临的共性特点。此类发行人业务板块扩张过快，运营及投资资金长期依赖于债务融资，大规模债务累积形成风险隐患，在自身可用资金有限、融资空间受限的情况下，现金流难以保障大规模债务如期兑付，最终发生违约。此类违约因素普遍发生在2018年以来违约的大型集团或股份制类型企业，如华阳经贸、泛海控股、上海华信、永泰能源、海航集团、紫光集团等违约原因中均涉及前期资本无序扩张的问题。此处引用华阳经贸和泛海控股两家企业为例。华阳经贸为实现多元化发展，持续扩张业务板块，大量收购涉及金融机构、房地产、贸易、新能源等业务板块公司股权。同时还不断增加主营化工业务的项目建设投资。较高的投资资金需求，使得公司对外部融资尤其是债务融资依赖度较高，债务规模持续累积。然而由于其贸易业务规模的扩大，下游客户占用资金规模逐渐增加，叠加2018年下半年以来公司外部融资渠道明显收紧，存量资金规模大幅下降。最终在短期债务高压下，华阳经贸因资金不足发生违约。泛海控股从2014年开始由单一房地产向多元化综合性控股上市公司转型，大规模收购金融机构增资，同时房地产板块依旧坚持高杠杆运行模式。公司长期大量资金投入，主要依赖外部资金，财务杠杆率持续攀升，债务负担不断加重。由于公司盈利能力无法跟上早期债务扩张的速度，叠加外部融资环境恶化，偿债能力持续下降最终发生违约。

第二，公司治理缺陷对企业偿债能力的影响也不容忽视。一旦企业在经营管理上做出不理性的战略决策或出现严重的结构治理缺陷，不仅对企

业的正常生产经营造成不利的影响，还会导致企业外部融资渠道受到限制。公司治理缺陷通常包括子公司经营治理不佳、股权或资产冻结质押、信息披露违规等问题，会进一步推动发行人信用风险的暴露。在泛海控股发生实质性违约前，其旗下子公司及控股股东先后发生多起风险事件，暴露出集团内部治理存在诸多缺陷。2020 年泛海控股境外子公司涉及大额施工合同纠纷事件；境内子公司中国民生信托有限公司先后发生“假黄金质押”“汇源果汁案”“仿中建五局萝卜章事件”“新华联债券逾期事件”等多起供应链金融踩雷事件，涉及纠纷金额超过 150 亿元。上述事项均表明泛海控股对子公司存在经营管理不足、风险管控不到位等问题。同时，其股东中国泛海及其一致行动人因债务纠纷所持部分泛海控股股份被质押或冻结，占泛海控股总股本近 70%，另外还有部分中国泛海所持有的股份被司法拍卖。这不但占用其部分资金、影响公司流动性及外部融资能力，还加大了其控股股权发生变更的风险。此外，泛海控股还存在披露信息不准确、未及时披露重大诉讼及未能清偿到期重大债务违约情况、未及时披露持有股份冻结情况等违规事项，被证监会采取出具警示函措施。泛海控股由于公司治理缺陷导致一系列负面事件发生，在一定程度上反映了公司潜在信用风险较高，大大减弱了市场信心，对其外部融资造成严重的负面影响。

第三，企业低偿债意愿也是引发信用风险暴露的因素之一。在已有的违约实践案例中，存在个别企业自身尚且具备一定债务偿付能力或有一定的外部支持可以辅助提升其偿债能力，但由于主观上偿债意愿不高和消极履约态度进而导致债务兑付风险的暴露。发行人的低偿债意愿主要表现为两个方面：一方面，发行人在违约前并未全力筹措资金反而存在提前转移或保全优质资产的行为。最为常见的保全资产方式有三种，一是转移资产。部分企业的法治化意识较为淡薄，无视法律规定，反而通过无偿划转、股权低价出售、资产置换等方式随意转移了优质资产。另外，企业还可能通过商议好的虚假诉讼来转移资产至关联方，使得其他债权人无法再追偿这一部分资产，债务人财产或得到保全，但债权人受偿率降低的风险却随之增加。二是因小额未偿还债务进入破产重整程序。企业在拥有足额偿债资金和优质资产的情况下，因无法偿付小额债务而破产重整，疑似存在试图通过合法程序进行技术性破产、削减债务的情况。三是质押资产，如企业转让股权后，受让方受让其股权后不久便将所持股权全部质押给第三方贷款人，如果此举被法院认可，则此部分设定了质押权的核心资产或将不可用于偿还普通债务，进而增加了债权人债务追偿难度。

另一方面，国企母公司的战略性放弃或地方政府市场化意识不足，在有能力救助的情况下未及时协调、救助企业，进而造成违约。通常情况下，有力的外部支持可以提升企业的偿债能力，特别是在考虑国有企业信用资质时，市场会结合区域财政实力之后考量发债企业的综合偿债风险。一般而言，地方重要国有企业面临债务压力时，市场普遍存在地方政府会维护区域信用环境、对企业加以支持的预期。地方政府选择不救助、不协调企业债务，有可能是出于推进国有企业的市场化改革进程，加快清退国有企业落后产能进程，倒逼企业进行改革的考虑。天威集团在爆发违约风险前曾向其母公司兵装集团请求援助，而兵装集团作为实力较强的大型央企却并未采取债务救助措施，可以看出母公司已从战略上放弃了财务恶化的天威集团。此外，从近几年大型国有企业违约带来的负面影响来看，地方政府可能对高级别重要国企违约所带来的冲击认识不够，也未充分意识到地方政府对辖内企业信用事件的处理方式会对地方融资环境产生显著影响，大型国企违约易对当地信用文化和融资环境造成冲击，严重时或产生风险叠加效应，连累其他地区和企业，影响正常的市场秩序。

通过上述各类违约成因所列举相关违约事件可以看出，宏观、中观和微观三个方面的影响因素并非相互独立，债券违约事件的发生通常伴随着多种因素的共同影响。例如，“泛海系”企业违约除受宏观经济、房地产行业下行以及债务压力大等宏观和中观因素影响外，还存在转型后扩张激进、公司治理漏洞等微观问题。

第三节　信用风险缓释与风险化解

从信用风险的影响来看，违约事件的增多不仅带动市场谨慎情绪升温，还容易引发信用风险联动效应，对债券市场乃至资本市场的负反馈效应凸显。现阶段，防范化解债券市场信用风险逐步成为监管部门及各市场相关方的共识，各市场监管系统会议多次强调守住不发生系统性区域性风险的底线，“多管齐下”坚持推进债券市场统一监管、持续优化基础制度建设、完善信用风险防范与化解机制。从成效来看，债券市场信用风险缓释工具更加丰富，有助于推进信用风险的提前处置与化解。不过，信用风险缓释工具的运用在缓解短期信用风险的同时，也相应增加了未来信用风险的不确定性，仍需高度警惕信用风险延迟暴露的可能。

一、信用风险对债券市场乃至金融市场带来的负面溢出效应

（一）风险情绪升温对债券市场运行带来阶段性负反馈

我国债券市场投资者主要集中在商业银行、证券公司、保险机构等金融机构，投资风格趋向一致，且风险偏好较低，风险规避情绪较为浓厚。当超预期违约事件发生时，投资者风险情绪的升温极易引发“一刀切”效应，与违约发行人具有类似特征的发行人群体在债券一级市场融资明显受阻，二级市场相关债券遭遇抛售，造成债券市场过度波动。近年来对债券市场冲击较为明显的违约事件以 2020 年下半年大型国有企业相继“超预期”违约为代表。2020 年 9—11 月，天房集团、华晨汽车、永煤集团以及紫光集团发行的债券先后发生违约，使得市场信心明显受挫，恐慌情绪

蔓延之下市场受到较大冲击，债券市场取消发行增多，相关债券价格快速下跌。从债券市场表现来看，一级市场方面，如图 2-5 所示，在大型国有企业违约发生后，债券一级市场取消发行的规模呈现不同幅度的阶段性增长。其中，永煤集团违约事件影响较为明显，在其违约前的 7 个工作日内，共有 19 只债券取消发行，涉及金额 94 亿元；违约发生后的 7 个工作日内，共有 53 只债券取消发行，涉及金额合计达到 437.3 亿元，相关区域及行业发行人取消发行现象尤为明显。与此同时，债券市场信用债的发行成本也在 9—11 月呈现出明显的阶段性上升（见图 2-6）。

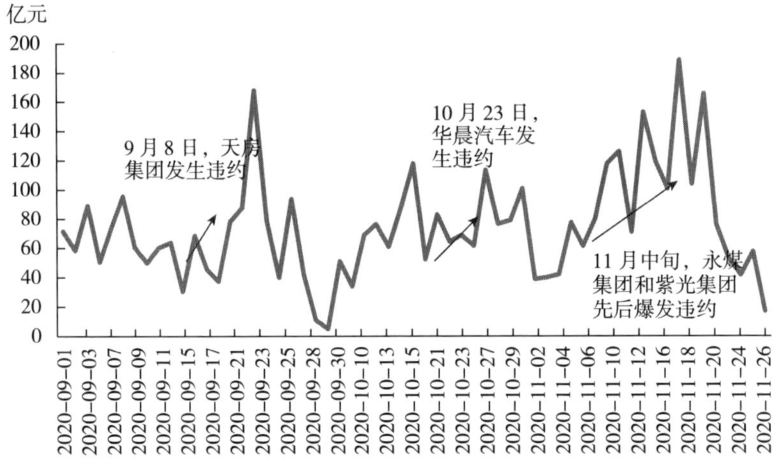

图 2-5　2020 年 9—11 月债券市场取消发行情况

（资料来源：Wind，中诚信国际整理）

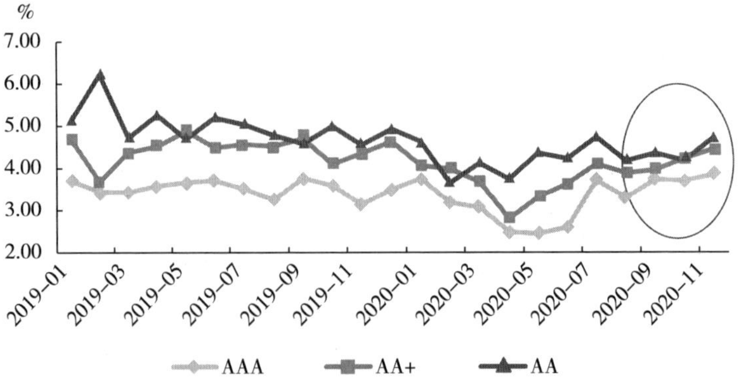

图 2-6　2019 年 1 月至 2020 年 11 月信用债发行成本情况

（资料来源：Wind，中诚信国际整理）

二级市场方面，永煤集团违约后，除自身存续债券二级市场价格大幅下跌外，其他煤炭企业的多只债券二级市场价格也出现下跌，如平煤股份、冀中能源等企业债券在违约后的跌幅最大逾20%；同时，多只信用债个券二级市场折价导致持有跌价债券的公募基金净值跌幅较大，而基金持有人担心净值继续下跌赎回基金，进一步加剧了流动性冲击。在市场情绪冲击和流动性收紧等因素的影响下，利率债收益率也不断走高，截至11月19日，10年期国债的收益率上行至3.34%的年内高点，违约后7个工作日内上行幅度达22个基点（见图2-7、图2-8）。

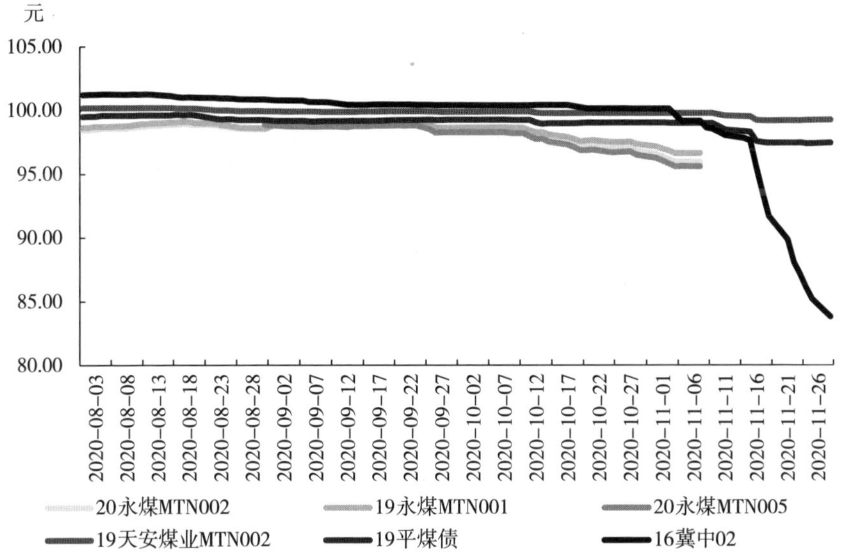

图2-7 2020年8—11月煤炭行业部分信用债中债估值每日净价情况

（资料来源：Wind，中诚信国际整理）

从上述违约事件对债券市场的影响可以看出，违约事件发生后，受市场风险情绪影响，债券市场运行极易出现阶段性的负面表现。若未能及时对违约事件进行妥善处置，可能导致相关区域或行业的一级市场融资成本快速上升，从而影响债券市场的正常融资功能。与此同时，债券二级市场价格的大幅下跌，会使其作为质押品获得的质押率下调，导致市场资金需求显著上升，机构被迫去杠杆，卖出流动性较好的债券资产，加剧债券市

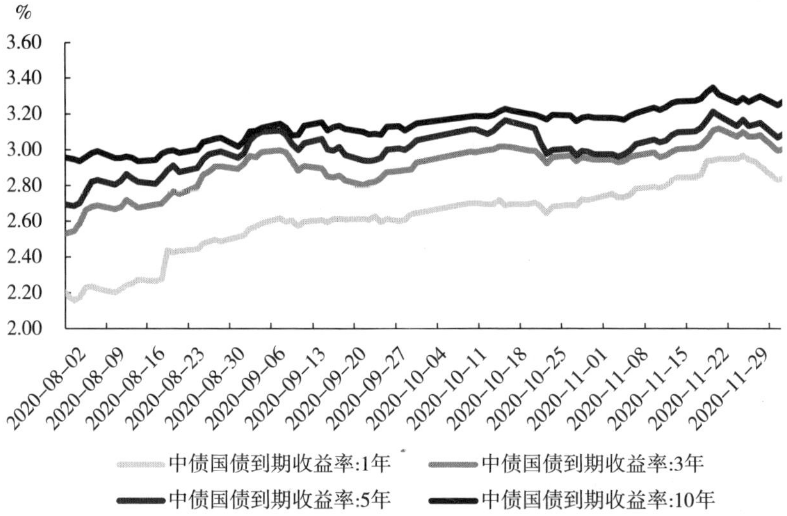

图 2-8　2020 年 8—11 月不同期限中国国债到期收益率情况

（资料来源：Wind，中诚信国际整理）

场流动性枯竭。另外，违约未能妥善处置可能会对投资者信心产生较大负面影响，导致违约风险的非理性传染，进而影响债券市场的发展。从信用风险传导角度来看，若违约事件不能得到妥善处理，可能会引发市场对区域债券发行人信用资质的担忧，从而导致当地企业融资成本提升，加大企业债务压力，进而引发区域性信用风险。债券市场价格下跌引发的流动性枯竭可能进一步传导到股票市场或其他金融市场，在此过程中一旦金融机构融资出现困难，信用风险将从企业层面扩散至金融机构层面，引发货币市场流动性紧张，极端严重时或导致货币市场失灵，进而引发系统性风险爆发。

（二）信用风险联动加大区域性系统性风险隐患

在市场经济中，随着经济周期及企业经营状况的变化，出现个体企业信用风险事件是比较正常的现象，通过债务风险暴露，一部分竞争实力较弱的企业退出市场，也有利于加快市场出清。但在经济下行和企业债务高企的双重压力下，信用风险深度与广度加大，企业间信用风险传染效应增强，在一定程度上增加了系统性风险发生概率。

从微观企业之间的信用风险传染路径来看，“链式”传染是构成信用风险交叉式传染蔓延的基础要素和前提。企业间的信用风险主要通过负债链、供应链、股权链、担保链这几类典型的“链式”传染路径进行传导。进一步地，若微观企业之间的信用风险传染发生在特定领域的企业范围内，则可能造成信用风险在一定范围内的交叉传染，进而放大企业债务风险的传染效应。在债券市场上，企业信用风险的交叉传染主要发生在企业之间的经营合作和资金往来较为紧密的企业集团内部、产业链上下游以及区域的内部。

近年来，信用风险在集团企业内部传导问题逐渐凸显。企业集团是一个具有一定规模的企业法人联合体，其母公司及各成员企业之间普遍存在关联交易行为。一旦母公司或一方成员企业发生信用风险，都可能通过集团母子成员间的资产、股权或担保的关联关系相互传染（见图 2-9）。在已违约的发行人中，“海航系”和“泛海系”企业集团便是两个典型的案例。“海航系”企业集团内部关联过于紧密，是债务风险快速扩散的主要原因。海航集团整体规模庞大、子公司众多且组织结构复杂，在内部资本市场中便会存在较多关联交易。据海航集团 2018 年度[①]审计报告数据，仅集团自身向关联方出售商品或提供劳务金额就达到 70.21 亿元，此外公司作为租赁方，2018 年确认来自关联方的租赁收入 6.47 亿元。公司与关联方的交易还涉及较大规模的应收款项，截至 2018 年末，关联方应收款项规模合计超过了 40 亿元，在一定程度上占用了公司自身的资金。此外，过于紧密的内部关联关系，加强了集团及子公司之间连锁反应的敏感度。无论是海航旅游为海航创新进行债务担保，还是美兰机场和大新华机场与集团或其他子公司的关联交易，一旦某一方发生债务风险，便进一步增加海航集团的整体性风险。海航集团的债务风险通过多元化渠道传染至集团内部，最终“海航系”企业通过合并破产重整的方式完成债务的处

① 截至本书发布日，海航集团有限公司公开披露的年度财务数据截至 2018 年。

置。在“泛海系”企业集团中，中国泛海与泛海控股、泛海控股及其子公司之间均存在债务担保关系。泛海控股因股东持有股权被质押冻结等问题，资产流动性也受到一定限制；受旗下金融机构子公司业务负面事件影响，流动性紧张问题凸显，融资环境受阻；因海外子公司资产出售不顺、美元债逾期，最终发生违约。其控股股东中国泛海也因此先后连续多次发生负面评级行动以及自身债务兑付展期事件，这便表现出母子孙公司间风险联动的特征。

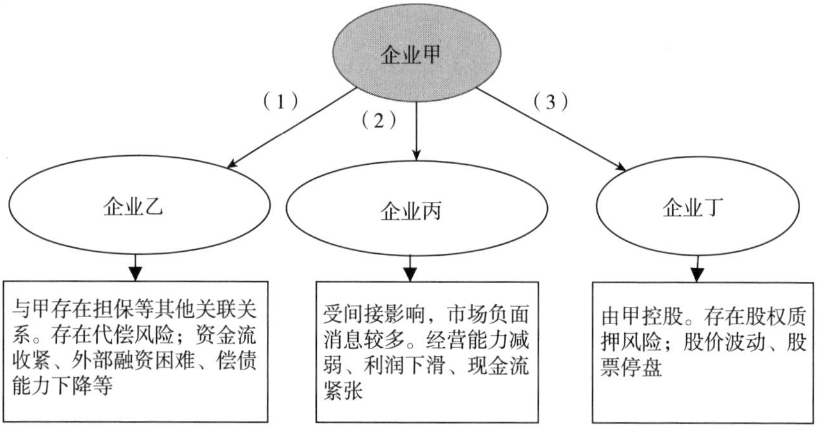

图 2-9　集团内部风险传染路径

企业信用风险在产业链上下游传染的可能性也较大。某一家企业信用风险上升，该风险可能通过业务、财务等路径传导到产业链上的其他企业，导致其他企业也面临信用危机事件。债券市场违约发行人乐视网信息技术股份有限公司（以下简称乐视网）是这种情境下的典型案例之一。2016—2017 年，乐视网在多元化激进业务的扩张下陷入资金周转困难。由于资金回款、产品不足等，乐视网的上游供应商、下游经销商均受到乐视债务危机的影响。乐视网的台湾供应商——半导体零组件的龙头大联大公布 2016 年第四季度财报时表示，出于谨慎性原则，大联大一次性全额计提乐视网违约坏账等相关损失，使得其 2016 年第四季度营业净利润及税后净利润分别减少至 9.2 亿元、3.72 亿元，分别减少 55.2%、70.1%；乐视网的另一供应商，主要生产液晶视讯产品的台湾企业仁宝电脑也受到乐视网欠款没偿还的影响，2017 年股价大幅下滑。此外，与乐视网相关的诸多中小供应商多次上门讨债，但欠款没有具体进展，部分供应商最终破产；下游经销商也出现无产品可销售的情况，高额的门店费用进一步侵蚀其利润。乐视网在该事件中处于产业链核心位置，其信用危机直接导致产业链风险的急剧上升。

在区域层面，个体企业发生信用危机，其信用风险不断累积并在区域内传播、扩散，引发连环的信用风险事件，很可能造成区域债务风险上扬。从传导路径来看，区域内债务风险主要通过企业的互联互保链条和地方银行等中间媒介进行传导（见图 2-10）。个体发生信用危机时，由于担保关系的存在，信用风险先在企业部门之间累积、扩散；同时因银行信贷资金回收风险上扬，信用风险由企业部门传导至金融部门；进一步地，出于避免损失的考虑，银行可能会收紧对关联企业或者同区域企业的信贷投放，加大相关企业的经营压力，使得债务风险从金融部门再次传导至企业部门。近年来，山东省曾发生区域风险传染事件。齐星集团和西王集团同为山东省邹平县的大型民营集团，2017 年齐星集团发生债务危机，西王集团作为齐星集团的担保人，未能及时进行差额补足导致担保逾期，且齐星集团担保事件后金融机构对西王集团借款意愿下降、借贷成本升高，西王集团在债券市场对外融资也受阻，最终西王集团也发生债券违约，齐星集团担保事件是其违约的重要因素之一。

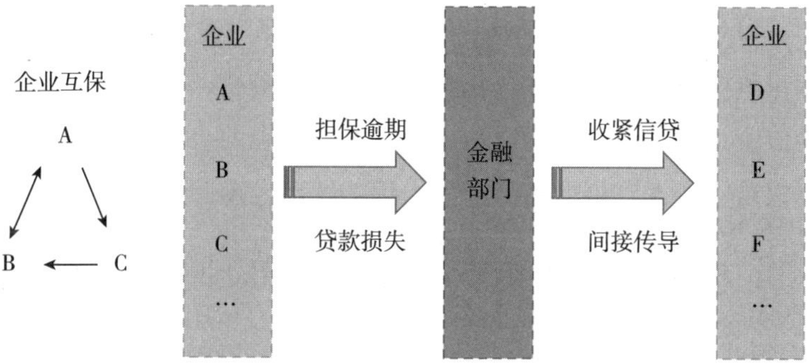

图 2-10　区域内部债务风险传染路径

总体而言，企业间债务风险联动效应的凸显增加了非金融企业内部风险以及风险向金融体系外溢的可能性，区域性系统性风险隐患有所上升。现阶段，防范化解信用风险已逐步成为监管部门及市场参与各方的共识。

二、坚持底线思维，防范信用风险向区域性系统性风险演变

超预期违约事件的发生不仅推动市场谨慎情绪的不断发酵，在债券市场层面产生负反馈，若未及时修复或进一步引发市场一系列的风险传染，将加大区域性系统性风险隐患。因此妥善处置相关主体的债务风险，强化投资者保护，恢复投资者信心，防范化解违约风险尤为重要。随着我国宏观杠杆率水平的不断升高，信用风险的逐步释放，我国对防范信用风险认识逐渐深入。

（一）坚持底线思维，开启金融强监管周期

从2016年开始，“防风险”成为国内宏观政策调整的重要目标和首要工作任务。中央经济会议在2016年的经济工作部署中，将“防范化解金融风险”列为当年五大结构性改革任务之一。2017年以来我国关于防风险认识逐渐提升，金融“去杠杆、严监管”力度明显加大。党的十九大报告指出“守住不发生系统性风险的底线”，中央经济工作会议和第二年政府工作报告中，提出打好防范化解重大风险攻坚战，将防范金融风险放到更高的位置。我国正式进入以防风险为主导思想的金融强监管周期，针对银行、保险、证券等机构相关部门先后陆续出台了一系列防风险政策。

（二）债券市场制度逐步完善，违约风险防范与化解力度加大

近年来，防范化解债券市场信用风险作为金融领域防风险的重要一环，其制度完善呈现出从基础制度到顶层设计、再到补短板的多层次体系建设，主要分为三个递进的阶段。

第一阶段，2017—2019 年，债券市场监管工作重心集中于持续推进统一监管、优化完善债券市场基础制度等方面。进一步规范债券市场参与方的行为要求，针对债券交易、回购、信息披露、投资者保护条款等方面给予相应的规范指引或范例报告；同时也强化对发行人的风险监测，加强债券存续期的管理工作。

第二阶段，2020—2021 年，随着违约事件的增多，市场对信用风险的重视度提升，相关部门着手推进债券信用风险防范与化解制度建设。2020 年 7 月，人民银行会同国家发展改革委、证监会联合发布《关于公司信用类债券违约处置有关事宜的通知》（以下简称《通知》），明确债券违约处置的基本原则，即坚持底线思维、市场化和法治化、各方尽职尽责、平等自愿四大基本原则，建立健全多元化债券违约处置机制，并强调加强监管协调，加大债券市场统一执法力度。《通知》的发布为防范化解债券市场信用风险做出方向性指引，其后债券市场监管部门、自律组织及交易场所陆续落地相关制度文件。同年 10 月和 11 月，银行间市场交易商协会①和沪深交易所②先后发布制度文件，分别从投资者保护机制文本规范和持有人会议角度，继续加大投资者保护力度。2021 年，相关部门进一步从加强信息披露要求、完善风险管理机制及加强债务风险防范多维度出发，强化投资者保护，防范信用风险的无序释放。此外，受 2020 年国企超预期违约事件的影响，监管部门围绕债委会、违约债券处置等指导相关工作，着力优化企业风险处置机制，强化市场约束，引导信用风险有序释放，保护投资者合法权益；国务院国资委也多次发文指导国有企业风险防控工作，强调地方国资委应把防范地方国企违约作为债务风险管控的重中之重，完善债务风险监测预警机制，依法处置债券违约风险，争取做到早

---

① 2020 年 10 月，银行间市场交易商协会发布《非金融企业债务融资工具募集说明书投资人保护机制示范文本》，对募集说明书中持有人会议机制、受托人管理机制、违约定义等提供了示范性表述，改善了此前存在的约定内容不细、规范性不足等问题。

② 2020 年 11 月，沪深交易所发布《公司债券持有人会议规则编制指南（参考文本）》为公司债持有人会议召集、召开、决议等事项提供规则起草指南，明确受托管理人、发行人、投资者各方权责，并约定持有人会议的议事规则与程序，引导建立明确、高效、务实的债券持有人会议议事机制。

识别、早预警、早应对，稳妥化解企业债务风险。

第三阶段，2022 年以来，我国逐步推进落实经济金融领域风险化解及处置工作，加快补齐制度短板，完善金融监管顶层设计，深化信用风险防范机制的建设。2022 年政府工作报告继续强调将防范债务风险与金融风险作为宏观经济调控的底线之一，并明确要更加突出底线思维、精准施策，全力防范化解债券违约风险。同年 4 月人民银行公布《中华人民共和国金融稳定法（草案征求意见稿）》，从全局高度对金融稳定制度的统筹安排，健全金融稳定顶层设计。压实了金融监管部门、地方政府、金融机构等各方金融风险防范化解和处置责任，强化责任追究；提出设立金融稳定保障基金，用于具有系统性影响的重大金融风险处置。银行间市场也深化债券风险防控机制建设，将债券置换和同意征集制度引入银行间市场，丰富发行人主动债务管理工具；在总结前期市场实践的基础上，进一步优化违约及风险处置机制，推进市场化、法治化建设。此外，银行间和交易所市场均强化了信息披露、惩戒体系等方面的要求，督促市场主体主动做好信用风险管理工作，强化风险防范和处置。2023 年 3 月，上海金融法院发布了《债券纠纷法律风险防范报告》，对上海法院 2018—2022 年受理的债券纠纷案件进行统计分析，归纳梳理债券发行、交易、偿付过程中的风险易发、多发环节，并对法律风险的防范提出了有针对性的对策和建议，对于揭示相关风险特征、引导市场加强风险防范具有积极意义。

总体而言，近年来金融监管部门坚守底线思维，增强忧患意识，在完善信用风险防范、化解与处置制度体系方面有诸多作为，配套规则及操作指引渐次落地，合力促进债券市场信用风险有效防范和有序化解，着力维护金融稳定大局，切实防范重大风险隐患。

三、多元风险缓释方式化解流动性风险

在 2018 年债券市场信用风险加速暴露的背景下，为切实防范债券市场违约风险、完善违约处置市场化机制，2019 年 12 月人民银行、国家发

展改革委和证监会就《关于公司信用类债券违约处置有关事宜的通知》征求意见，并于2020年7月正式发布《关于公司信用类债券违约处置有关事宜的通知》，强调丰富市场化债券违约处置方式，明确允许发行人在基于平等、自愿原则的前提下，通过债券置换、展期等方式协商进行债务重组。在政策支持下，我国债券市场违约风险防范化解工作持续有序推进，信用风险缓释方式不断丰富，并且发行人采用缓释方式化解或缓释短期流动性风险的举措逐年增多。目前国内债券市场典型的信用风险缓释方式主要包括债券展期、发行置换债券和场外兑付及劝退回售。

（一）债券展期

自2018年以来，债券市场开始出现发行人通过与持有人达成延长兑付期限协议的方式缓释短期信用风险。据中诚信国际统计，截至2023年3月末，债券市场共有91家发行人对211只债券的兑付进行展期，已确认展期本金及利息规模累计超过2000亿元（见图2-11）。分年度看，债券市场展期债券数量及规模呈逐年递增趋势。特别是在2019年末三部委联合发布《关于公司信用类债券违约处置有关事宜的通知（征求意见稿）》，其中提到将展期作为风险缓释方式后，2020年以来年度新增展期债券规模同比增幅均在60%以上，2021年展期规模增幅最大，达到162%。主要原因是近年来债券市场在防风险政策托底的背景下，投资者对于债券展期情形接受程度有所提升，使得更多投资者与发行人达成一致，通过展期方式缓释阶段性信用风险。2022年，为缓解房地产领域偿债压力、增强市场信心，中央进一步强调稳妥处置化解房地产行业信用风险，降低房企短期流动性压力，在此形势下房地产企业发行人展期规模明显上升。从年度展期规模行业分布情况（见图2-12）可以明显看出，2022年房地产行业展期债券规模在债券市场展期规模中的占比高达90%。

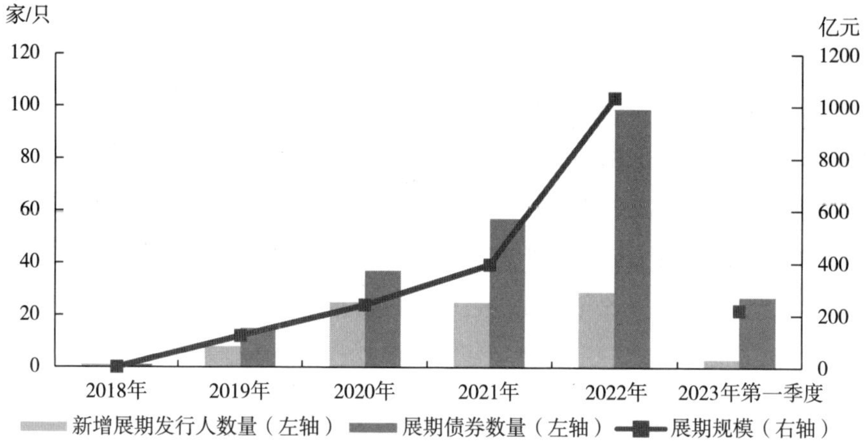

图 2-11　2018 年至 2023 年第一季度债券市场展期情况①

（资料来源：中诚信国际违约数据库）

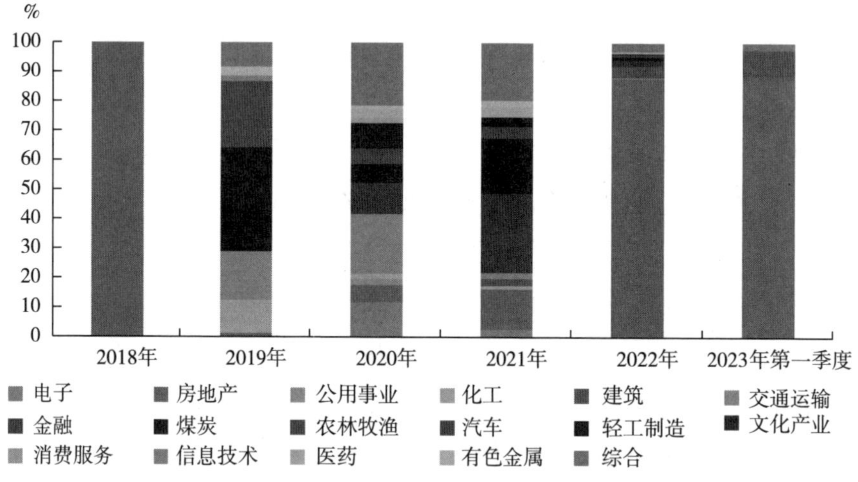

图 2-12　2018 年至 2023 年第一季度展期债券行业分布（按规模）

（资料来源：中诚信国际违约数据库）

从债券展期期限来看，债券兑付延长期限②普遍在 2 年以内，在全部展期债券中占比约为 70%，其中展期期限在 1 年以内和 1～2 年（不含 2

① 该图数据统计中债券数量合计超过 211 只，主要是存在同一只债券在不同年度多次展期的情况。

② 当债券展期兑付方案为分期兑付的情形时，债券展期期限按从展期方案确认日至展期后首次兑付日的时间长度计算。

年）的债券数量各占34.8%；展期期限在2~3年（不含3年）和3~4年（不含4年）的债券数量占比分别为8.7%和6.1%；展期期限超过4年的债券数量占比不足4.5%；此外，还有11.4%的发行人未公开披露明确展期期限。分年度来看，近年来随着市场对展期方式认可度的提升，展期期限也有所拉长。如图2-13所示，2019年和2020年，55%及以上的债券展期期限在1年以内；2021年以来，债券展期期限在1年及以上的债券占比明显增加，其中兑付展期1~2年（不含2年）的债券数量占比在各年度中最高，且占比呈现出逐年递增的趋势。同时，年度平均展期期限呈现出波动式递增的趋势，从2019年的0.91年增加至2023年第一季度的1.75年。

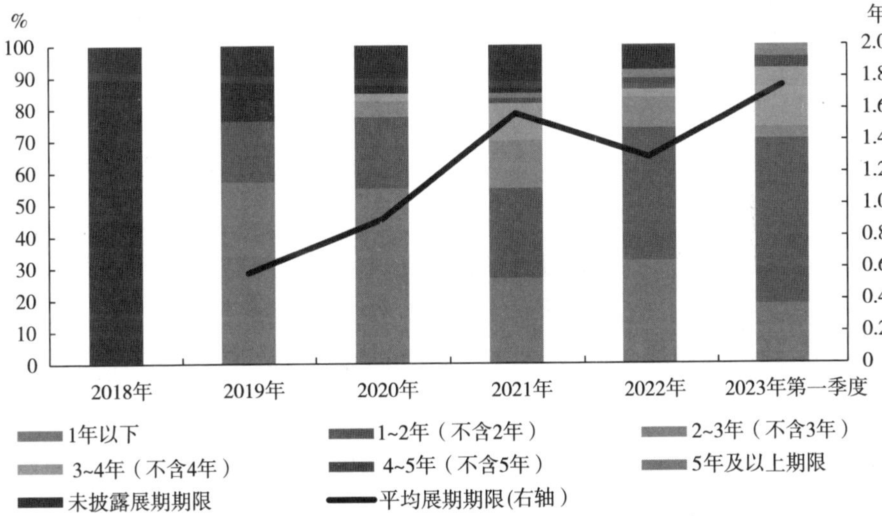

图2-13　各年度债券展期期限分布情况

（资料来源：中诚信国际违约数据库）

值得关注的是，债券展期虽然可以为发行人争取时间缓解暂时性的流动性压力，但对于经营状况及现金流已经严重恶化的发行人来说，在短期内很难实现资金状况和偿债能力的实质性改善，展期只是暂时性地延缓其信用风险暴露的时间。实际上，从展期实践来看，部分展期债券最终兑付情况并不理想。据中诚信国际统计，截至2023年第一季度末，在已届到期日的展期债券中，仅15%的债券完成兑付，在展期后仍发生违约的债券规模占比为17.4%、再次展期占比为32.55%，其余展期债券兑付情况未公开披露。截至2023年3月末，已展期且尚未兑付的债券约有1140亿元，其中涉及已违约发行人持有的债券约有345.51亿元。考虑到存量展期债券规模较大以及展期债券历史兑付情况并不埋想，后续展期债券能否按约定兑付仍存在较大不确定性，且连环违约风险较高，应高度警惕信用风险延迟暴露的可能。

（二）发行置换债券

2019年末，三部委的《关于公司信用类债券违约处置有关事宜的通知（征求意见稿）》首次提到将“债券置换”纳入债券违约处置机制，并提出发行人可以向全体持有人发出置换要约，持有人可基于自身需求和风险评估选择是否接受要约，这既尊重了投资人自主选择权，又大大提高了企业风险处置的效率。政策推动下，债券置换项目于2020年3月初正式起步，但截至目前债券市场置换债券案例并不多，主要涉及3家发行人。其中，1家发行人通过置换方式完成债券到期本金的全额置换；2家完成部分置换，但有1家发行人后续未按期兑付置换的部分金额发生实质性违约。具体来看，2020年3月初银行间债券市场首单债券置换试点业务启动，桑德环境发行“20桑德工程EN001”置换“17桑德工程MTN001”，完成了到期债券本金80%部分的置换。但2020年6月，桑德环境公告称因公司资金面未得到有效改善，流动性极度紧张，未能完成置换债券“20桑德工程EN001”的兑付，发生实质性违约。同年3月18日，华昌达在交易所市场发行首单置换公司债“20华昌置”用于置换“17华昌01”，置换金额为1.5541亿元，置换成功率为64.86%，剩余未置换部分公司按正常到期日兑付，置换债券则于一年后按时足额完成了兑付工作。此后，瓦房店开发发布公告称其发行非公开发行公司债“20瓦房02”债券的认购方式由投资者以“17瓦房02”债券持有份额作为权利凭证按面值1∶1等比例方式认购，即老券的投资人认购新券，成为首例城投企业发行置换债券，此债券已于2021年1月完成兑付。

由于首单债券置换试点范例桑德环境最终发生违约，债券置换对于风险缓释的效果并不理想，导致市场置换债券的发行一度停滞，发行人更倾向选择与持有人达成债券展期协议方式缓释风险。2022年5月，交易商协会发布《银行间债券市场非金融企业债务融资工具置换业务指引（试行）》，明确了银行间债券置换业务的范围，优化债券置换业务操作流程与相关细节，并强调主承销商等专业机构的置换管理职责及在债券置换过程中的风险披露要求。这不仅是银行间债券市场对债券置换方案的具体落实，也是基于过去实践经验教训对债券置换制度的进一步优化。

（三）场外兑付及劝退回售

场外兑付方式主要是发行人与债券持有人协商一致，通过场外方式由发行人自行划转资金对债券进行兑付，进而试图避免发生实质性违约。场外兑付往往伴随着债券的延期兑付或兑付规模的改变。不过，通常发行人与持有人在约定场外兑付协议后，债券将会被注销，而此后债券的兑付情况也不再进行市场公开，债券实际兑付情况存在未知性。如三胞集团曾在债券到期后仅兑付了个人投资者部分，而机构投资者将通过协商解决，即企业自行场外支付机构投资者部分。金贵银业和永泰集团也曾在债券到期后直接或间接公告称通过场外清算支付的方式进行兑付。此外，若发行人在回售兑付日前后公告场外兑付，往往还伴随着劝退回售的操作。根据媒体报道，天房集团曾成功劝退投资者的57亿元回售申请，且剩余回售部分拟通过场外安排兑付事宜。海航集团也曾与投资人达成一致，撤销“16海空01”的全部回售申请，并且该期债券回售资金不通过中国结算深圳分公司派发，公司自行安排兑付。金洲慈航经与投资者协商，成功撤回“17金洲01”80%的回售申报，将未撤回部分回售资金延期一周。此外，据媒体新闻，中融新大、泛海控股、新湖中宝和西部航空等发行人也曾发生过向投资人建议撤销回售申请。从某种程度来说，场外兑付或劝退回售的方式可被认为是发行人与投资者协商后的展期行为。

在实践中，国内债券市场还有部分发行人将这几种缓释方式重复或结合运用的情况，如债券展期到期后继续延期、展期后进行场外兑付等情况。例如，中融新大曾下调发行利率通过场外兑付完成“18 中融新大 MTN001”部分利息，并将剩余部分的利息进行延期；山东如意在债券到期后 1 日发布公告称经持有人同意公司将通过场外兑付的方式兑付“19 如意科技 MTN001”利息并展期 3 个月，同时认可该债券未通过上海清算所渠道完成 2020 年度付息事宜不构成违约。

总体来看，伴随债券市场成熟发展与信用风险的有序释放，违约发行人数量及违约债券累积规模持续增多，违约特征及成因持续演变，呈现出不同的短周期特点。在此形势下，为维护债券市场健康发展与金融体系稳定运行，监管部门及市场各方对于信用风险防范、化解与管理的需求进一步上升，防范化解信用风险逐步成为市场各方的共识。近年来，为缓释短期信用风险，展期、债券置换、场外兑付等风险缓释方式陆续出现，作为信用风险的事前、事中管理工具，这类方式下的债券兑付仍存在高度不确定性，需警惕信用风险延迟暴露的可能。而违约处置作为事后风险管理的主要手段，伴随信用风险的有序暴露，加快完善违约处置机制也具有迫切性和必要性。接下来，本书将展开对债券市场违约处置机制的探讨。

第三章

中国债券市场违约处置机制发展历程回顾

自2014年以来，随着违约事件不断增多、信用风险由刚性兑付转向常态化释放，防范化解信用风险成为债券市场的重要议题和关键任务，完善违约处置机制、优化资源配置的重要性凸显。本章梳理了我国债券市场违约处置机制的发展历程，总体来看，我国债券市场违约处置机制经历了探索、发展、统一完善等阶段，不同阶段发展特点存在差异。随着信用债违约逐步走向常态化、多样化，配套的监管政策和操作指引渐次落地，违约债券处置机制实现实质性发展，法制基础更加完善，为提升违约处置效率奠定基石，对促进风险化解、保护投资者合法权益、维持市场有效运作等也有着积极意义。

第一节　处置机制探索阶段

违约处置机制的探索阶段大致为2008—2015年。违约处置机制建设进度与信用风险暴露节奏密切相关，信用风险的释放反过来也推动配套的监管政策不断完善，弥补制度短板。我国债券市场信用风险释放呈现出不同短周期变化的特点，违约处置机制建设也存在阶段性特征。在“零违约”的阶段信用债违约处置适用的法律依据便得到确立，但具体的违约处置机制存在一些空白；2014年我国公募债券首次发生违约，进入第一轮风险释放阶段后投资者保护机制、信息披露等相关制度建设加速，违约处置机制开始探索建立。

一、法律文件：《破产法》为违约处置提供法律依据

信用类债券违约和处置过程中所适用的上层法律文件包括《公司法》《证券法》《合同法》《破产法》等，在信用债市场发展初期，主要是《破产法》为信用类债券违约处置提供了法律依据。从2007年6月开始实施

的《破产法》（2006年版）规定“企业法人不能清偿到期债务，并且资产不足以清偿全部债务或者明显缺乏清偿能力的，依照本法规定清理债务”，提出债务人可以向人民法院提出重整、和解或者破产清算申请，规定了破产重整、破产和解、破产清算三种不同的破产制度，奠定了市场化处置违约债券的法律基础。破产和解主要是由债务人和债权人达成协议解决债务问题，破产清算则是强制处置债务人的资产以实现债务偿付，二者主要着眼于债务问题的解决；同时此版《破产法》正式在破产立法中确认了重整制度，对破产重整申请的要求、重整程序和普通债权的清偿方式等方面进行了详细规定。破产重整通过实施重整计划，不仅可以帮助解决企业债务问题，同时也有可能恢复企业的营运能力，实现企业的新生。《破产法》明确债权人会议可以决定是否设立债权人委员会以及债务人可以在管理人监督下自行管理财产和营业事务，明确规定了破产管理人对于破产企业的财产的管理权和处置权。2007年4月最高人民法院公布《关于审理企业破产案件指定管理人的规定》，要求对进入破产程序的债务人都由法院指定的管理人主导破产程序，进一步推动了破产管理人制度的发展。

二、投资者保护机制：制度框架初步建立，力图维护投资者权益

债券市场监管机构、自律组织等也制定发布了相关管理办法和业务指引，探索建立信用类债券违约处置的有关规则。发展初期，由于债券市场违约事件较少，政策更多着眼于完善信息披露、信息共享、投资者保护等机制。投资者保护机制框架初步建立，主要涉及持有人会议制度、争议机制、受托管理人制度等。

从持有人会议制度来看，2013年8月，在《银行间债券市场非金融企业债务融资工具持有人会议规程》首次发布实施3年之后，交易商协会对会议规程作出修订，主要对持有人会议的触发条件及会议召开程序等方面进行了完善，同时对发行人、信用增进机构和相关中介机构的工作程序

方面作出细化，推进持有人会议制度建设。2015 年 1 月证监会制定了《公司债券发行与交易管理办法》，将“债券持有人权益保护”作为单独章节，指出受托管理人应“持续关注发行人和保证人的资信状况、担保物状况、增信措施及偿债保障措施的实施情况，出现可能影响债券持有人重大权益的事项时，召集债券持有人会议”，明确持有人会议的会议规则、召开情形、债券持有人通过会议行使权力的范围等方面内容，落实受托管理人的基本职责和法律责任，完善基础制度以促进债券持有人会议发挥化解债务纠纷的效力。

从受托管理人制度来看，2015 年 6 月证券业协会发布配套规则《公司债券受托管理人执业行为准则》，在实操层面进一步规范受托管理人的从业行为，督促受托管理人切实履行受托管理职责。文件明确受托管理人的范围、职责要求等，明确规定债券受托管理人在债券违约风险处置过程中应当关注与披露的相关事项，要求其在发生债券违约风险事件时按照规定和约定履行受托管理职责，维护债券投资者的合法权益。

从争议机制来看，《公司债券发行与交易管理办法》提到“发行人应当在债券募集说明书中约定构成债券违约的情形、违约责任及其承担方式以及公司债券发生违约后的诉讼、仲裁或其他争议解决机制”，争议解决或主要依靠发行人与投资者之间约定和协商，规定较为笼统。

三、信息披露机制：强化信息披露管理，提高信息透明度

《证券法》（1998 年版及 2005 年版）均提到发行人应持续进行信息公开，“依法披露的信息，必须真实、准确、完整，不得有虚假记载、误导性陈述或者重大遗漏”。2008 年 4 月，人民银行印发《银行间债券市场非金融企业债务融资工具管理办法》，第七条指出“企业发行债务融资工具应在银行间债券市场披露信息”，强调信息披露应遵循诚实信用原则和信息披露的规范性。2008 年，交易商协会制定了单独的非金融企业债务信

息披露规则，强化信息披露要求；2012—2013 年交易商协会新增对重大事项和募集资金用途的披露要求，并对存续期信息披露作出了具体的格式规定。

交易所市场中，2007 年沪深交易所制定了《公司债券上市规则》，明确债券发行人应遵守的信息披露基本原则，交易所此后对信息披露规则陆续进行多次修订完善，主要涉及完善重大事项披露规定、规范定期报告格式等内容。2015 年证监会对《公司债券发行与交易管理办法》进行修订时，将“信息披露”作为单独一章节，进一步明晰统一发行公司债券的信息披露要求，以压实发行人及其他信息披露义务人责任，提高信息的透明度。

企业债方面，国家发展改革委于 2004 年发文对企业债券的募集说明书、重大事项、信用评级等涉及的信息披露工作作出明确要求，2011 年①国家发展改革委进一步要求发行人及中介机构定期或不定期地进行信息披露，并要求地方发展改革委加强对信息披露的监督检查。

此外，多个部委还加强合作，推进信息共享。2012 年 4 月，经国务院批准，人民银行牵头国家发展改革委、证监会成立了公司信用类债券部际联席机制，统筹运作公司信用类债券相关事宜。成立之后，部际联席机制召开过多次会议，在推动公司信用类债券信息披露统一、跨市场统一执法、建立信息共享机制等方面取得一定进展。

第二节　处置机制发展阶段

违约处置机制在 2016—2019 年进入加速发展阶段。随着违约事件增多、信用风险不断释放，监管部门愈加重视违约处置机制的建设，多管齐

① 文件包括《关于进一步改进和加强企业债券管理工作的通知》《关于进一步加强企业债券存续期监管工作有关问题的通知》等。

下加快相关政策文件出台步伐，推出的政策涵盖受托管理人、持有人会议、违约债券交易机制、金融债委会、信息披露等环节，进一步明确债券违约处置应遵循的基本原则及各方职责，这一阶段制度建设发展提速，债券违约处置制度体系更为丰富和完善，为后续违约处置机制的进一步升级和优化奠定制度基础。

一、持有人会议制度：强化持有人会议效力与约束力

债券持有人会议通过汇集债权人的意愿，按照“多数决”原则形成集体意见，增强谈判能力，是维护投资者权益的核心机制。这一阶段持有人会议机制上升为法定制度安排，并且银行间、交易所市场也出台配套的规范性文件，对持有人会议相关事项进行了具体规定。2016 年 9 月，交易商协会发布《投资人保护条款范例》，要求事先在募集说明书中以条款的形式约定发生触发情形后的处理程序，明确发行人、投资人以及主承销商的各方权责。针对风险处置过程中存在的问题，交易商协会设计了“交叉保护条款”“财务指标承诺”“事先约束条款”“控制权变更条款”四大类基本条款，将产能过剩行业盲目扩张、股权托管不规范、母弱子强集团本部偿债能力弱等七方面风险事件作为持有人会议触发情形，并分别设置了对应的投资人保护安排，推动持有人会议有据可依，有助于强化持有人会议的约束力、保护投资者权益。2018 年 12 月沪深交易所在《公司债券上市规则（2018 年修订版）》中规定了应当召集债券持有人会议的情形。次年 12 月，交易商协会发布《银行间债券市场非金融企业债务融资工具持有人会议规程（修订稿）》，修订内容包括进一步丰富持有人会议的召开情形、建立分层的议案表决机制、强化持有人会议机制在发行文件中的约定等，以提升议事决事的效率。

二、受托管理人制度：法治化、规范化水平有所提高

受托管理人作为债券持有人会议的执行机构，根据债券持有人会议决

议的授权，可以代表债券持有人申请处置抵押物、财产保全及提起诉讼或仲裁等，是投资者保护的重要制度之一，这一阶段多份相关的制度法规陆续落地，受托管理人制度法治化、规范化水平明显提高。2017 年 3 月，中国证券业协会发布了《公司债券受托管理人处置公司债券违约风险指引》（以下简称《风险指引》），规定了受托管理人应当制定违约风险处置应急管理制度、预计发生违约情形时应及时采取处置措施、发生实质违约时应当开展的工作等方面内容，规范受托管理人处置公司债券违约风险的行为。同月，沪深交易所发布《公司债券存续期风险管理指引》，明确受托管理人在债券存续期间进行风险管理的责任和义务。2019 年 12 月，交易商协会发布《银行间债券市场非金融企业债务融资工具受托管理人业务指引（试行）》，专门规定了受托管理人的业务规则，明确银行间债券市场受托管理人可代表债券投资者集中参与诉讼、破产等司法程序，强化受托管理人的受托管理职责，以促进提高司法处置效率。

三、金融机构债权人委员会制度：政策依据更加明确，统一监管有所强化

金融机构债权人委员会（以下简称金融债委会）① 最早的明确制度文件为银监会办公厅 2016 年 7 月发布的《关于做好银行业金融机构债权人委员会有关工作的通知》，明确了金融债委会的性质、职责、成员组成、议事规则等；2017 年银监会再度发文进一步明确了需要进行金融债务重组的情形等，要求做好司法衔接，还强化问责机制，指出符合债委会组建条件的困难企业涉及的所有银行业金融机构均要加入债委会、统一行动。此后，人民银行等四部门联合发布《关于印发金融机构债权人委员会工作规程的通知》，主要内容包括将非银金融机构纳入债委会范围、明确债委

① 金融机构债权人委员会是针对债务规模较大、存在困难的非金融债务企业，3 家以上金融机构可以发起成立的金融债权人委员会，是保护金融机构投资者的一项制度安排。

会相关成员的工作流程和决策机制、完善债委会运作的约束机制，以及明确相关监管部门、自律组织和债委会相关单位的责任等，促进债委会制度更好地发挥在企业债务风险化解方面的作用；并且新增打击逃废债相关表述，加强企业逃废金融债务信息共享，坚决打击逃废金融债务行为。整体来看，三次文件从银监会发文扩展为四部门联合发文，金融债委会制度体系在监管协调性、统一监管、重视程度方面逐渐完善。

四、违约债券处置机制：方式更为多元，责任人义务进一步夯实

2017 年 3 月发布的《风险指引》① 第四章规定发行人发生实质性违约时受托管理人应当开展的工作，包括召开债券持有人会议、提起民事诉讼、要求发行人追加担保、进行对外披露等，给予管理人一定处置灵活性和主导性，督促受托管理人做好公司债券违约风险的处置工作。2019 年 12 月，交易商协会发布《银行间债券市场非金融企业债务融资工具违约及风险处置指南》，这是银行间债券市场首个债券违约处置性指引，文件指出发行人应进一步通过资产处置、清收账款、引入战略投资者、资产重组与债务重组等方式加大处置力度；并推行多元化处置措施，指出“发行人可以通过置换方式处置违约债务融资工具”，丰富债务管理手段；此外还强调了发行人和中介机构在违约风险处置中的职责，意在提升债券违约风险处置的质量和效率。

五、违约债券交易机制：交易机制建立，违约债券进入市场化处置阶段

为提高违约债券的流动性、对违约债券进行市场化处置，外汇交易中

① 即前文提到的《公司债券受托管理人处置公司债券违约风险指引》。

心、北金所、沪深交易所等陆续出台规则，建立到期违约债券的交易机制，目前共形成外汇交易中心匿名拍卖机制、北金所到期违约债券转让业务和沪深交易所的特定债券转让机制三个交易途径。外汇交易中心匿名拍卖机制方面，2018 年 6 月，外汇交易中心、银行间同业拆借中心下发《关于开展债券匿名拍卖业务的通知》，允许相关债券在固定时间、统一平台进行匿名拍卖交易，业务对象包括但不限于违约债券、受违约影响的债券、资产支持证券次级档等低流动性债券。后续银行间同业拆借中心还发布多份文件进一步规范到期违约债券转让流程、匿名拍卖债券应满足的标准及实施细则等，引导匿名拍卖业务有序开展，促进债券规范流通和市场价格发现功能发挥。

北金所到期违约债券转让业务方面，在人民银行指导下，北金所发布《银行间市场到期违约债券转让业务操作指南》推出以动态报价机制为核心的到期违约债券转让业务，并于此后陆续发文对违约债券转让的业务服务范围、业务程序等环节作出具体规定，完善细则便利投资者参与银行间债券市场违约债券转让。

沪深交易所的特定债券转让机制方面，2019 年 5 月上交所、深交所联合中证登发布通知，针对违约债券及其他高风险债券建立特定债券转让交易制度，明确为上市期间特定债券、挂牌期间特定非公开发行债券提供转让结算服务，次年交易所发文进一步明确在交易所转让的特定债券可以按照通知规定采取竞买方式进行转让，并对竞买转让条件做出规定，进一步优化违约债券的转让方式。

六、信息披露机制：信息披露要求进一步细化，压实参与方责任

这一阶段发行的多份文件提及了市场参与者的信息披露责任，强调事前、事中、事后各环节信息公开，推动提高信息披露的有效性、及时性和针对性。《公司债券上市规则（2018 年修订版）》明确了发行人、受托管

理人、资信评级机构等信息披露义务人的信息披露要求，督促有关责任人做好信息披露工作，及时、准确地披露定期报告、临时报告、重大事项等；《银行间债券市场非金融企业债务融资工具违约及风险处置指南》也提到事前发行人应依规披露定期报告，若债务偿付存在困难，应披露特别风险提示公告；事后发行人、受托管理人应及时披露债务处置相关信息和后续进展情况，落实投资人保护措施。

第三节　处置机制统一完善阶段

自2020年以来，违约风险释放趋于常态化，推进违约债券处置机制建设对于促进信用风险化解、助力债券市场发展仍十分必要，违约处置机制建设也进入统一完善阶段。2020年7月人民银行、国家发展改革委、证监会联合发文明确要求债券违约处置应当遵循统一的基本原则，首次提出构建债券违约处置统一的制度框架，标志着违约处置制度建设迈出重要一步。此外，这一阶段监管政策延续了强化违约债券处置、提高处置效率的思路，根据实际运行情况，除新发布规程约束市场行为外，还持续对前述规范性和基础性文件进行修订和完善，持续优化监管体系，丰富违约债券处置手段，力图提高违约处置机制的统一性、协调性、可操作性，夯实制度基础，强化投资者保护。

一、投资者保护机制：强化受托管理人和持有人会议制度的核心作用，落实投资者保护举措

2020年3月新《证券法》正式实施，标志着注册制在公司类信用债市场全面实施。注册制下，监管重点从“事前”转向“事中、事后”，新《证券法》新增投资者保护章节，首次在法律层面明确了债券持有人会议

制度和受托管理人制度，明确持有人会议决议效力等方面内容，夯实债券投资者权益保护的法律基础。作为资本市场的顶层设计，新《证券法》在法律层面为违约债券处置提供依据，有助于提升违约债券处置的效率，同时也为后续更多监管措施的出台奠定基础，为监管规则协调做铺垫。同年7月，人民银行、国家发展改革委及证监会联合发布《关于公司信用类债券违约处置有关事宜的通知》（以下简称《通知》），推进债券市场基础性制度的优化统一。《通知》完善了债券持有人会议制度，对债券持有人会议的功能作用、决策程序、决议效力范围等内容进行规范，建立分层次表决机制，以提高债券持有人会议决策效率。同时明确引入受托管理人制度，突出受托管理人的角色定位，推动受托管理人提高对存续期债券的信用风险评价和管理能力。同月，最高人民法院印发《全国法院审理债券纠纷案件座谈会纪要》，这是我国第一部关于审理债券纠纷案件的系统性司法文件，夯实了该项制度的司法基础，明确"应当根据当事人的协议约定或者债券持有人会议的决议，承认债券受托管理人或者债券持有人会议推选的代表人的法律地位"。并肯定债券受托管理人的诉讼主体资格，保障其诉权职能，为受托管理人实施保护债券持有人的措施提供了法律依据。同年11月，沪深交易所发布《公司债券持有人会议规则》，明确持有人会议的议事规则与程序，进一步规范持有人会议机制运行。

2021年2月，证监会修订《公司债券发行与交易管理办法（2021版）》（以下简称新《管理办法》），落实公开发行公司债券注册制改革，并结合新《证券法》修订内容进行适应性修订。与2015年版相比，新《管理办法》完善了受托管理人的相关规定，要求"公开发行公司债券的发行人应当为债券持有人聘请受托管理人"，同时进一步丰富了持有人会议的召开情形，在原有事项的基础上新增"发行人被托管或者依法进入破产程序"两种触发情形，完善细化持有人会议的召开条件，以更好地支持投资者集中商议解决方案、维护自身合法权益。

以前期文件为基础，2021年3月交易商协会修订形成了《非金融企业债务融资工具募集说明书投资人保护机制示范文本（2021版）》，对受托管理人的基本情况、受托管理业务利益冲突情况及防范管理措施、受托协议的主要内容作出规范，同时对持有人会议的目的与效力、召开情形、召集、参会机构和表决决议等内容予以列举式规定，有助于进一步明确受托管理人机制、持有人会议机制等投资人保护相关内容的披露要求，强化法律保护效力。同年 8 月，沪深交易所发布公司债券投资者权益保护参考文本，夯实投资者权益保护的制度基础，其中上交所丰富了投资者保护约定、细化约定实施机制、设置多层次救济机制、规范募集说明书编制等，以强化市场约束，提高信息披露质量；深交所参考文本则进一步规范了特殊发行条款、增信机制、违约事项及纠纷解决机制四个方面内容，加大了对发行人的约束力度，推动提高投资者保护相关条款的有效性。2022 年 1 月证券业协会对 2017 年发布的《风险指引》做出修订，优化完善受托管理人制度和持有人会议机制，从应急管理机制、潜在违约处置、实质违约处置三个方面出发对受托管理人和持有人会议进行详细规定，给予受托管理人一定的处置灵活性和主导性，压实受托管理人在风险处置环节的责任，并促进提高持有人会议效力，维护持有人利益。

二、违约债券处置机制：推行多元化处置措施方式，巩固风险处置与争议解决法制基础

一是丰富违约处置工具箱。2020 年 3 月，上清所发布《银行间市场清算所股份有限公司集中清算业务违约处置指引》，指引分为主体部分与各集中清算业务的“违约处置操作指引”具体章节，主体部分主要包括违约认定与处置实施框架、风险资源使用与偿还顺序、违约处置专家组等相关原则性内容，各集中清算业务“违约处置操作指引”章节均对该业务违约头寸处置操作细则和其他针对性条款进行规定，以推动完善银行间债券市场集中清算业务风险管理制度、明确债券违约清算流程。三部门联合发布的《通知》中也提到“鼓励发行人与债券持有人在平等协商、自愿的基础上通过债券置换、展期等方式进行债务重组”，鼓励实行多样化的违

约债券处置方式。同月，沪深交易所发布《关于开展公司债券置换业务有关事项的通知》，明确债券置换内涵，并从业务内容、操作原则、信息披露等方面对债券置换进行规范；对于债券发行人而言，可以根据自身需求对现有债券通过“以新债换旧债”的债券置换方式进行主动管理，缓解企业的短期流动性压力，对于投资人而言，债券置换方式给予投资人更多的选择权，拓展了债券处置的操作空间。2022 年 5 月，交易商协会发文将债券置换和同意征集机制引入银行间债券市场，一方面基于过去实践经验优化完善了债券置换制度，明确银行间债券置换业务的范围，优化债券置换业务操作流程与相关细节，并强调主承销商等专业机构的置换管理职责及在债券置换过程中的风险披露要求，丰富了发行人主动债务管理工具；另一方面，首次在银行间市场引入同意征集机制，明确同意征集机制的条件，对发行人同意征集的具体内容与信息披露提出了明确要求，全面提升了征集指引的规范性，着力提高投资人与发行人之间的沟通效率。

二是完善违约及风险处置操作指引。2021 年 3 月上清所发布《银行间市场清算所股份有限公司债券违约及风险处置操作指引（试行）》，明确违约定义，规范了债券展期、调整票面利率、撤销回售、债券置换等风险处置方案下发行人应提交的申请资料，进一步明确违约债券处置流程，完善违约债券后续处置机制。同年 8 月，人民银行等六部门在《关于推动公司信用类债券市场改革开放高质量发展的指导意见》中强调要巩固公司信用类债券的法制基础，健全违约债券处置的基本标准和流程、仲裁调解等非诉讼债券纠纷解决机制以及违约债券转让等市场化出清机制，探索集体诉讼和当事各方和解制度，推动债券违约处置机制朝着更市场化、法治化方向发展，提升违约债券出清效率。2022 年 5 月，交易商协会对既有文件进行修订完善后发布了《银行间债券市场非金融企业债务融资工具违约及风险处置指南（2022 版）》，与 2019 年版相比，主要修订内容包括增加发行人特别情形下可参考的处置方式和流程规定、鼓励持有人利用集体行动机制、细化多元化处置措施要求等，明确信用增进机构代偿责任，并强化金融债委会机制的作用、给予持有人表达意见的权利，强调债务人自身义务的履行和持有人权利的保护，以加快处置效率、促进风险化解。

三是优化债券纠纷解决机制。2022 年 8 月，证监会、财政部联合发文明确证券领域民事赔偿责任优先原则的有关规定，提出违法行为人已缴纳的行政罚没款可用于承担民事赔偿责任，推动民事赔偿责任优先原则在证券领域落地，维护受害投资者的合法权益。此外，2023 年 3 月，上海金融法院发布《债券纠纷法律风险防范报告》，总结了近年来其受理的债券纠纷案件特点和债券市场风险因素，归纳梳理债券发行、交易、偿付过程中的风险易发、多发环节。报告建议健全完善债券受托管理人制度、信息披露制度、加大打击债券市场违法行为力度等，为债券市场提供了方向性的发展建议，未来或有更多相关措施的出台，以持续完善风险处置机制，促进风险的有序化解。

三、信息披露机制：统一信用类债券信息披露基本原则，强化信息披露内容规范性要求

新《证券法》中强调信用债存续期的风险监管，进一步强化信息披露要求，明确发行人是信息披露的第一责任人，并要求发行人确保信息披露真实、准确、完整、及时、公平，对信息披露义务人提出更高要求，促进市场信息披露质量提升。2020 年 7 月，相关部委指出“信用债违约处置过程中发行人等其他信息披露义务人应严格履行信息披露义务，披露内容包括但不限于发行人财务信息、违约事项、违约处置方案及债券持有人会议决议、诉讼仲裁进展”，保障投资者知情权。同年 12 月，人民银行、国家发展改革委和证监会联合发布《公司信用类债券信息披露管理办法》，统一公司信用类债券信息披露的基本原则，规范了债券违约和企业进入破产程序等多种特殊情形下的信息披露要求。对于债券发生违约的，信息披露义务人应及时披露企业财务信息、违约事项、涉诉事项、违约处置方案、处置进展及其他可能影响投资者决策的重要信息。对于企业

进入破产程序的，明确企业信息披露义务由破产管理人承担，企业自行管理财产或营业事务的除外，企业或破产管理人应当持续披露破产进展，发生实施对债权人利益有重大影响的财产处分行为的也应及时披露。

2021 年 3 月，交易商协会发布《银行间债券市场非金融企业债务融资工具信息披露规则（2021 版）》《银行间债券市场非金融企业债务融资工具存续期信息披露表格体系（2021 版）》，主要内容包括强化信息披露主体与人员责任、完善细化定期报告中非财务信息的披露内容、规范违约处置及投资者保护机制的披露要求以及针对破产企业设置差异化披露要求等，明确要求债务融资工具违约处置期间，企业及存续期管理机构应当披露违约处置进展，企业应当披露处置方案主要内容，提高市场信息透明度。交易所市场中，同年 4 月沪深交易所分别发布业务指引，重点对偿债能力相关的主要信息披露内容作出要求，确立未能清偿到期债务和公司进行债务重组等重大事项的披露标准，并对定期报告内容与格式进行自律规范，提高公司债信息披露水平。此外，同年 9 月上交所正式推出“信息披露直通车”制度，即市场主体通过上交所登记和上传信息披露文件并直接在上交所官方网站披露的信息披露方式，进一步简化业务流程，着力提高信息披露的及时性和便利性。2022 年 7 月，交易商协会针对 46 类债券存续期信息披露文件制定发布了示范文本，涉及重大事项、付息兑付公告、信息变更类公告等，进一步提高信息披露的规范性、针对性和有效性。

整体来看，历经 10 余年发展，我国债券市场违约处置制度逐渐完善起来，监管重视程度也不断提高。随着市场发展，债券违约处置机制的法律顶层设计更加统一和有效，投资者保护制度、信息披露制度、违约债券交易等制度的法制基础更加牢固，监管的统一性和协调性有所提高，违约处置方式也不断丰富，债券违约处置机制的市场化、法治化程度逐渐提升，在推进债券市场违约处置和提高债务风险化解效率等方面发挥了重要作用。

第四章

中国债券市场违约处置方式与效率

2014年以前，我国公募债券市场长期保持着“零违约”状态，私募债违约事件也较少发生，且相关信息极少公开披露，投资者保护制度以及违约处置机制的发展动力明显不足。但随着公募债刚性兑付打破后违约事件的常态化，债券投资者保护制度日益受到市场重视并逐步完善。违约后续处置机制建设作为债券市场投资者保护制度的重要一环，在近年来迎来实质性发展，监管机构“多管齐下”完善违约处置机制，促进债券市场化、法治化水平的提升。在此背景下，债券市场违约后续处置方式更加多元化、市场化、法治化，处置效率呈波动上升趋势。

第一节　典型违约处置方式

自债券市场打破刚兑以来，我国违约债券处置方式经历了由单一向灵活、多元的转变。从大类来看，违约债券处置方式涉及司法途径和非司法途径两类。此外，违约债券交易方式是现阶段投资者实现违约市场化处置和退出的典型方式。

一、司法途径

司法途径下的债务处置是指通过司法程序，由法院审判、判决解决债权人与债务人之间的债务纠纷问题，具体包括破产重整、预重整、破产清算和破产和解途径。根据我国《破产法》①，当企业法人不能清偿到期债务，并且资产不足以清偿全部债务或者明显缺乏清偿能力时，可以向人民法院提出重整、和解或者破产清算申请。其中，破产重整是指对不能清偿到期债务或有明显丧失清偿能力可能，但同时具有挽救价值和再生希望的

① 《中华人民共和国企业破产法》，由中华人民共和国第十届全国人民代表大会常务委员会第二十三次会议于2006年8月27日通过，自2007年6月1日起施行，以下同。

企业法人，经债务人、债权人或其他利害关系人的申请，由法院主持并在利害关系人的参与下，依法同时进行生产经营上的整顿和债权债务关系或资本结构上的调整，以使债务人摆脱破产困境，重获经营能力的破产清算预防程序。破产清算则是强制处置债务人企业的全部财产以实现债务清偿，破产清算后企业主体不再存续。破产和解主要是由债务人和债权人达成协议解决债务问题，不涉及企业内部经营管理的改变。此外，司法途径下的债券处置还涉及预重整制度，其虽然未在《破产法》中形成明确规定，但在相关文件中提出探索研究预重整的相关机制规则，在部分案例的处置实践中也取得较好的成果。预重整结合了破产重整和债务重组两种处置方式的特点，通常指正式进入司法重整程序前，由临时管理人组织债务人、债权人、重整投资人等，遵循重整基本规则，通过各方自行协商，就债务清偿等问题自愿达成重整方案的庭外协商机制。

总体来看，司法途径处置方式受《破产法》约束，有司法力量介入，具有较为严格的规范性和程序性。司法程序将全体不同类型的债权人分组就重整计划予以表决，由法院裁定批准对所有当事人产生执行效力，有效防止个别债权人索取或个别执行的行为。司法途径在一定程度上兼顾各方当事人利益的平衡，在实体和程序上具有较强的公平性。

二、非司法途径

非司法途径是指在没有法院参与下，完全在法庭外由债务人、债权人及相关机构进行自主协商，以图实现债务整理与债务人救济的过程。目前国内债券市场发生的非司法途径主要涉及自筹资金、第三方代偿、债务重组三种方式。自筹资金方式主要适用于因短期流动性冲击或资金周转问题而导致违约的发行人，采用此方式偿还债券的企业普遍具有较高的偿债意愿，自身财务状况还存在一定拯救空间，可通过内部处置资产等方式解决资金缺口。第三方代偿具体分为两种，一是在发行人违约后，由债券担保机构或担保人履行担保义务进行偿付；二是非担保第三方代偿，即由违约发行人母公司或关联企业受让全部债务后进行偿付。债务重组则主要是通过双方当事人协商一致的方法或依照法律规定，对原有的债务债权关系进行变更，调整债务规模、履约时间、担保条件等。债务重组的具体方案主要采取削减利率、债券展期、债券置换、债转股、第三方收购等方式。

非司法途径在着眼于提高债务人的清偿能力的同时又保证债务人生产经营的灵活空间。在采取非司法途径处置时，企业经营几乎不会受到任何实质性限制，并且与资本市场也会保持联系，这更利于实现企业价值最大化，促使债务人恢复生产经营能力，保证企业的营运价值。

三、违约债券市场化交易

违约后续处置机制作为债券市场投资者保护制度的重要一环，在近年来迎来实质性发展，监管“多管齐下”完善违约处置机制，促进债券市场法治化水平的提升。自 2018 年以来监管机构逐步探索建立违约债券交易机制。2018 年 5 月，外汇交易中心率先推出债券匿名拍卖业务，为高收益、低流动性债券提供交易平台。随后 2019 年北交所和沪深交易所先后推出了针对违约债券的到期转让业务。2020 年 7 月，人民银行会同国家发展改革委和证监会联合发布《关于公司信用类债券违约处置有关事宜的通知》，进一步强调推动构建市场化、法治化的债券违约处置机制，建立健全违约债券交易机制，支持各类债券市场参与主体通过合格交易平台参与违约债券转让活动。目前我国初步形成以“全国银行间同业拆借中心——违约债券匿名拍卖业务”“北京金融资产交易所——到期违约债券转让业务”“沪深交易所市场——特定债券（违约债券）转让业务”为平台的三类违约债券交易机制。不过，目前我国违约债券交易活跃度不高，未来促进违约债券交易、完善高风险债券定价等方面仍有较大提升空间。

第二节　违约处置方式的应用

以“11 超日债”违约为起点，我国违约债券处置方式经历了由单一向灵活、多元的转变。早期的违约处置方式主要以发行人自筹资金为主，债务问题的解决缺乏市场化手段，投资者求偿处于相对被动地位。根据中诚信国际统计，2014—2016 年完成处置的违约债券中，有超过六成的发行人采用自筹资金方式完成偿付，约 1/4 被担保方或实控人代偿，个别债券则以破产或重组方式完成处置。近年来，随着违约后续处置机制的完善，市场化、法治化违约进程有所加快，我国通过诉讼或破产等司法途径以及协商债务重组方式处置债券的案例逐步增多。违约处置方式的应用更加灵活、债务重组方式也更加多样，除展期、折价兑付外，还涌现出变更债权形式、拟货物偿付、豁免债务等新的处置方式，给予发行人和投资者灵活处置债务风险的自主空间。截至 2023 年 3 月末，我国债券市场共有 791 只债券发生违约，其中 395 只违约债券明确了处置方式。根据统计，采取司法途径处置的债券占 74%，其中以破产重整方式居多，在司法途径处置债券总数中占比达到 85%；非司法途径处置方面，发行人自筹资金偿付的债券占比为 46%，其次是债务重组，占比约 1/3，剩余约两成债券由第三方代偿（见图 4-1、图 4-2）。

相比于我国债券违约事件的常态化暴露，目前完成后续处置的违约债券数量规模占比较低。据不完全统计①，截至 2023 年 3 月末，债券市场公开披露完成处置的违约债券 277 只，在违约债券总数量中占比为 30%；合计本息规模 2946.49 亿元，在违约总规模中占比为 37%，涉及发行人 77 家。

---

① 本书中涉及的违约后续处置数据均来源于市场公开披露信息，由中诚信国际整理。

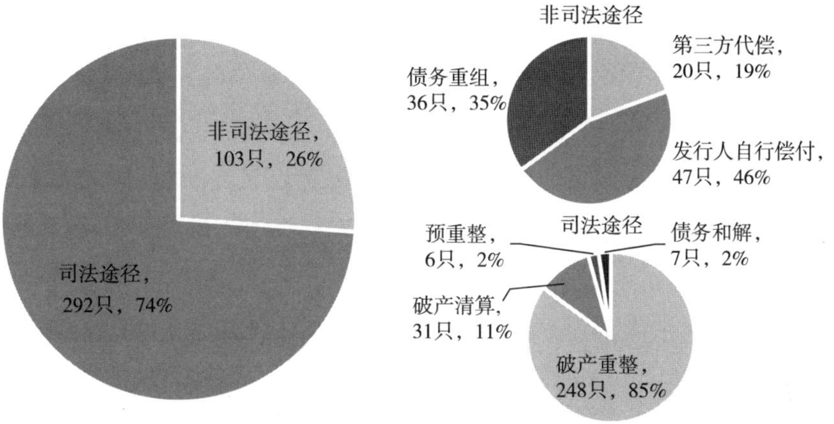

图 4-1　2014 年至 2023 年 3 月不同处置方式下的违约债券只数及占比

（资料来源：中诚信国际违约数据库）

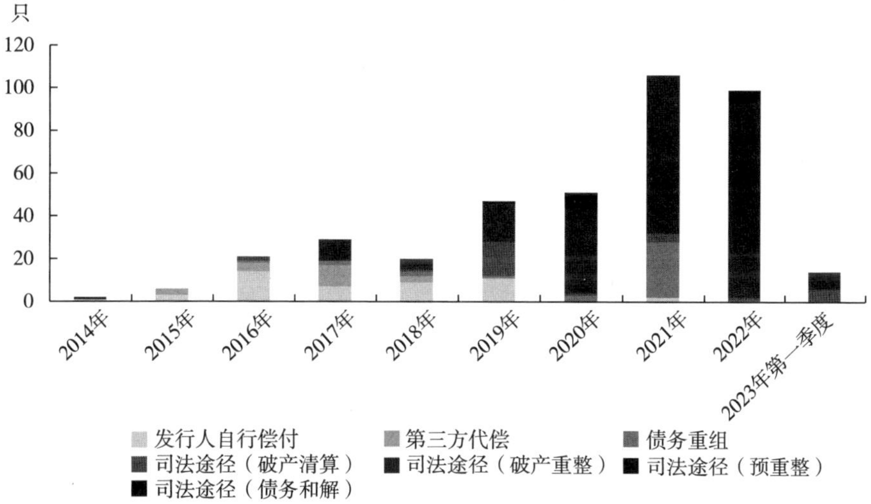

图 4-2　2014 年以来各年度违约债券采取不同处置方式的情况

（资料来源：中诚信国际违约数据库）

不过，从各年度完成处置的占比变动趋势上看，近年来完成处置的违约债券规模占比呈增长趋势。自 2019 年以来，随着违约处置机制持续完善以及大型企业化债力度的加大，违约处置进程也有所加快。特别是 2021 年，尽管违约规模大幅攀升，但随着市场化、法治化违约处置的诸多实践，新增完成处置规模 1401.86 亿元，同比增长 2.8 倍，在新增违约规模中的占比增加至 75%，为历史年度最高。2023 年第一季度，在大型企业集团破产重整事件的推动下，完成处置的违约债券规模较 2022 年度小幅增长（见图 4-3）。

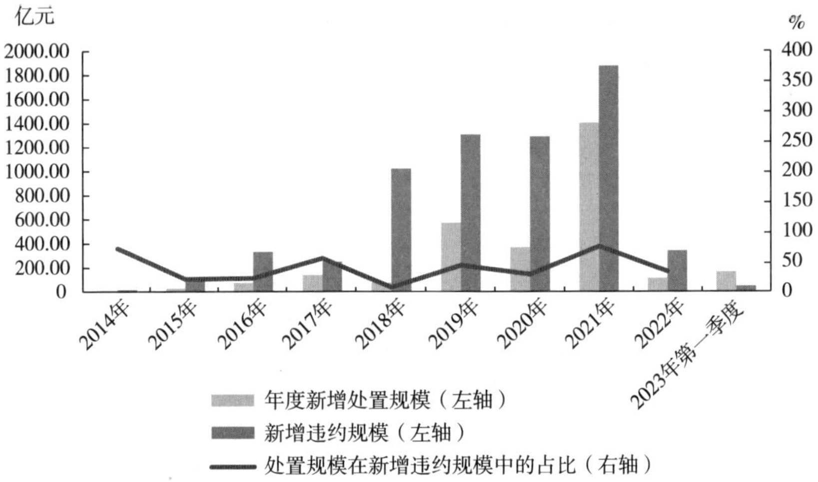

图 4-3　2014 年以来债券市场完成处置的年度情况

（资料来源：中诚信国际违约数据库）

第三节　不同处置方式的效率分析

本节以处置周期天数作为衡量违约债券处置效率的主要指标，处置天数越小则处置效率越高。具体地，本节分别从不同时间阶段、处置方式、企业性质、发行方式、交易场所、行业类型等方面，多维度分析我国违约处置效率。

一、违约处置效率概况

早期的违约事件中多数发行人采用自行偿付和第三方代偿等非司法途径进行处置，处置周期整体相对较短，2014—2018 年处置周期平均值均在 200 天以内，受个别债券处置周期较长影响，处置周期中位数相对更低，其中除 2014 年兑付数量较少，中位数为 163 天外，2015—2018 年处置周期的中位数均在 66 天以内。2019 年以来完成处置的债券多为采用司法途径等方式，处置周期逐渐拉长。2021 年随着违约处置机制的不断推进，有更多主体完成破产重整程序或与债权人达成协议等，违约债券的平均处置周期降至 388 天，明显低于 2019 年和 2020 年的处置周期 413 天和 617 天。2022 年以来处置效率有所下降，平均处置周期达 1200 天，处置周期中位数也高达 1175 天。处置周期的拉长主要由于近两年完成债券处置的发行人多为早期违约且早已进入破产重整程序的主体，前期处置进程推进相对缓慢（见图 4-4）。

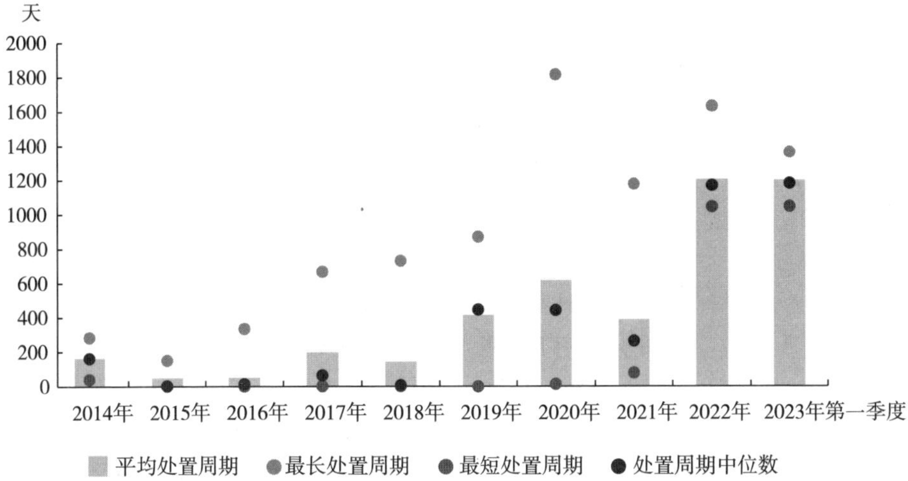

图 4-4　2014 年以来违约债券年度平均处置周期

（资料来源：中诚信国际违约数据库）

二、不同维度下的违约处置效率

1. 处置方式

不同处置方式下违约债券处置周期分化较为明显。以发行人自筹资金、第三方代偿方式处置的债券处置效率相对较高，平均处置周期约 63 天，处置周期中位数均在 15 天以内。其中，通过自筹资金方式处置的债券，其发行人大多为违约初期的民营企业，违约发生后发行人仍有一定的自主偿债意愿，若外部资金来源渠道尚未完全被切断，则发行人延迟兑付债券的意愿较强。而采取司法途径和债券重组方式的处置周期相对较长，主要依赖于处置方案形成前各方的协商进度和决议情况，若违约债券规模较大，所涉及相关方较多，则债券面临相对较长的处置周期。在实践中，各类司法途径或债务重组方式下的平均处置周期在 130~585 天，最长处置周期长达 1816 天；其中位数在 135~368 天（见图 4-5、图 4-6）。

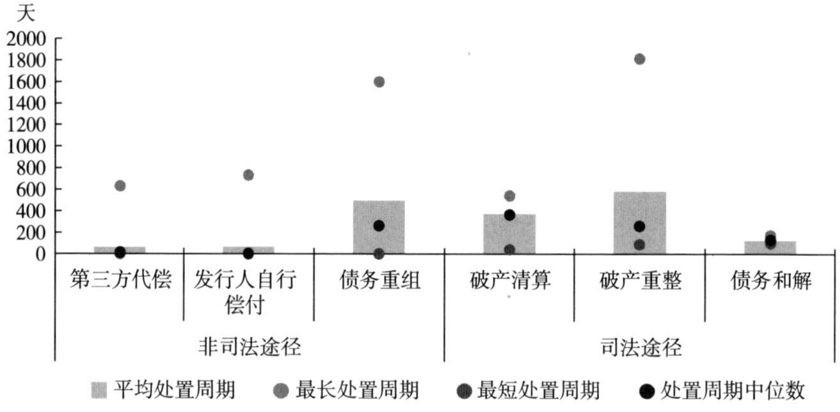

图 4-5　不同处置方式平均处置周期情况

（资料来源：中诚信国际违约数据库）

2. 企业性质

不同企业性质①的处置效率特点可以分为两个阶段来看。一是 2020 年

① 此部分国有企业包含地方国有企业和中央国有企业；非国有企业包含民营企业、公众企业、外商独资企业和中外合资企业。

之前，国有企业平均处置周期普遍短于非国有企业处置周期；二是 2020 年至 2021 年①，前期密集暴露违约风险的民营企业陆续完成违约处置，非国有企业处置效率阶段性提升，略高于国有企业并且随着处置方式的趋同，两者平均处置效率差距逐渐缩小。

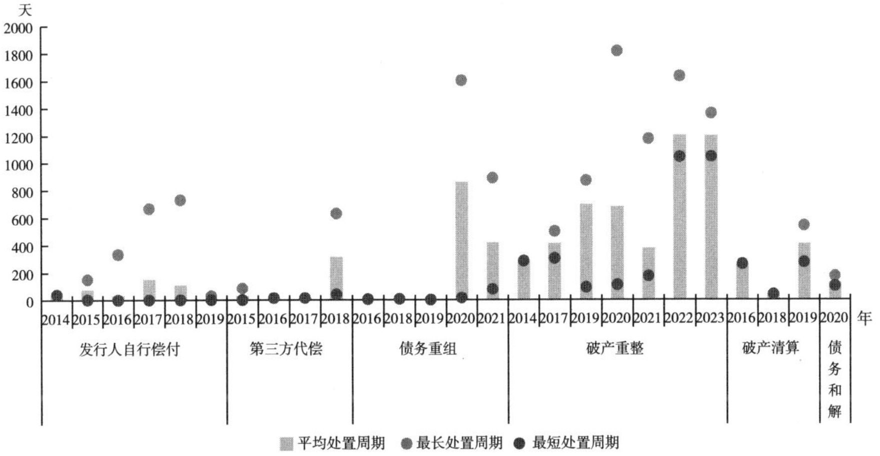

图 4-6　2014 年以来不同处置方式年度平均处置周期情况

（资料来源：中诚信国际违约数据库）

具体来看，2014—2019 年，国有企业处置平均处置周期为 229 天，低于非国有企业 12 天，处置效率优于非国有企业。受处置方式差异及数量基数的影响，国有及非国有企业处置周期差距较大。如 2017 年国有企业中钢股份和东北特钢分别采用发行人自行偿付和破产重整的方式完成处置，处置周期在 305~668 天，同年非国有企业则主要采用发行人自筹资金和第三方代偿的方式，平均处置周期仅有 35 天。2019 年国有企业完成处置主体共 2 家，涉及 2 只债券，平均处置周期为 47 天；非国有企业完成处置的发行人有 10 家，涉及 40 只债券，多采取破产重整方式，平均处置周期达到 431 天，明显高于国有企业。但自 2020 年以来，前期密集违约的民营企业陆续完成违约后续处置，非国有企业处置效率阶段性上升。此

① 根据公开信息统计，2022 年和 2023 年第一季度暂无违约国有企业后续处置信息，故不包含在对比区间内。

外，近年来随着处置方式的多元化和规范化，更多发行人通过破产重整和债务重组的途径处置债务，国企与非国企发行人的违约处置周期差距逐渐缩小。2020 年和 2021 年非国有企业平均处置周期分别为 605 天和 377 天，处置效率略高于国有企业，并且周期差距均缩短到 50 天以内。从不同处置方式来看，国有企业无论是破产重整、破产清算、债务重组以及第三方代偿的处置效率表现均优于非国有企业（见图 4-7、图 4-8）。

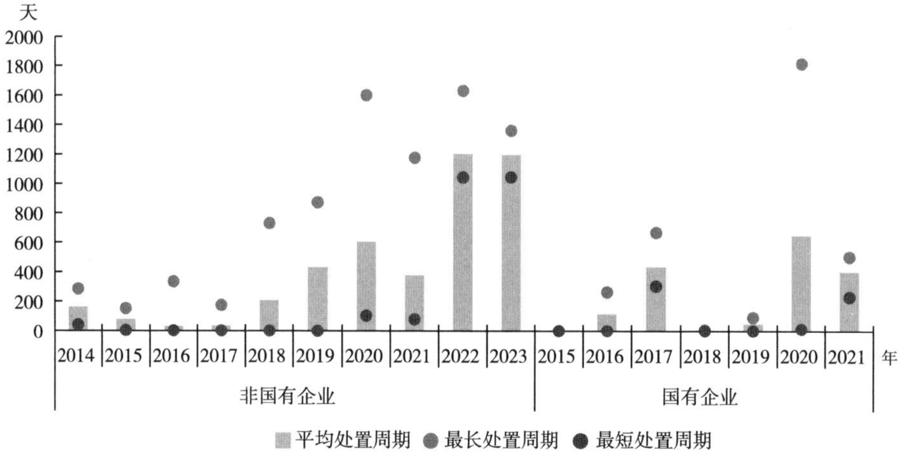

图 4-7　不同企业性质平均处置周期情况

（资料来源：中诚信国际违约数据库）

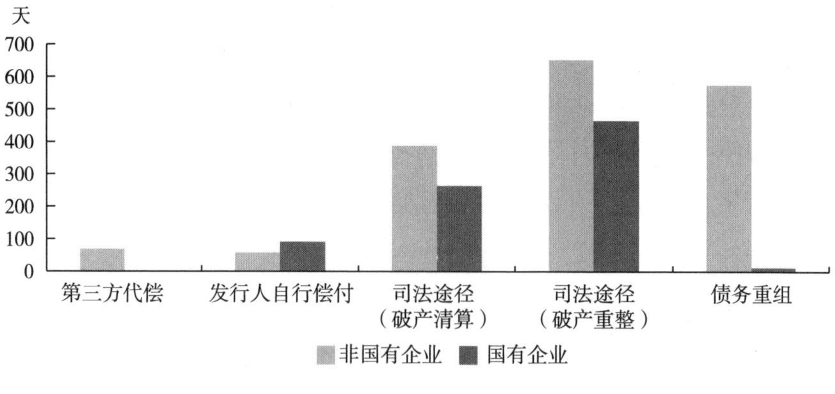

图 4-8　国有及非国有企业不同处置方式处置周期对比

（资料来源：中诚信国际违约数据库）

3. 发行方式

私募债完成处置效率①不及前期，公募债处置效率有所提升。2014—2019 年公开披露完成处置的私募债券平均处置周期普遍低于公募债券，主要由于此阶段私募违约债券数量较少且纯私募主体较多，并且多数私募发行人违约后续处置采取的自行偿付、担保方代偿方式，其处置效率普遍高于公募债发行人。如山东迪浩、惠州侨兴电信、惠州侨兴电讯等纯私募发行人均在违约后 20 天内完成处置；而公募债发行人如内蒙古奈伦和中钢股份均采用发行人自行偿付的方式，但处置周期长达两年。然而自 2020 年以来，纯私募发行人违约事件有所减少，多数违约发行人为大型企业及其关联企业，违约债券大多同时涉及公募、私募债券，使得不同发行方式下债券违约处置周期以及变化趋势逐步趋同。2021 年和 2022 年公募债和私募债的处置周期差距缩小为 64 天左右（见图 4–9）。

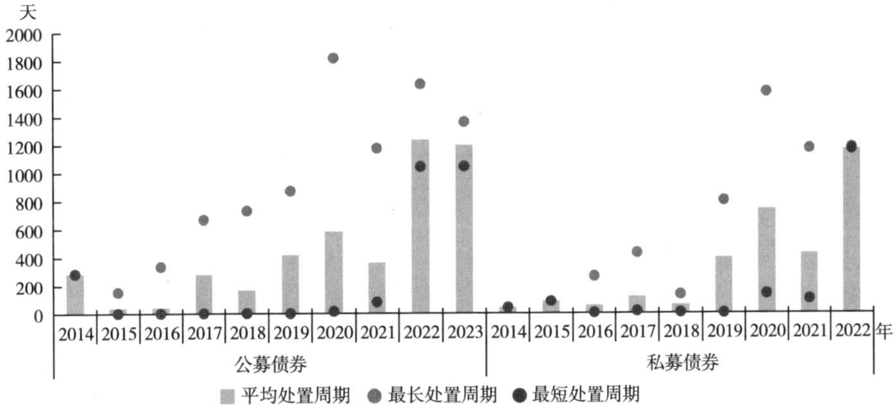

图 4–9　2014 年以来不同发行方式处置周期对比

（资料来源：中诚信国际违约数据库）

4. 交易场所

受大型企业集团批量处置债券影响，交易所市场各年度平均处置周期普遍较短。一方面，由于交易所市场违约事件增多的时点相对于银行间市

① 私募债券违约后续处置及兑付相关信息主要来源于公开市场信息披露及媒体信息，信息来源具有一定局限性，定向披露或在指定平台披露的相关信息未包括在统计范围内。

场较晚，随着违约处置机制的推进，在两个市场发行债券的违约发行人共同加快处置进展的情况下，交易所违约债券由于触发违约历史时间较短，处置周期也相对更短一些。另一方面，交易所市场虽然违约规模较高，但公开披露完成处置违约债券数量较少。公开市场可获得交易所历史存续违约主体处置进展信息不及银行间市场，且已披露信息多涉及大型企业集团破产重整后提前到期尚未兑付的交易所债券，违约当期便已确认进入处置程序，进一步缩短交易所平均处置周期。具体分年度来看，2015—2016 年交易所市场违约债券数量较少，且违约发行人自行偿付花费时间较长，处置效率相对于银行间市场表现较低。不过 2018 年以来交易所市场处置效率普遍领先于银行间市场，除 2021 年银行间市场处置周期相对较短，其余年度交易所平均处置周期普遍低于银行间市场 74～174 天（见图 4-10）。

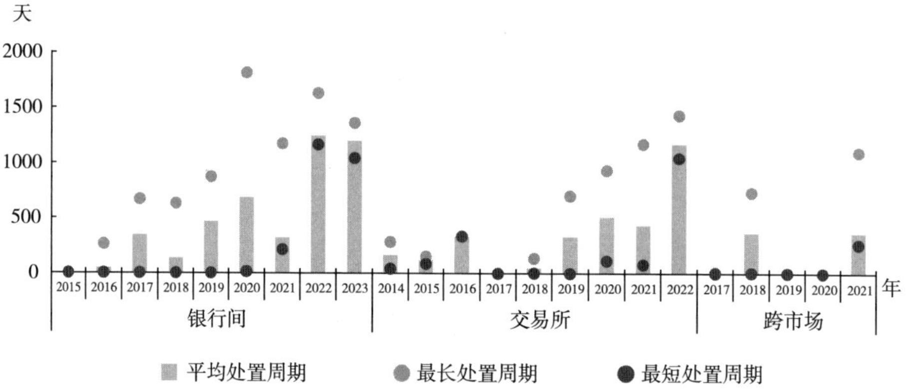

图 4-10　2014 年以来不同交易场所处置周期对比

（资料来源：中诚信国际违约数据库）

5. 行业类型

截至 2023 年 3 月末，债券市场完成处置的违约债券共涉及 20 个行业，多数行业的平均处置周期集中在 0.61～1.01 年。具体地，建筑、煤炭、电子、轻工制造和有色金属行业的平均处置周期相对较短，均在 0.40 年之内，主要由于上述行业涉及发行人数量较少，且多数为在 10 天内完成自行偿付，或在法院受理破产重整当日债券提前到期发生违约，处置周期即为从重整受理至处置方案形成的时间。处置周期在0.61~1.01年的共有10个行业，占比达到一半，分别为房地产、农林牧渔、金融、化工、信息技术、医药、交通运输、消费服务、批发和零售业及钢铁行业，涉及违约发行人多为近年来发生违约的大型企业集团，普遍在一年内完成处置。综合、装备制造、公用事业、电力生产与供应和建筑材料行业涉及发行人则多为违约触发时间相对久远且在2020年以来完成处置的主体，处置周期在1.86~3.13年。此外，电力生产与供应和建筑材料行业处置周期最长，均超过2.80年，主要受凯迪生态和山东山水处置期间较长的影响（见图4-11）。

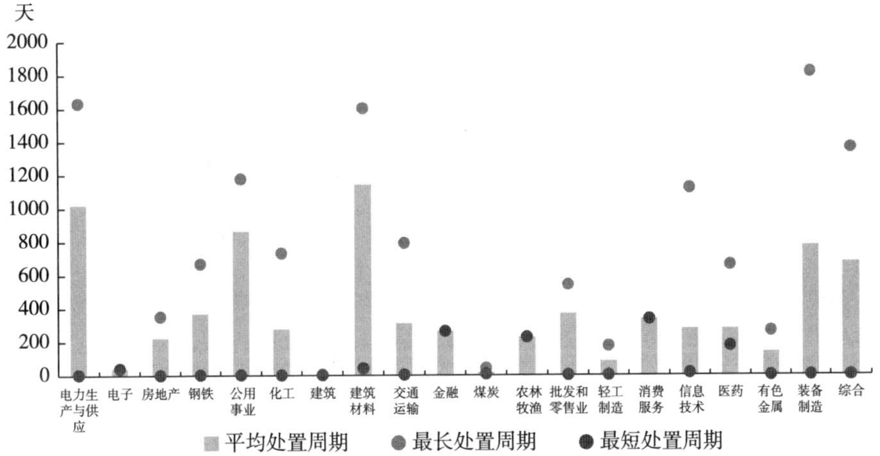

图4-11　不同行业处置周期对比

（资料来源：中诚信国际违约数据库）

第四节　国内外违约债券处置对比分析

全球债券市场起源于欧洲，20世纪初期，随着美国的崛起、“新政”

计划发起，为大力推进经济复苏，政府发行债券成为当时主要的筹资手段。此后，美国债券市场不断发展，并成为全球第一大规模的债券市场。相对来看，美国债券市场违约处置机制发展也较为成熟，违约债务采取非司法程序方式处置比例不断增加，司法程序破产重整平均耗时不断缩短。对于我国债券市场违约处置发展具有一定的借鉴意义。与国外成熟的债券市场相比，我国债券市场违约历史较短，相应地，违约后续处置机制存在进一步完善的空间。本节将结合上一节内容，对国内外违约债券处置情况进行比较分析，发现近年来我国在推进违约处置多元化方面进展较快，但违约债券处置周期、效率和进度方面与国外市场仍有差距，加快推进我国违约债券处置机制建设仍然任重道远。

一、国外债券违约处置概述

美国债券市场发展较为成熟，破产法治秉承最大化企业价值、平等对待所有债权人的原则，制度设计相对完善，实践经验较为丰富，具备较强的借鉴意义，本书拟以美国为例介绍国外违约债务处置机制。根据司法介入程度，美国违约债务处置方式可分为非司法程序和司法程序，非司法程序主要指自主协商，司法程序包括破产重整、破产清算，分别适用于美国《破产法》第 7 章、第 11 章。

从处置方式来看，非司法程序是美国主要的违约债务处置方式。债权人与债务人协商确定的债务处置方案具有灵活性和多样性，在取得利益方同意的前提下，同类债权人可以自主选择不同的债务处置方案；同时避免进入复杂的司法破产程序并支付高额的法律费用，可以缩短处置周期及最大化企业价值。鉴于其灵活性和低成本优势，美国违约处置案例中，2008 年之后以非司法程序方式处置的数量和金额逐步增加，2019 年两者占比分别高达 74.36%、71.37%①。但非司法程序缺乏法律保护，重组方案制订和投票过

① 资料来源：https：//www.capitaliq.com/。

程中可能出现债权人被不公平对待的行为，或者部分债权人、股东出于自身利益考虑拒绝接受重组方案，降低重组的公平性和效率。根据穆迪统计[①]，2008 年至 2020 年 4 月明确已知非司法程序处置方案的案例中，债务重组个数占比 97.42%，自筹资金偿付占比仅有 2.33%。司法程序中，违约债务处置方式以重整计划为主，破产清算比例较低。根据穆迪统计[②]，2008 年至 2020 年 4 月明确已知司法程序处置方案的案例中，65%采取第 11 章企业重整理论（The Theory of Chapter 11 Reorganization）[③] 处置，11%采取预重整（Pre-Packaged）形式，其中 97%采取破产重整；仅有 2%主动申请按第 7 章的清算流程[④]操作（见图 4-12 至图 4-15）。

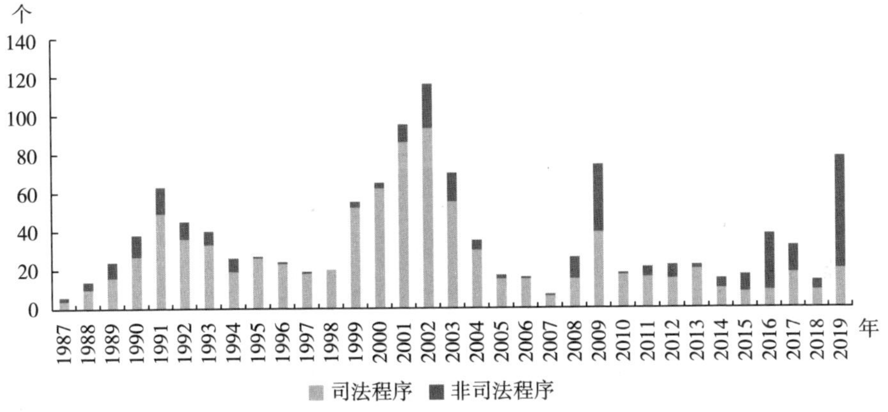

图 4-12　美国违约处置非司法程序和司法程序数量分布

（资料来源：https：//www. capitaliq. com/）

① 资料来源：https：//www. moodys. com/。

② 资料来源：https：//www. capitaliq. com/。

③ 具体处置方式介绍详见本书第九章。

④ 第 7 章的清算流程则是由法院任命破产财产管理人（Trustee）代替债务人负责关停公司并出售资产。

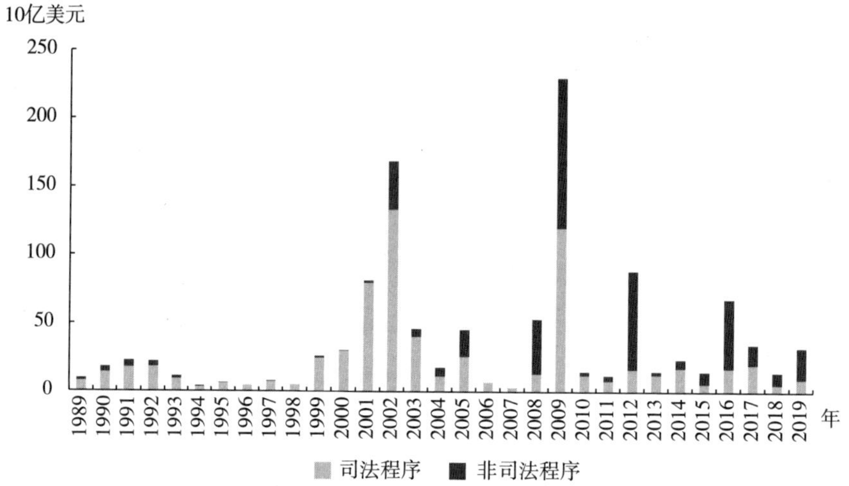

图 4-13　美国违约处置非司法程序和司法程序金额分布

（资料来源：https：//www. capitaliq. com/）

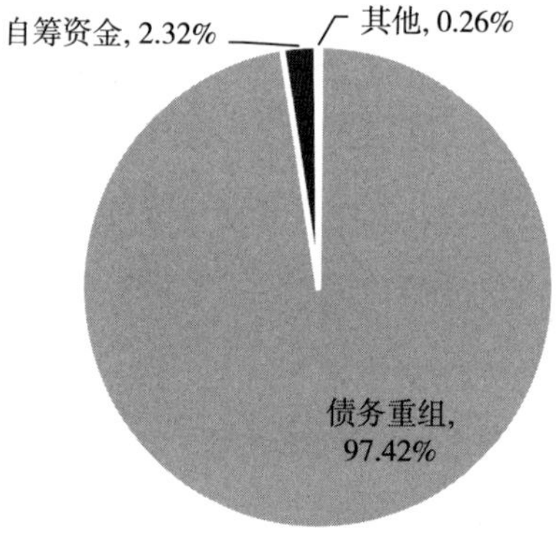

图 4-14　美国非司法程序违约处置方案个数占比

（资料来源：https：//www. moodys. com/）

从处置周期来看，根据标普统计①，2008—2020 年上半年美国司法程序下违约债务处置周期整体平均耗时为 8. 18 个月，且处置周期不断缩短，2019 年最低降到 5. 1 个月，2020 年上半年疫情原因增加至 8. 2 个月。结合非司法程序的优点，美国派生出预重整（Pre-Packaged）和预协商（Pre-Negotiated）类型的破产重整，一定程度上可缩短破产重整周期。预

① 资料来源：https：//www. capitaliq. com/。

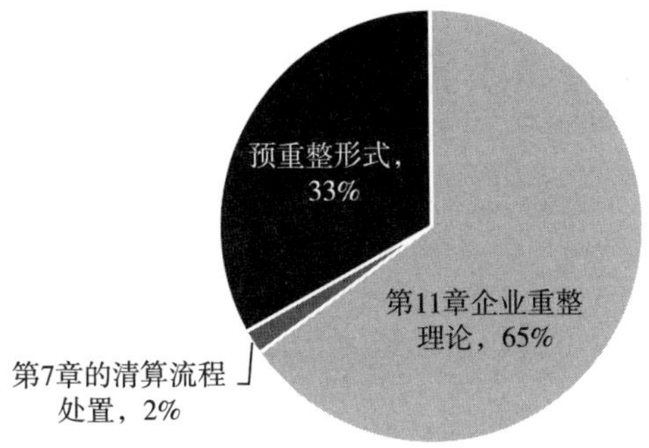

图 4-15 美国司法程序违约处置方案个数占比

（资料来源：https：//www. moodys. com/）

重整将重整计划设立及表决程序提前至申请破产程序之前，进入破产程序后由法院直接批准债权人投票通过的重组方案，避免传统重整程序的拖延和高额成本，压缩了重整周期。预协商则是在申请破产程序之前就重组方案核心条款与主要债权人协商并达成一致意见，但没有征求投票，比预重整耗时会更长一些。上文提到穆迪统计的司法程序下有接近33%的案例采取预重整方案，使用比例较高（见图 4-16）。

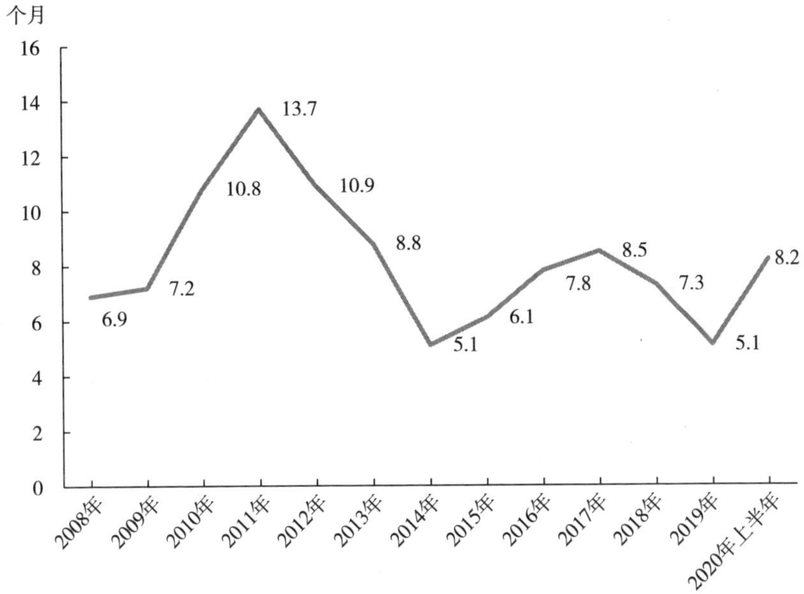

图 4-16 美国司法程序平均耗时

（资料来源：https：//www. capitaliq. com/）

二、国内外违约债券处置对比分析

随着近年来我国持续推进违约债券处置机制建设，国内违约处置方式逐步多元化，目前国外主要采取非司法程序、破产重整、清算等处置方式，国内债券市场上也有诸多实践。但国内外债券市场在处置方式、处置周期、处置效率方面仍存在较大差异。

1. 国外违约债券处置以非司法途径为主，国内以司法途径为主

从处置方式来看，非司法处置的灵活性和低成本优势使其成为国外违约债务处置的主流方式。从美国违约处置数据来看，在 2008 年之后非司法程序使用明显增加，2019 年使用非司法程序处置的债券个数和金额占比均超过七成，且以债务重组为主，自筹资金偿付较为少见；司法程序中，企业重整方式超过六成，较少有违约主体主动采取清算方式处置违约债务。而国内市场违约债券处置方式则经历了由非司法途径向司法途径为主转变。在国内债券市场违约初期，发行人也是以非司法途径的自行偿付或第三方代偿的方式处置违约债券。但随着我国债券市场基础性制度的不断完善，市场化、法治化、多元化债券违约风险处置机制建设的不断推进，有越来越多的发行人或风险企业选择司法途径特别是破产重整方式进行债务处置或化解违约风险。截至 2022 年 3 月末，我国债券市场完成处置的违约债券中，采取司法途径个数占比超过七成，其中破产重整方式在司法途径债券个数中占比超过 85%。值得注意的是，近年来我国采用债务重组完成处置的债券数量占比也有所增加，特别是 2021 年以来，金融债委会机制继续展开应用实践，在推进企业债务重组、有序化解债务风险方面发挥积极作用。更多的违约发行人在破产重整或协商重组方案中通过引入战略投资者，制订多样化组合的清偿方案，违约债券处置及清偿方式向多元化发展。

2. 中国司法处置周期长于美国，重整效率较低，预重整应用不足

从处置周期来看，我国破产重整处置周期偏长，重整效率较低。我国

违约债券的平均处置周期在 2 个月至 1.7 年不等，最长处置周期长达 5 年，其中司法途径的平均处置周期为 1.5 年、债务重组为 1.36 年。相比之下，美国司法程序平均处置周期为 8.18 个月，远低于我国破产重整、债务重组的平均处置周期，司法程序处置效率较高。破产预重整机制有助于缩短处置周期，美国破产重整中使用预重整机制的数量占比约 25%。为进一步提高债务重组效率和质量、解决庭外重组协议法律约束力不强问题，2018 年最高人民法院在《全国法院破产审判工作会议纪要》[①] 中提出"探索推行庭外重组与庭内重整制度的衔接"，标志着我国开始探索引入预重整制度。在企业进入重整程序之前，可以先由债权人与债务人、出资人等利害关系人通过庭外商业谈判，拟定重组方案。重整程序启动后，可以重组方案为依据拟定重整计划草案提交人民法院依法审查批准。但目前在国内处置实践中，采取预重整方式进行债务重组的案例较少，应用范围有限，还存在缺乏统一指导、管理人定位不清、经验不足等问题，甚至出现重整失败进入破产清算的情况，未来相关处置机制仍有较大完善和发展空间。

3. 秃鹫投资者助力美国违约债务处置效率提升，国内参与违约债券投资的主体较为有限

秃鹫投资者分为两种类型：第一种是买入违约债券并通过债转股的方式成为公司控股股东，积极参与公司治理，获得经营回报；第二种则是通过低价买入定价偏低的债权并控制重组流程，寻求折价债权的交易价差。现代秃鹫投资始于 1929 年美国经济大萧条。1980 年后秃鹫投资市场快速发展，主要有四方面原因：第一，经济衰退环境下债券违约率攀升，为秃鹫投资者提供了丰富的标的资产；第二，1978 年美国破产法修订，鼓励企业进行破产重组，重组过程中债务人保持对企业的控制，秃鹫投资者可向债务人施加压力，加强秃鹫投资者对于公司的控制能力，提高投资回报；第三，不良债务二级市场的发展，保证了违约债券的流动性，降低了

① 资料来源：https：//bjgy. chinacourt. gov. cn/article/detail/2018/03/id/3252887. shtml。

交易成本；第四，秃鹫投资策略收益颇丰，1993—2012年，秃鹫投资策略年化收益率为11.07%，跑赢股票市场（6.11%）和高收益债券市场（8.22%）①。

目前美国秃鹫投资者机制发展较为成熟，将破产程序从监管主导转变为市场主导，在一定程度上提升了违约债务处置效率。一方面，秃鹫投资者的参与有利于最大化企业价值，形成对违约债券的合理定价，从违约债券前后的价格对比来看，秃鹫投资者的参与将违约债券的年化收益率平均提高了7个百分点；另一方面，秃鹫投资者通过购买债权资产，提高债权人集中度，能有效提高债务重组的效率，从债务重组周期对比来看，秃鹰投资者的参与将处置周期平均缩短了44天，且秃鹫投资者参与公司治理的积极性越高，重组效率提升越明显。相较之下，我国违约债券市场活跃度较低，发债企业出现违约后，重组周期和回收率的不确定性较高，很大程度上制约了投资者参与违约企业投资的意愿，且高收益债券市场发展尚不成熟，参与违约债券投资的主体较为有限（见图4-17、图4-18）。

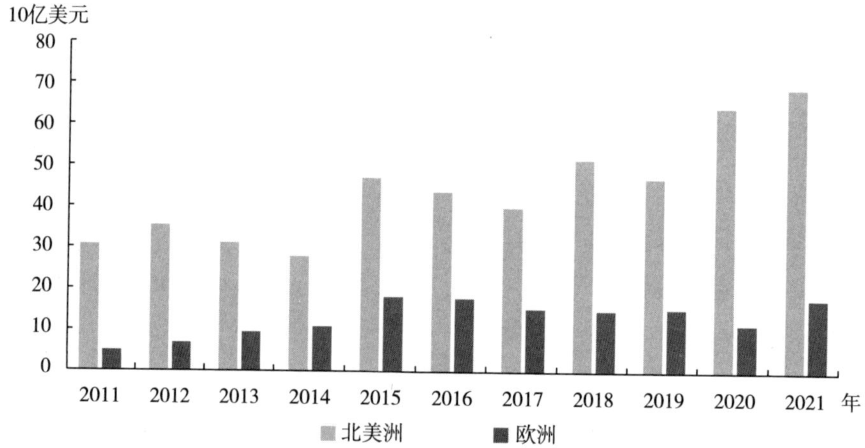

图4-17　2011年至2021年5月不良债务投资基金未使用额度

（资料来源：Preqin）

① 本书以Hennessee Distressed Index代表秃鹫投资策略市场表现，S&P 500 Index代表股票市场表现，Barclays High Yield Credit Bond Index代表高收益债券市场表现，资料来源：http://www.hennesseegroup.com/indices/returns/strategy/distressed.html。

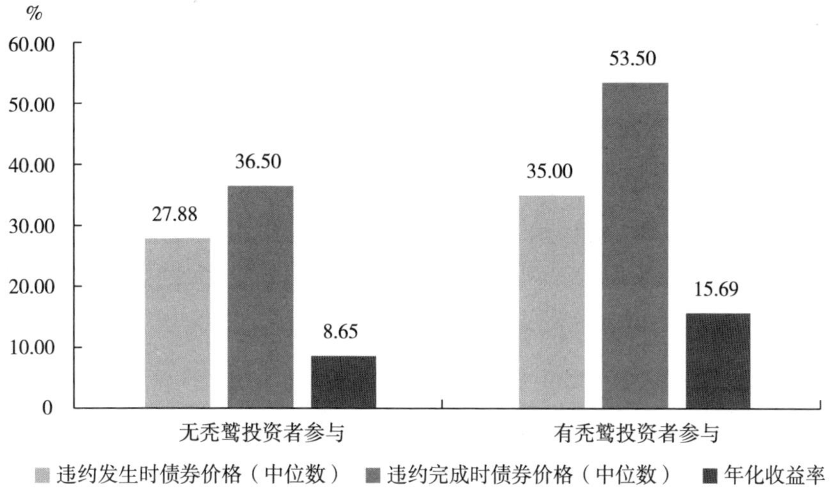

图 4-18　有无秃鹫投资者参与的违约债券收益率对比

（资料来源：*The Performance of Vulture Investment in Distressed Debt*）

总体而言，与国外债券市场及处置体系相比，我国债券市场发展历史尚短，司法诉讼处置效率偏低，债务重组时间较长，违约处置机制尚存在进一步完善空间。与此同时，未来仍需不断健全投资者保护机制，完善信息披露制度，引入不良债券投资者参与违约债券投资和重组过程，推进违约处置由监管主导向市场主导转变，提升违约处置效率，加快违约债券退出进程。

第五章

司法途径违约处置实践及案例分析

司法途径是目前国内违约债券处置的主要途径之一，细分为破产重整、预重整[①]、破产清算和破产和解四种方式。近年来随着违约后续处置机制的完善，国内通过司法途径处置违约债券的案例逐渐增加。截至2023年3月末，债券市场有超过七成的违约债券采用司法途径，且以破产重整居多。本章将从处置方式特征、适用性及实践现状等方面深入剖析这四类司法途径的特点，并结合实际案例研究探讨司法途径的违约债券处置情况。

第一节　破产重整

破产重整作为债券违约处置的主要方式之一，不仅能够帮助仍有发展前景的企业摆脱债务危机、焕发生机，同时也是市场化、法治化债券违约处置机制的重要实践。近年来，随着我国债券市场进入风险释放的常态化，违约债券发行人破产重整实践增多，债权清偿方式得以不断丰富和发展，推动我国违约债券处置机制不断完善。目前，常见的清偿方式包括现金清偿、债转股、留债展期、信托受益权清偿、关联方清偿等。债权清偿方式的演进使债权清偿方案更加灵活和多样化，同时，部分债权清偿方式呈现出投资性质，不确定性也相对较大。

一、破产重整制度概述及适用性

（一）破产重整特征

破产重整是债券违约处置的主要方式，具有以下优势：一是具有“拯

① 尽管我国《破产法》尚未明确规定预重整制度，但我国已有预重整相关实践案例，同时考虑到预重整作为前置流程，其目的是与破产重整相衔接，因此本章将预重整纳入司法处置方法。

救功能”。通过破产重整，危困企业有可能通过引进战略投资、先进技术、进行债权债务重组等方式摆脱债务危机和流动性困境，恢复营运能力，实现企业的重生。二是具有强制性。破产重整作为一项法律制度，具有强制性，对参与各方具有更强的法定约束力。重整计划一经表决通过并获法院批准，即对相关各方产生法律效力。三是市场化特征突出。重整程序具有启动主体多元化特征，债权人、债务人和股东等各方利害关系人都可以提出重整申请，有利于发挥市场主体意思自治的作用，对充分保障利益各方的权益具有积极意义。四是重整措施灵活多样。只要法律没有明确限制或禁止的，原则上都可以实施，如延期偿还、减免债务、转让资产等方式。

（二）破产重整适用性

2018 年 3 月，全国法院审判会议纪要明确了对重整企业的识别审查，即“破产重整的对象应当是具有挽救价值和可能的困境企业，对于僵尸企业，应通过破产清算，果断实现市场出清。人民法院在审查重整申请时，根据债务人的资产状况、技术工艺、生产销售、行业前景等因素，能够认定债务人明显不具备重整价值以及拯救可能性的，应裁定不予受理”。基于此，破产重整适用于由于短期债务高企、暂时性资金流断裂等短期因素或者行业陷入低迷、企业体制机制陈旧等原因导致的违约情况，债务人仍有维持价值和经营好转的希望，经由债权人或债务人等申请，在法院的主持和利害关系人的参与下，可以通过破产重整实现有效资源配置，使企业重获经营能力，妥善解决债务问题。

（三）破产重整的流程

1. 重整申请

当企业法人不能清偿到期债务，并且资产不足以清偿全部债务或者明显缺乏清偿能力的，或者有明显丧失清偿能力可能的，债务人和债权人均可直接向人民法院申请对债务人进行重整。债权人申请对债务人进行破产清算的，在人民法院受理破产申请后、宣告债务人破产前，债务人或者出资额占债务人注册资本 1/10 以上的出资人，可以向人民法院申请重整。

2. 裁定受理

人民法院收到破产申请后将对债务人进行审查，自收到破产申请之日起 15 日内裁定是否受理，并发布公告。如有特殊情况，可以延长，同时，如果债务人对申请有异议，可以在限期内提出，由法院裁定处理。如果法院裁定不受理破产申请，申请人可向上一级人民法院提起上诉。对于裁定受理的破产申请，法院需同时指定管理人。一旦法院裁定受理破产，企业未到期的债权将视为到期，附利息的债权自破产申请受理时起停止计息。

3. 债权申报

人民法院应当自裁定受理破产申请之日起 25 日内通知已知债权人，并予以公告，明确申报债权的期限，以及第一次债权人会议召开的时间和地点。债权申报期限自人民法院发布受理破产申请公告之日起计算，最短不得少于 30 日，最长不得超过 3 个月。

4. 召开持有人会议

第一次债权人会议由人民法院召集，自债权申报期限届满之日起 15 日内召开。以后的债权人会议，在人民法院认为必要时，或者管理人、债权人委员会、占债权总额 1/4 以上的债权人向债权人会议主席提议时召开。债权人会议的决议包括债权核查、是否通过重整计划或和解协议等内容。除另有规定的情况外，债权人会议的决议，必须由出席会议的有表决权的债权人过半数通过，并且其所代表的债权额占无财产担保债权总额的 1/2 以上。

5. 制订重整计划

债务人或者管理人应当自人民法院裁定债务人重整之日起 6 个月内，同时向人民法院和债权人会议提交重整计划草案。但有正当理由的，可延期 3 个月。如果债务人或者管理人未按期提出重整计划草案，人民法院应当裁定终止重整程序，并宣告债务人破产，进入破产清算程序。

6. 重整计划草案表决及批准

人民法院应当自收到重整计划草案之日起 30 日内召开债权人会议，依照债权分类，分组对重整计划草案进行表决，包括担保债权、职工债权、税款债权和普通债权，普通债权可进一步分为大额债权和小额债权，如果重整计划涉及出资人权益调整，那么还需要设置出资人组进行表决。出席会议的同一表决组的债权人过半数同意重整计划草案，并且其所代表的债权额占该组债权总额的 2/3 以上的，即该组通过重整计划草案。如果各表决组全部通过表决，则重整计划草案通过，可 10 日内向法院提出批准重整计划的申请。人民法院需要在 30 日内进行裁定，裁定通过后，重整程序即宣告结束。如果提交法院的重整计划草案未获得批准，则重整程序终止，债务人宣告破产，进入破产清算程序。如果部分表决组未通过重整计划草案，该表决组可协商再次表决，如果协商失败或仍未能通过，债务人或者管理人可以申请由人民法院裁定批准重整计划草案。

7. 重整计划执行

重整计划获批后，在重整计划规定的监督期内，将由管理人监督重整计划的执行，监督期届满，管理人的监督职责即终止。对于债务人不能执行或者不执行重整计划的，法院可宣告债务人破产，进入破产清算程序。

（四）破产重整的实践现状

伴随债券市场违约事件的逐步增多，破产重整作为一种相对规范和透明的违约后续求偿方式，也逐渐成为一种主流的债券违约处置方式。

截至 2023 年 3 月，根据公开披露信息，债券市场违约主体累计为 222 家，共 110 家主体对违约债券进行处置，其中进入破产重整程序的有 68 家，占比超六成。可见，破产重整在债券违约处置实践中得到了广泛运用。2015 年、2016 年，供给侧结构性改革积极化解过剩产能背景下，违约主体开启第一轮破产重整潮，广西有色、东北特钢等企业面临破产重整。2018 年、2019 年部分民营企业面临破产重整，如富贵鸟、天翔环境等。相对而言，民营主体重整难度更大，整体耗费时间周期更长，且债务清偿率相对较低。自 2020 年以来，债券市场新增违约主体数量有所下滑，进入破产程序的多为往年违约主体。但此阶段大型国企破产重整数量较多，如方正集团、紫光集团、海航控股、华晨集团等（见图 5-1）。

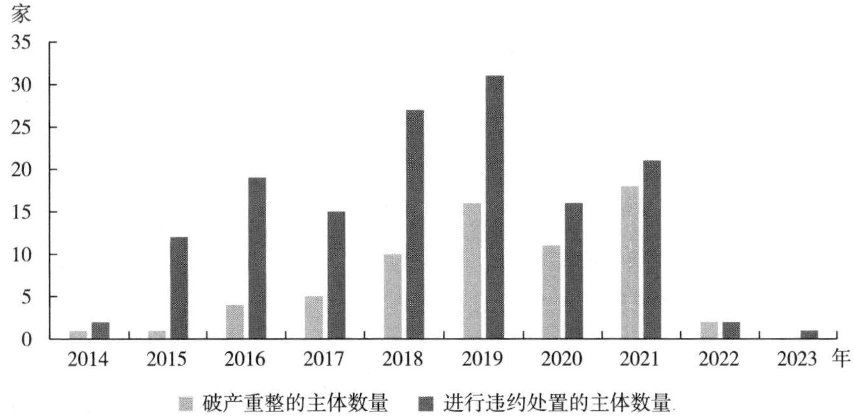

图 5-1　违约主体后续处置破产重整情况

（资料来源：中诚信国际违约数据库）

破产重整违约处置实践中清偿方案逐渐多元化。根据《破产法》的规定，破产重整主体待清偿的债权包括职工债权、税款债权、担保债权和普通债权。其中，职工债权和社保债权需要全额清偿；担保债权的清偿主要取决于担保财产的评估价值，担保财产评估价值范围内的部分通常采用留债清偿的方式，而超出担保财产评估价值范围的债券则将按照普通债权的受偿方案获得清偿。违约债券的清偿方案通常是多种清偿方式的组合，而随着破产重整实践的深入，债权清偿方式也得以不断丰富和发展。目前，常见的方式包括现金清偿、债转股和留债展期，少数企业采用了信托受益权清偿、关联方清偿以及应收账款清偿等形式。债权清偿方式的演进使债权清偿方案更加灵活和多样化，同时，引入金融工具进行债权清偿也使债权清偿呈现出投资性质，不确定性较大。

1. 现金清偿

现金清偿是企业破产重整方案中小额债券清偿的主要方式。偿债现金主要来自战略投资者提供的现金，以及债务人处置资产取得的现金等。对债权人而言，现金清偿的确定性最高，但清偿规模有限。具体而言，重整方案中对普通债权的现金清偿主要包括两种类型，一是设置小额债权上限，全额或按一定比例在期限内完成现金清偿。违约主体在重整方案中对小额债权的设置有所不同，多数为10万~50万元。紫光集团、银亿股份等主体对小额债权的设置相对较高，为120万元，而海航集团等321家公司合并重整草案中小额债权上限界定则较低，为3万元。吉林森工小额债权上限为1000万元以下的债权部分，但仅可选择5%现金，即现金清偿为最高50万元。二是将普通债权分档，每档按一定比例现金偿付债权。例如，山东胜通的重整计划中规定，每家普通债权人普通债权数额20万元及以下的部分以货币形式全额受偿；20万元以上部分按照10.61%清偿率现金清偿，率先清偿25%，剩余部分分4次支付。柳化股份的重整计划中则安排普通债权人所持有的20万元及以下的部分全额受偿，20万~1000万元的部分以现金方式受偿50%，超过1000万元的部分以股票抵债方式受偿50%。

2. 债转股

债转股即按照一定股票价值将债权转化为股权，是重整方案中常见的清偿方式，能够有效降低重整主体负债率。如吉林利源的破产重整计划中明确带息类普通债权超过10万元的部分以股抵债，每100元普通债权分得约10.27股利源精制资本公积转增股票，股票的抵债价格按照9.74元/股计算，该部分普通债权的清偿比例为100%；金贵银业破产重整计划中每家普通债权人普通债权超过20万元的部分，每100元以货币形式受偿2.00元、受偿转增股票7.3股，抵债股票作价6.04元/股，普通债权超过20万元部分的受偿率为46.09%。

对于债权人而言，债转股方式下债权人最终取得的清偿程度不确定性较高。债转股在抵债对价的设置中隐含了债务主体通过重整改善经营能力的预期，因此往往高于当前的股票交易价格。债权人最终需通过出售股权实现资产回收，因此可能面临公司重整后经营不及预期，以及股价波动等风险。此外，非上市公司的股权退出渠道有限也可能对债权人最终变现股权带来不确定性。

3. 留债展期

留债展期清偿是债权人放弃即时清偿权利，通过延长还款期限的“留债”处理，留存部分债务分期还本付息，给予企业以恢复和发展的时间与空间，提升对债权人的清偿能力。该方式下，债权人、债务人形成了新的权利义务设定。实践中，清偿展期时间越长，清偿比例往往越高。如沈阳机床重整计划中提出，普通债权 50 万元以上的部分，债权人可以选择按照 15%的比例一次性获得现金清偿，或是按照 30%的清偿比例展期 3 年分期清偿；二重重装也针对超过小额债权划定部分的普通债权设置了不同留债期限的三种方案：2 年偿付 55%、3 年偿付 75%或 5 年偿付 100%。

留债清偿方式下，债权人放弃了及时取得清偿款的权利，存在较高的时间成本。但与其他清偿方式相比，在理想状态下，留债清偿能够给债权人带来更高清偿率。此外，由于债务人存在重整后经营不及预期风险，能否按照展期方案清偿具有不确定性，因此债权人实际取得的清偿率也存在不确定性。

4. 信托受益权清偿

信托受益权清偿是通过设立信托计划，以信托受益权份额完成债务偿付。采用信托受益权清偿的主体通常规模较大、业务较多、资产复杂。通过信托受益安排，一方面能够保证优质资产的整体性和独立性，进而便利优质资产引入重整战略投资人，提高重整成功率；另一方面，也为非核心资产的处置提供了充裕的时间和空间，使得尚未找到适合投资人的资产和业务不至于被仓促处置。此外，对债权人而言，债权清偿利益实现证券化也提高了转让便利性。

在具体实践中，多家多元化经营主体采用了信托受益权清偿方式，如渤海钢铁、康美药业、吉林森工、青投集团和海航集团等。康美药业重整计划安排中，普通债权超过 50 万元的部分，以 100 元为单位，可获得 7.29 元现金、8.829 股及 4.42 份信托受益权。康美药业以债务清偿为目的设立信托平台公司，负责确认、管理和处置包括存货、子公司股权以及应收账款等在内的底层资产，资产初步估值约 18.2 亿元，底层资产最终评估不足18.2亿元的部分将以原控股股东及其关联方用于解决资金占用问题的抵债资产等予以补足，资产处置所得向受益人分配。信托计划存续期限为36个月，存续期届满可由受益人大会根据实际情况决议是否对信托计划期限予以延期。

5. 其他

除上述主流清偿方式外，近年来破产重整违约处置实践中还出现了关联方清偿、应收账款清偿等方式。其中关联方清偿即由破产主体关联方负责清偿债务，如海航控股及其10家子公司重整方案中，普通债权超过10万元的部分将同时按关联方清偿和债转股两种方式受偿，债权人不可仅受领关联方清偿部分或仅受领股票抵债部分，也不可改变两种清偿方式的受领比例。其中，每家债权人64.38%债权由海航集团有限公司等关联方清偿，另外，35.61%以海航控股股票清偿，抵债价格为3.18元/股。应收账款清偿即以应收账款清偿部分债务，如天翔环境重整计划中提出应收账款清偿，普通债权人30万元以上的债权部分，一部分以转增股票清偿，剩余部分用天翔环境的应收款项清偿。以应收款项清偿的部分，按每100元普通债权分得100元应收款项，应收款项为公司应收的亲华科技资金占用款和/或对其他主体的应收款项，债权人有权向亲华科技自行清收。

二、典型案例分析：青海盐湖工业股份有限公司

（一）违约事件回顾

2013年3月，青海盐湖工业股份有限公司（以下简称盐湖股份或公司）发行一般公司债券“H2盐湖01”，发行规模50亿元；2015年6月及次年6月，公司陆续发行中期票据“15盐湖MTN001”和“16青海盐湖MTN001”，规模分别为20亿元和15亿元（见表5-1）。2019年8月16日，公司发布《关于债权人申请公司重整的提示性公告》，称收到债权人格尔木泰山实业有限公司的《重整申请通知书》，泰山实业以公司不能清

偿到期债务439万元，并且明显缺乏清偿能力为由，向西宁市中级人民法院申请对盐湖股份进行重整。2019年9月30日，西宁市中级人民法院裁定受理债权人对青海盐湖的重整申请。根据《中华人民共和国企业破产法》第四十六条规定，未到期的债权，在破产申请受理时视为到期，附利息的债权自破产申请受理时停止计息。公司未能兑付提前到期的“H2盐湖01”“15盐湖MTN001”“16青海盐湖MTN001”，构成实质性违约。

表5-1　青海盐湖违约债券信息

发行人	债券简称	起息日	债券品种	债券规模（亿元）	票面利率（%）	期限（年）	违约日期
青海盐湖工业股份有限公司	H2盐湖01	2013/3/6	一般公司债	50	5.70	6.5726（5+2）	2019/9/30
青海盐湖工业股份有限公司	15盐湖MTN001	2015/6/11	中期票据	20	4.99	4.3068（5+2）	2019/9/30
青海盐湖工业股份有限公司	16青海盐湖MTN001	2016/6/24	中期票据	15	5.30	5（5+N）	2019/9/30

资料来源：中诚信国际违约数据库。

盐湖股份为青海省省属国有企业，控股股东为青海省国有资产投资管理有限公司，持股比例27.03%，实控人为青海省国资委。公司1997年在深圳证券交易所挂牌上市，从事化学原料及化学制品制造业务，是国内最大的氯化钾生产商，氯化钾业务为公司主要利润来源。依托察尔汗盐湖丰富的盐类资源，盐湖股份钾肥业务盈利能力较强。但2011年后公司加大对化工项目投入，2011—2017年购建固定资产、无形资产等支付的现金合计高达432亿元，经营活动净现金流入无法弥补投资资金缺口，只能通过大额举债进行投资。然而，公司包括金属镁一体化项目在内的化工行业效益并未能达到预期。2017—2019年，盐湖股份固定资产及在建工程资产减值损失超百亿元，这导致盐湖股份近3年均处于亏损状态。2019年，负责金属镁一体化项目的青海盐湖镁业有限公司进入破产程序，不再纳入合并范围，当年确认接近400亿元其他应收款的信用减值损失，导致公司2019年巨亏466亿元。巨额亏空叠加债务到期、短期债务规模持续攀升，公司最终陷入流动性危机。

（二）违约处置方案及进展

2020年1月20日，青海省西宁市中级人民法院裁定批准《青海盐湖工业股份有限公司重整计划》。根据重整计划，青海盐湖的重整方案包括剥离不良资产、出资人权益调整以及债务清偿三部分，其中债务清偿方式主要包括现金偿付、债转股及留债展期三种方式。

打包拍卖剥离不良资产方面，公司将亏损的金属镁板块、化工板块涉及的子公司盐湖镁业、海纳化工的全部股权和应收债权等账面价值逾500亿元的不良资产包进行拍卖。2019年11月23日至2020年1月10日，该部分资产历经6次拍卖，最终均流拍。管理人依据2019年12月27日签订的《资产收购框架协议》，与汇信资产管理协商签订正式的《资产收购协议》，以30亿元的价格协议转让盐湖股份资产包。

出资人权益调整方面，2020年1月3日，盐湖股份发布《重整计划（草案）之出资人权益调整方案》《关于召开第二次债权人会议的公告》和《关于召开重整案出资人组会议的公告》。其中《出资人权益调整方案》提到，为挽救盐湖股份公司，避免其破产清算，出资人和债权人需共同做出努力，共同分担实现公司重生的成本。出资人由截至2020年1月10日在中国证券登记结算有限责任公司深圳分公司登记在册的盐湖股份公司全体股东组成（2020年1月10日盐湖股份收盘价8.58元）。出资人权益调整包括两方面，一是资本公积金转增股本，即以盐湖股份公司现有总股本27.86亿股为基数，按每10股转增9.5股的比例实施资本公积金转增股本，共计转增26.47亿股股票。转增后，盐湖股份公司总股本将增加至54.33亿股。二是规定转增股票的用途。上述转增所得股票不向原股东分配，将向债权人分配以抵偿债务以及由管理人进行处置。其中，约25.76亿股转增股票用于向债权人抵偿债务；剩余约0.71亿股转增股票由拟处置资产的承接方有条件有偿受让，受让对价优先用于支付重整费用和清偿部分债务。

债券清偿方面，2020 年 1 月 17 日，重整案出资人组会议表决通过了《青海盐湖工业股份有限公司重整计划（草案）之出资人权益调整方案》。重整计划将债权分为四类：有财产担保债权在担保财产评估价值范围内优先受偿的部分予以留债；职工债权不做调整，由盐湖股份公司在重整计划执行期限内以现金方式全额清偿；税款债权不做调整，由盐湖股份公司在重整计划执行期限内以现金方式全额清偿；普通债权以债权人为单位，每家债权人 50 万元以下（含 50 万元）的部分，由盐湖股份公司在本重整计划执行期限内以现金方式一次性清偿完毕，超过 50 万元的部分按照如下分类进行调整、清偿：非银行类普通债权可选择留债或以股抵债方式进行清偿，银行类普通债权视非银行类普通债权的选择情况而部分留债并实施以股抵债。以股抵债方式方案为：按照 13.10 元/股的抵债价格获得相应数量的转增股票，即每 100 元普通债权分得约 7.63 股转增股票。留债期间利率按 1 年期 LPR 下调 150 个基点或原融资利率孰低者确定。留债展期则有如下四种选择方案：两年期限按债权金额的 60%进行保留，每年分别偿还 0 和 100%的留债额度；三年期限按债权金额的 68%进行保留，每年分别偿还 0、40%和 60%的留债额度；四年期限按债权金额的 80%额度进行保留，每年分别偿还 0、20%、30%和 50%的留债额度；五年期限按债权金额的 100%额度进行保留，每年分别偿还 0、0、20%、30%和 50%的留债额度。

经过 3 个月的时间，盐湖股份重整完毕。2021 年 8 月，公司股票在 A 股重新恢复上市。2020 年 4 月 9 日公司公布重整计划执行进展，不良资产剥离方面，盐湖股份以 30 亿元的价格转让盐湖股份化工分公司的固定资产、在建工程、无形资产、存货及所持对青海盐湖镁业有限公司、青海盐湖海纳化工有限公司的全部股权、应收债权；债转股方面，公司以 5.95 亿元转让盐湖股份 0.71 亿股转增股票。2020 年 4 月 21 日，盐湖股份发布《关于重整计划执行完毕的公告》。2021 年 8 月 3 日，盐湖股份发布《关于撤销公司股票交易退市风险警示及其他风险警示的公告》，当月10日，盐湖股份重新上市，当日最高成交价43.9元，最低成交价32.41元，收盘价35.9元。

（三）启示

盐湖股份通过破产重整以解决公司原有的债务问题，整体采取资产剥离、分类偿债的重整思路，值得借鉴和参考。一方面，通过司法重整，盐湖股份将盐湖镁业、海纳化工及化工分公司剥离出上市公司，成功堵住了“出血点”，同时取得对应的现金对价，用于正常经营及债务的即期现金偿付。剥离不良资产后，盐湖股份仅保留钾肥和锂盐业务，盈利能力得到有效改善，2020年顺利实现扭亏为盈，净利润达到20亿元。在主营业务及核心资产优质的前提下，破产重整中应尽可能剥离拖累型业务及低效、无效资产，保留住核心优良资产再图发展。另一方面，从偿债方式看，盐湖股份将债权人按照不同的债权性质、不同的债权规模进行分类，并采取不同的偿还方式。其中，普通债权中的小额债权人较为分散，且金额小，采取全额当期现金清偿方式能够在保护小额债权人权益的同时加速推进重整工作；大额非银行债权部分和银行债权的清偿上，采用留债展期或债转股两种方式选择其一的偿债思路，能够给予企业恢复和发展的空间，减轻当期资金压力，在理想状态下能够提升对债权人的清偿能力。但需要注意的是，由于存在重整后经营不及预期的风险，因此债权人实际取得的清偿率也存在不确定性。

三、典型案例分析：海航集团有限公司及旗下子公司

（一）违约事件回顾

2021年1月29日，海航集团有限公司（以下简称海航集团）收到海南省高级人民法院发出的“通知书”，表示相关债权人因海航集团不能清偿到期债务，申请法院对海航集团破产重整。2021年2月10日，海南省高级人民法院依法分别裁定受理海航集团及相关企业破产重整案件，并于

当日公布第一批共64家海航系破产重整公司名单，其中包括海航集团、海航航空集团、海航机场、海航资本、海航基础、海航航空控股、三亚凤凰机场、云南祥鹏航空8家债券发行主体，相关34只债券当日提前到期，发生实质性违约。2021年3月15日，海南省高级人民法院公布第二批海航系破产重整公司名单，共321家，其中包括海口美兰国际机场、天津航空、西部航空3家债券发行主体，相关7只债券于当日发生实质性违约。违约主体及债券信息见表5-2。

表5-2 海航系违约债券信息

发行人	债券简称	起息日	债券品种	债券规模（亿元）	票面利率（%）	期限（年）	违约日期
海航航空集团有限公司	16海空02	2016/6/16	私募公司债	5	7.50	5（3+2）	2021/2/10
	16海空03	2016/9/9	私募公司债	10	7.30	5（2+1+2）	2021/2/10
	16海空04	2016/12/7	私募公司债	13.5	6.00	5（2+1+2）	2021/2/10
	18航空01	2018/12/3	一般公司债	7.9	7.80	3.6082（3+2）	2021/2/10
	19航空01	2019/1/23	一般公司债	22	7.80	3.4685（3+2）	2021/2/10
海航机场集团有限公司	15机场债	2015/12/3	一般企业债	8	6.88	7（5+2）	2021/2/10
海航基础产业集团有限公司	15海基债	2015/6/17	一般企业债	15	7.50	7（5+2）	2021/2/10
海航集团有限公司	15海航债	2015/11/27	一般企业债	30	5.99	7（5+2）	2021/2/10
	16海航集团可续期债01	2016/4/14	一般企业债	20	9.22	4.8301（3+3+N）	2021/2/10
	16海航集团可续期债02	2016/8/23	一般企业债	18	8.70	4.4712（3+3+N）	2021/2/10
	19海航01	2019/4/29	私募公司债	33.57	7.00	3	2021/2/10
	19海航02	2019/6/6	私募公司债	5.7	6.50	3	2021/2/10
	19海航03	2019/6/21	私募公司债	10.73	6.00	5（3+2）	2021/2/10
	19海航04	2019/7/29	私募公司债	22.09	6.00	5（3+2）	2021/2/10

续表

发行人	债券简称	起息日	债券品种	债券规模（亿元）	票面利率（%）	期限（年）	违约日期
海航资本集团有限公司	14 海资债 01	2014/4/29	一般企业债	8	8.00	7（5+2）	2021/2/10
	14 海资债 02	2014/8/8	一般企业债	10	8.00	7（5+2）	2021/2/10
	16 海资 02	2016/3/22	一般公司债	30.08	7.50	5（3+2）	2021/2/10
海南航空控股股份有限公司	11 海航 02	2011/5/24	一般公司债	14.4	6.20	10	2021/2/10
	15 海南航空 MTN001	2015/10/21	中期票据	25	8.78	5.3123（3+3+N）	2021/2/10
	16 海南航空 MTN001	2016/3/9	中期票据	25	8.46	4.9288（3+3+N）	2021/2/10
	18 海航 Y1	2018/9/14	一般公司债	5	7.60	3（3+N）	2021/2/10
	18 海航 Y2	2018/9/27	一般公司债	8	7.45	3（3+N）	2021/2/10
	18 海航 Y3	2018/10/19	一般公司债	15	7.45	3（3+N）	2021/2/10
	18 海航 Y4	2018/11/5	一般公司债	8	7.35	3（3+N）	2021/2/10
	18 海航 Y5	2018/11/27	一般公司债	14	7.30	3（4+N）	2021/2/10
	19 海南航空 SCP002	2019/7/22	超短期融资券	7.5	4.35	2.2131	2021/2/10
	19 海南航空 SCP003	2019/11/29	超短期融资券	10	4.00	1.4754	2021/2/10
三亚凤凰国际机场有限责任公司	17 凤凰 MTN001	2017/6/22	中期票据	10	9.78	6（3+3+N）	2021/2/10
	17 凤凰 MTN002	2017/12/20	中期票据	5	10.19	6（3+3+N）	2021/2/10
	19 凤凰机场 CP001	2019/3/22	短期融资券	10	7.30	1.888	2021/2/10
	19 凤凰机场 SCP001	2019/9/9	超短期融资券	5	6.00	1.4208	2021/2/10
云南祥鹏航空有限责任公司	17 祥鹏 01	2017/6/20	一般公司债	6	8.98	5（2+2+1）	2021/2/10
	17 祥鹏 MTN001	2017/5/5	中期票据	5	9.90	4（2+2+N）	2021/2/10
	19 滇祥 01	2019/12/13	私募公司债	9.9	7.20	5（3+2）	2021/2/10

续表

发行人	债券简称	起息日	债券品种	债券规模（亿元）	票面利率（%）	期限（年）	违约日期
海口美兰国际机场有限责任公司	16 美兰机场 MTN001	2016/12/29	中期票据	15	9.33	6（3+3+N）	2021/3/13
	17 美兰机场 MTN001	2017/10/23	中期票据	13	9.58	3.3041（3+3+N）	2021/3/13
	19 美兰机场 SCP001	2019/3/19	超短期融资券	10	6.50	1.8986	2021/3/13
天津航空有限责任公司	16 天津航空 MTN001	2016/3/31	中期票据	10	9.90	6（3+3+N）	2021/3/13
	16 天津航空 MTN004	2016/11/4	中期票据	10	8.84	6（3+3+N）	2021/3/13
	17 天津航空 MTN001	2017/4/14	中期票据	13	8.71	3.9151（3+3+N）	2021/3/13
西部航空有限责任公司	17 西航 01	2017/4/7	一般公司债	7.8	6.20	5（3+2）	2021/3/13

资料来源：中诚信国际违约数据库。

海航集团于 1993 年成立，历经 20 余年发展，从单一的地方航空运输企业发展成为囊括航空、酒店、旅游、地产、商品零售、金融、物流、船舶制造、生态科技等多业态大型企业集团，总资产逾万亿元。自 2016 年以来，海航集团通过高杠杆并购快速扩张，2016 年年中，海航集团的总资产为 5428 亿元，2017 年底已增加至 12319 亿元。激进扩张下海航集团债务高企，整合不力，叠加经营失当、管理失范、投资失序等原因，海航集团于 2017 年底爆发流动性危机。前期，企业通过出售资产、清理业务、寻求流动性支持等方式积极“自救”，但未能成功化解风险，最终转为严重的债务危机。2020 年 2 月 29 日，为确保航空安全，摸清风险底数，联合工作组正式进驻海航为进行下一步债务和资产处置准备。2021 年 2 月 10 日和 3 月 15 日，海南省高级人民法院先后公布两批海航系破产名单，11 家海航系主体旗下 41 只存续债券发生实质性违约。

（二）违约处置方案及进展

海航集团及相关企业破产重整案（以下简称海航系重整案）将不同板块拆分独立，分别制订重整计划。2021 年 2 月 10 日，海航集团依法进入破产重整程序。原集团旗下其航空主业、机场板块、供销大集三大板块主体（分别对应 ST 海航、ST 基础、ST 大集）单独招募战投重整，而海航集团等其他 321 家企业则被裁定进行实质合并重整。即海航系重整案共包括四个独立重整计划，一是航空主业，即海南航空控股股份有限公司（以下简称海航控股）及其 10 家子公司合并重整案；二是机场板块，海航基础设施投资集团股份有限公司（以下简称海航基础）及其 20 家子公司合并重整案；三是供销大集板块，供销大集集团股份有限公司（以下简称“供销大集”）及其 24 家子公司合并重整案；四是海航集团等 321 家企业则进行合并重整案。从重整路径来看，3 家上市公司主要采取引进战投、权益调整、统一偿债的方式破产重整；而海航集团等主要通过信托计划实现资产管理与债务清偿。从清偿方案来看，海航系重整案中普通债权清偿方式包括现金清偿、关联方清偿、以股抵债以及信托受益权清偿等多种方式。

海航控股及其 10 家子公司重整案方面，2021 年 10 月 31 日，海南省高级人民法院裁定批准《海南航空控股股份有限公司及其十家子公司重整计划》，由于 11 家公司关联交易复杂，相互增信情况普遍，多数债权人同时对 11 家公司均享有债权或权益，因此管理人牵头对 11 家公司实施“协同重整”方案。一是统一引入战略投资者，在海航集团航空主业整体招募战略投资者的基础上，海航控股仍维持对 10 家子公司的控制关系，战略投资者以现金出资购得海航控股股票并获得其控制权，并通过控股海航控股间接控制 10 家子公司及海航控股其他未进入重整程序的全部子公司。二是统一调整公司出资人权益，以海航控股现有 A 股股票为基数，按照每 10 股转增 10 股实施资本公积金转增，转增股票约 164.37 亿股，其中 44 亿股用于引战、支付重整费用和补充流动资金，另外 120.37 亿股以一定价格抵偿给 11 家公司部分债权人，清偿对应债务。此外，将新华航空、山西航空、祥鹏航空、长安航空、北部湾航空 5 家子公司的部分股东出资人权益调整为由海航控股持有。三是统一偿债，就普通债权清偿而言，以 11 家公司剔重后的债权人为单位，每家债权人 10 万元以下（含 10 万元）的部分以自有资金一次性清偿完毕。超过 10 万元的部分除救助贷款外的其他普通债权通过关联方清偿（每家债权人 64.38%债权）与股票抵债（每家债权人 35.61%债权）清偿，其中抵债价格为 3.18 元/股。

海航基础及其 20 家子公司重整案方面，2021 年 10 月 31 日海南省高级人民法院裁定批准《海航基础设施投资集团股份有限公司及其二十家子公司重整计划》，对 21 家公司进行协同重整。统一引入战略投资者方面，在海航集团机场板块整体招募战略投资者的基础上，海航基础仍维持对 20 家子公司的控制关系，战略投资者以现金出资购得海航基础股票并获得其控制权，并通过海航基础间接控制 20 家子公司及海航基础其他未进入重整程序的子公司。统一调整公司出资人权益方面，以海航基础现有的 A 股股票为基础，按照每 10 股转增 20 股来实施资本公积金转增股本，实现转增的股票约 78.15 亿股。其中 33 亿股以一定价格引入战投方，股票转让价款用于支付 21 家公司的重整费用和清偿相关债务，剩余部分用于补充流动资金以提高公司的经营能力；15.83 亿股以 15.56 元/股抵偿债务；控股股东取得的 2.97 亿股注销，用于履行业绩承诺补偿义务；另有 14.92 亿股回填上市公司，用于解决《自查报告》提及的控股股东及关联方资金占用的问题；11.42 亿股由中小股东获得的股票则自行保留，以遵循保障中小股东权益的原则。统一偿债方面，就普通债权清偿而言，以 21 家公司剔重后的债权人为单位，每家债权人 10 万元以下（含 10 万元）的部分以自有资金一次性清偿完毕；超过 10 万元的部分，除救助贷款债权以外的其他普通债权以海航基础转增股票抵债，抵债价格为 15.56 元/股，救助贷款部分的本金及利息部分参照有财产担保债权清偿，其他部分包括但不限于全部罚息、复利、违约金、维持费等按其他普通债权方式清偿。

供销大集及其24家子公司重整案也包括统一引入战略投资者、出资人权益调整、统一偿债等内容。相较航空和机场板块，供销大集板块的重整计划中普通债权清偿方案中现金偿付较少，偿付不确定性相对更高。2021年10月31日海南省高级人民法院裁定批准《供销大集集团股份有限公司及其二十四家子公司重整计划》。根据计划，对25家公司实施协同重整。主要包括：一是协同招募重整投资人，根据供销大集等25家公司的实际情况，协同招募重整投资人，实现供销大集板块整体引战。重整投资人以现金出资购得供销大集转增股票，所得现金将用于补充供销大集及子公司的流动资金、清偿25家公司需清偿的债务等。二是在供销大集层面进行出资人权益调整，按照每10股转增34.9股实施资本公积金转增，转增股约208.8亿股。完成后，供销大集总股本约191.64亿股。其中，59.82亿股为原有股东存量股票；约37.24亿股转增股票为中小股东持有；约53.18亿股转增股票用于未来引进重整投资人及改善公司持续经营能力和现金流；约28.67亿股向债权人分配抵偿上市公司债务及改善公司持续经营能力；剩余股在相关方履行完毕2020年业绩承诺补偿义务前暂不分配。三是统一偿债，就普通债权清偿而言，25家公司的普通债权中，每家债权人1万元以下（含1万元）的部分以现金一次性清偿完毕；超过1万元的部分以供销大集股票抵债，每100元普通债权可获得25股供销大集股票，抵债价格为4元/股。

海航集团等321家公司实质合并重整案由于涉及的企业数量多，股权结构复杂，债权债务关系混乱，故整体采取先“调整股权及资产”，后设立“破产服务信托计划”的重整思路。2021年10月31日，海南省高级人民法院裁定批准《海航集团有限公司等三百二十一家公司实质合并重整案重整计划》（以下简称《重整计划》）。根据《重整计划》，在股权及资产调整方面，一方面，为统一管理，海航集团涉及的321家公司在原则上拟定合并为一家主体，相互之间的持股均视为消灭；321家公司相互之间的债务也全部消灭，不再具有追偿权；另一方面，重整人将集团业务重新划分为航空运输、机场运营、船舶制造、酒店商业、金融服务和其他共六大板块，分别成立独立的管理平台公司进行运营。与此同时，重整方案通过“股权分层重整”对股权架构做了进一步梳理和调整，设立6家业务管理公司分别持有六大板块对应公司的股权，由海航集团总部新设立一家“发起人公司”，并下设一家总持股平台公司，持有这6家业务管理公司的股权。

债务清偿方面，重整方案通过设立破产服务信托计划抵偿债务。海航集团等321家公司裁定债权超7000亿元，债务规模更为庞大。重整将主要通过信托计划实现资产管理与债务清偿。具体来看，由发起人作为委托人，成立信托计划，并将持有的总持股平台的股权以及对各业务板块的应收款债权注入信托计划，作为信托财产。信托成立后，信托计划通过总持股平台实现对所有信托底层资产的实控及管理，即将321家公司的全部资产纳入了信托计划。除小部分现金清偿及留债清偿外，原则上321家公司的全部债务将归集至发起人公司，并以发起人设立的信托计划份额受偿。其中，有财产担保债权人取得优先份额、普通债权人取得普通份额，债权人成为信托受益人后，即享有321家公司整体财产利益，可以分享重整后相关企业的运营及处置收益。

从重整结果来看，2022年4月24日，海航集团等321家实质合并重整计划执行完毕并获得法院裁定确认，至此海航系重整案中四大破产重整计划已经全部执行完毕并获得法院裁定。随着战略投资者入驻，海航控股及其10家子公司破产重整工作已完成，海航控股公司的股票复牌并上市流通。经公开、合规遴选，在2021年9月，方大实业正式确定为包括海航控股等11家公司在内的海航集团航空主业的战略投资者。其下属关联企业设立的海南方大以123亿元为对价，取得海航控股不少于44亿股A股股票，最终获取海航控股控制权。2021年12月31日，海南省高级人民法院裁定海航控股及其10家子公司重整计划执行完毕。此外，上交所于2022年9月28日同意了海航控股“关于撤销对公司股票实施其他风险警示”的申请，海航控股公司的股票也于2022年9月30日正式复牌，目前已恢复上市流通。

海航基础板块已经完成重整工作，并引入海南国资作为控股股东。2021 年 12 月 31 日，海航基础及 20 家子公司收到海南省高级人民法院送达的《民事裁定书》，确认《重整计划》已执行完毕。根据重整中战投招募情况，海航基础的控股股东已变更为海南省发展控股有限公司，实控人已变更为海南省国有资产监督管理委员会。

供销大集板块重整计划已执行完毕，战投引进仍在推进。供销大集板块重整整体采取“先重整、后引战”策略。2021 年 12 月 31 日，海南省高级人民法院裁定确认《供销大集集团股份有限公司及其二十四家子公司重整计划》执行完毕。2022 年 9 月 30 日供销大集收到中国供销集团有限公司子公司新供销产业发展基金管理有限责任公司（以下简称新供销基金）的《投资意向函》，于 2022 年 10 月 26 日与意向战略投资者新供销基金签订《战略合作框架协议》。新供销基金已安排中介机构对供销大集展开财务、法律及业务尽调工作。2022 年 11 月 20 日，公司披露新供销基金对其的现场尽调已完成，双方将共同协商拟定下一步投资合作方案并推进协议签署。

海航集团破产重整专项服务信托依法成立，海航集团有限公司等 321 家公司重整完毕。2022 年 4 月 24 日，海航集团发布公告，中信信托和光大兴陇信托公司组成的联合体为信托受托人，海航集团破产重整专项服务信托已依法成立。同日海航集团收到海南省高级人民法院送达的《民事裁定书》，裁定确认海航集团有限公司等 321 家公司已执行完毕《重整计划》。

从普债券权清偿来看，现金清偿比例较少，海航系重整案的 4 个重整方案中现金清偿比例均较低。航空、机场以及供销大集板块以股抵债为主，最终清偿率与各板块盈利能力与股价变化相关。海航集团等 321 家公司清偿方案的清偿率则与后续底层资产质量改善程度以及管理人管理水平相关。

（三）启示

海航系破产重整涉及债权巨大、重整企业众多、债权人众多，且债权性质各不相同，具有极高复杂性。海航系重整案是万亿级别债务体量的法治化、市场化的处置风险的探索和尝试，能够为未来巨型企业重组提供可借鉴、可操作的方法和路径。

从重整思路看，海航系重整案将不同板块拆分独立，分别制订重整计划有助于厘清各板块股权架构，最大化维护各板块的正常存续经营。从具体重整方案看，海航基础及其 20 家子公司重整案的重整计划创新出资人权益的调整方式，有效解决上市公司股东及其关联方非经营性资金占用等“历史遗留问题”，为今后涉及上市公司资金占用和拖欠业绩承诺金问题的破产重整案件提供给了可借鉴的解决思路。此外，海航集团等 321 家公司实质合并重整案以信托资产包方式来推进破产重整，有助于充分发挥信托计划资产管理、运营、偿债的多元价值功能，逐步缓释风险，以时间换空间，充分发挥 321 家公司的运营价值，并通过持续引战，充分挖掘资产价值，从而减少债权人、职工、债务人等各方利益损失。

第二节　预重整

预重整制度是通过将庭外重组与庭内重整相结合而产生的一种创新的企业挽救方式，因其结合了庭外重组的市场自治功能和庭内重整的司法强制效力，在挽救困境企业、优化资源配置等方面具有独特优势。目前我国的预重整制度仍处于探索阶段，在部分案例的处置实践中取得了较好的成果，但处置流程以及配套体制有待进一步完善。

一、预重整制度概述及适用性

（一）预重整制度的特征

预重整制度，是指在债务企业面临破产困境时，预先由债权人与债务人、出资人等利害关系人就债权债务等事项进行自主协商并拟定重整计划草案，再通过法律程序进行庭内重整，以此来挽救债务危机企业的一种司法途径违约处置制度。预重整程序最早起始于美国破产重整的司法判例，并在之后被规定在美国《联邦破产法典》中，形成“预先打包式重整”制度。在联合国国际贸易法委员会制定的《破产法立法指南》中，预重整制度被明确为：使受到影响的债权人在程序启动之前自愿重组谈判中谈判商定的计划发生效力而启动的程序。目前，虽然在我国《破产法》中对于预重整制度还没有明确的规定，但已有相关文件提出探索研究预重整的相关机制规则。2019 年 6 月 22 日，国家发展改革委等十三个部门联合发布了《加快完善市场主体退出制度改革方案》，提出“研究建立预重整和庭外重组制度，实现庭外重组制度、预重整制度与破产重整制度的有效衔接，强化庭外重组的公信力和约束力，明确预重整的法律地位和制度内容”。2019 年 11 月 8 日，最高人民法院发布的《全国法院民商事审判工作会议纪要》，第 115 条指出“继续完善庭外重组与庭内重整的衔接机制，降低制度性成本，提高破产制度效率。人民法院受理重整申请前，债务人和部分债权人已经达成的有关协议与重整程序中制作的重整计划草案内容一致的，有关债权人对该协议的同意视为对该重整计划草案表决的同意。但重整计划草案对协议内容进行了修改并对有关债权人有不利影响，或者与有关债权人重大利益相关的，受到影响的债权人有权按照企业破产法的规定对重整计划草案重新进行表决”。

制度特征方面，此前庭外重组和破产重整是我国主要使用的企业挽救制度，但两种制度均存在一定局限性，而预重整制度将庭外重组与庭内重整相结合优化，整合了法庭外重组和破产重整的优势。

一方面，预重整相比于庭外重组，在协议约束力及效果上具有明显的优势。第一，预重整制度提升了达成协议的效力。庭外重组由于缺乏司法权的介入，重组过程中达成的各项协议对双方当事人的约束力较弱，同时也无法约束未达成协议的其他债权人。因此在协议达成后，仍有部分债权人不遵守约定，对原债券行使诉权，使债务企业无法正常经营。而预重整制度下，当事人达成的重整计划可以在法院加以确认后产生约束全部债权人的效力，保证各方协商结果的确定性。第二，预重整制度提高了当事人协商通过的可能性。在法庭外债务重组过程中，通常采用“一致决”原则，即重组协议必须要求参加债权人达成一致的同意，才能产生约束全体债权人的效力。而预重整程序可以实行“多数决”表决机制，只需多数债权人同意即可通过重整计划草案。草案在经过法院的审查批准后即可产生约束全体债权人的法律效力，提高了当事人通过协商完成处置的可能性。

另一方面，相比于庭内重整，预重整在处置效率、相关方参与的灵活性以及企业经营的稳定性方面更具有优势。第一，预重整制度简化重整程序，节约了法庭资源。预重整制度在庭外重组阶段所达成的重整计划草案，受到法院批准后产生司法效力，并可以向此后的重整阶段延续，进而省略了重整阶段中的召开债权人会议、表决等程序，有效提升了后续重整的效率，节约了司法资源。如中国第二重型机械集团重整案例中，企业就首先通过预重整制度与债权人确立了框架性债务重组方案，使得该案例司法程序耗时缩短至 3 个月以内，有效节约了法庭资源。第二，预重整制度下，债务人和债权人双方的主导性更强。预重整的庭外重组阶段不受法院或政府的主导和干预，由债权人、债务人双方自由协商，因此可以充分尊重当事人双方意愿，进而使当事人更积极地参与重整，以最大限度地维护各方的自身利益。第三，预重整制度有利于债务企业的稳定经营。在一般的庭内重组程序中，当申请人向法院提出申请时，指定管理人即开始对债务人企业进行接管，导致债务人丧失企业的经营控制权，或使债务人企业的正常经营面临困难。而预重整制度中，由于庭外阶段法院无法干预企业经营，且债务人与债权人在进入司法程序就已对重整方案协商一致。因此，预重整程序更有利于稳定债务人企业在挽救过程中的平稳经营，削弱了处置过程对企业的不利影响。

（二）预重整制度的适用性

在适用性方面，预重整制度的适用范围较广，但并非所有面临较大财务问题或破产困境的企业均可以使用预重整制度挽救。如果预重整制度出现滥用，则可能使预重整的实施规则出现扭曲，迫使法院不得不强制干预当事人的协商，损害当事人的利益。因此进行预重整制度，要求债务企业具有较为优质的经营条件和挽救价值。同时，预重整制度还要求债务、债权人双方均有积极的挽救意愿和基本自主谈判能力，以确保程序可以持续推进。在此标准下，部分地区的法院对于预重整的申请条件做出具体的要求。

1. 上海市第三中级人民法院发布的《上海破产法庭预重整案件办理规程（试行）》[①] 明确，债务人在进入重整程序前，具有下列情形的，可以申请预重整：（1）企业及所在行业发展前景良好，具有挽救价值；（2）企业治理结构完备、运作正常；（3）具有基本自主谈判能力；（4）债务人、主要债权人均有重整意愿；（5）重整可行性尚需进一步明确。

2. 广州市中级人民法院印发的《关于破产重整案件审理指引（试行）》[②] 明确，符合下列情形之一的债务人，可以适用预重整程序：（1）上市公司及对上市公司影响较大的关联公司；（2）产业规模庞大，占据行业龙头或重要地位，对地区经济发展和金融秩序稳定有重大影响的大型企业；（3）债权人较多，债权债务关系复杂，职工安置数量较大，影响社会稳定的大型企业或企业集团；（4）其他直接受理重整申请可能对债务人生产经营产生负面影响或者产生重大社会不稳定因素的企业；（5）人民法院认为可以适用预重整程序的其他债务人。

3. 深圳市中级人民法院发布的《审理企业重整案件的工作指引（试行）》[③] 明确，债务人符合下列情形之一的，可以进行预重整：（1）需要安置的职工超过 500 人的；（2）债权人两百人以上的；（3）涉及超过一

---

① 《上海破产法庭预重整案件办理规程（试行）》由上海市第三中级人民法院于 2022 年 5 月发布，自 2022 年 6 月 1 日起试行。

② 《关于破产重整案件审理指引（试行）》由广州市中级人民法院于 2020 年 5 月发布，自 2020 年 5 月 1 日起试行。

③ 《审理企业重整案件的工作指引（试行）》2019 年 3 月 14 日由深圳市中级人民法院审判委员会民事执行专业委员会 2019 年第 3 次会议讨论通过，2019 年 3 月发布，自发布之日起施行。

百家上下游产业链企业的；（4）直接受理重整申请可能对债务人生产经营产生负面影响或者产生重大社会不稳定因素的。而受理破产清算申请后、宣告债务人破产前申请重整的，不适用预重整。

（三）预重整制度的实践应用

债券违约处置中采取预重整方式进行债务重组的案例相对较少。主要有隆鑫控股、河南众品、第二重机、铁牛集团、贵人鸟等企业。在处置实践中，部分企业通过预重整的机制取得了较好的违约处置结果。以贵人鸟为例，2019 年 12 月贵人鸟股份有限公司（以下简称贵人鸟）发行的债券“14 贵人鸟”到期，由于公司资金流动性紧张，未能按期兑付债券本息。2020 年 8 月 12 日，泉州市奇皇星五金制品有限公司向泉州市中级人民法院申请对贵人鸟股份有限公司进行重整。2020 年 9 月 4 日，泉州市中级人民法院发布公告，决定对贵人鸟启动预重整程序。2021 年 4 月 23 日，贵人鸟债权人及出资人组会议召开，债权人会议由有财产担保债权组和普通债权组表决通过了《贵人鸟股份有限公司重整计划（草案）》（以下简称《重整计划草案》），出资人组会议表决通过《重整计划草案》中涉及的《出资人权益调整方案》。同年 4 月 26 日，泉州市中级人民法院裁定批准贵人鸟重整计划。同年 7 月 2 日，贵人鸟收到泉州市中级人民法院送达的《民事裁定书》，确认贵人鸟重整计划执行完毕。贵人鸟案例是典型的“预重整+司法重整”模式，以较短时间成功化解了困境企业的经营风险、资金流断裂、债务违约等难题。但需要注意的是，我国目前的预重整制度还有待继续完善，在实践过程中，同样存在着因经验不足而出现预重整程序失败并进入破产清算的情况。如铁牛集团于 2020 年 7 月进入预重整；8 月进入司法重整，其间多次出现重整人宣告终止投资、退出重整；直至 12 月法院判定铁牛集团严重资不抵债、缺乏挽救可能性，宣告破产。

为更好地发挥预重整制度高效灵活的优势，一方面，我国预重整制度仍处于探索发展阶段，考虑到实践过程中仍存在流程不畅、效率较低等问题，未来仍需要司法机构继续推动预重整制度相关立法，进一步完善处置的流程并建立相应的配套体制机制。另一方面，预重整作为破产重整的前置程序，本身就存在预重整阶段或重整阶段未达预期而进入破产的可能性，各利益相关方也应理性看待，对处置过程中的潜在问题充分预期并做好应对准备。

二、典型案例分析：隆鑫控股有限公司

（一）违约事件回顾

2016年5月6日，隆鑫控股有限公司（以下简称隆鑫控股）发行“16隆鑫MTN001”，规模为6亿元，发行期限为5年。2021年5月6日，“16隆鑫MTN001”到期，隆鑫控股未能如期兑付本息，发生实质性违约。

隆鑫控股成立于2003年1月22日，注册资本100000万元，位于重庆市九龙坡区。隆鑫集团有限公司（以下简称“隆鑫集团”）和涂建华分别持有公司98%和2%股权，实际控制人为涂建华。公司主要涉足行业包括摩托车、汽车经销和再生资源等业务。在隆鑫控股经营过程中，企业自身经营及偿债能力逐步减弱、信用风险不断累积，主要体现在以下三个方面：一是企业业务开展激进扩张，导致债务集中到期压力加大。自2014年起，隆鑫控股激进扩张，连续股权并购渝商集团、金菱汽车等公司，并依托渝商集团对再生资源行业进行并购部署。激进扩张下，公司资金需求量大幅上升，债务融资规模攀升。随着公司长期债务陆续到期，公司债务结构失衡，导致短期债务偿还压力过大。二是企业盈利能力下滑，自身造血能力下降。2019年进口废物管理目录调整、中美贸易摩擦加剧以及汽车行业景气度下降，叠加2020年新冠疫情冲击，企业再生资源、汽车经销、通用机械业务板块收入下降，营收能力持续下滑。同时，部分子公司盈利能力大幅减弱，对公司利润产生拖累。自2019年起公司净利润转负，至2021年第一季度末持续亏损。三是公司股权质押比例高，公司融

资空间受限。公司优质股权质押比例高，由于质押违约和债务纠纷，大量股权被司法冻结或轮候冻结，使公司再融资能力减弱。受多重负面因素影响，隆鑫控股逐渐陷入经营困难和债务危机。其他受隆鑫集团控股的公司，受关联担保影响一起陷入债务危机。

（二）违约处置方案及进展

2021 年 9 月 29 日，为及时进行企业挽救，隆鑫控股有限公司、隆鑫集团有限公司、渝商投资集团股份有限公司等 13 家隆鑫系企业，以不能清偿到期债务，但具备破产原因且具有重整价值及重整可行性为由，向重庆市第五中级人民法院（以下简称重庆五中法院）申请重整，并请求人民法院许可公司在裁定受理重整申请前进行预重整。2021 年 9 月 30 日，重庆五中法院发出《备案通知书》，对隆鑫系 13 家企业的预重整及聘任的预重整辅助机构进行备案登记，预重整辅助机构为北京大成（上海）律师事务所与北京市隆安律师事务所。

预重整程序启动后，首先进入庭外重组阶段。为维护多方合法利益、实现企业价值最大化，债务人企业在辅助机构指导下，与债权人和出资人开展多次会议对重组方案进行协商，并最终达成《隆鑫集团有限公司等十三家公司实质合并重整计划（草案）》（以下简称《重整计划草案》）。2022 年 11 月 18 日，隆鑫集团有限公司向法院提出申请，称债权人会议各表决组均已表决通过《重整计划草案》，出资人组会议已表决通过《重整计划草案》中涉及的《出资人权益调整方案》，请求法院批准重整计划。

2022 年 11 月 21 日，重庆五中法院对《重整计划草案》予以批准，赋予该计划司法权威性。2022 年 1 月 30 日，重庆五中法院依法分别受理隆鑫集团等 13 家公司重整，同时指定预重整辅助机构为债务人企业管理人，并于 2022 年 3 月 16 日裁定该 13 家公司实质合并重整。各方当事人根据《重整计划草案》推进重整程序。

（三）启示

隆鑫控股的处置实践中，隆鑫集团相关企业内部高度混同，内部构架复杂，案例处置难度较高。而法院通过预重整的处置方式，采取“弱介入”的手段，充分发挥了预重整制度在庭外重组阶段的市场化功能及灵活性，最终有效地化解了企业债务问题。处置过程中，债务人与债权人、出资人、投资人首先通过开展大量谈判协商，统一意见形成了重组协议和投资协议。进入庭内重整程序后，以重组协议为基础制订的重整计划经债权人会议表决通过及法院裁定批准后被赋予司法权威性，通过充分借助市场力量，解决了大型综合性企业集团重整难题。根据最高人民法院发布的《2022 年全国法院十大商事案件》，隆鑫系企业重整，整体化解了企业债务 420 多亿元，维护了 7 万余户中小投资者、2000 余名职工的合法利益，保障了上下游产业链千余家企业的正常生产经营，实现了保就业、保市场主体、保产业链稳定的目标。整体来看，该案例显示了预重整制度的一定优势，或为未来破产企业的挽救提供可借鉴的经验。

三、典型案例分析：江苏宏图高科技股份有限公司

（一）违约事件回顾

2015 年 11 月 25 日，江苏宏图高科技股份有限公司（以下简称宏图高科）发行“15 宏图 MTN001”，债券规模为 7 亿元，期限为 3 年。2018 年 11 月 26 日，“15 宏图 MTN001”未按时兑付本息，宏图高科出现首次违约。随后，宏图高科发行的“18 宏图高科 SCP002”　“16 宏图高科 MTN001”“17 宏图高科 MTN001”分别于 2018 年 12 月 7 日、2019 年 7 月 22 日、2019 年 7 月 24 日相继违约。

宏图高科成立于 1998 年，是以电子产品零售连锁、金融服务、科技制造为主业的综合类大型上市公司，被江苏省科技厅认定为高新技术企业。在零售连锁方面，宏图高科旗下的宏图三胞高科技术有限公司店面覆盖华北、华东、华南、西南、华中等地区的 200 多个城市，先后获得中国连锁百强 20 位、中国连锁企业电子商务 10 强、中国零售年度人物等多个

行业荣誉。然而，由于电子产品零售行业在我国仍然是一个新兴行业，竞争格局相对复杂，叠加近年来线上电商快速发展，对传统线下电子产品销售门店产生较大冲击，公司经营水平出现恶化。此外，公司在金融服务以及艺术品拍卖等领域的投资失败也进一步加剧了公司的流动性危机。从财务数据看，2018 年前三季度，公司净亏损 3.92 亿元，经营活动现金流为-43.29 亿元，自身偿债能力明显减弱。在销售水平恶化、融资能力减弱的背景下，企业逐渐陷入债务困境，并最终引发破产危机。

（二）违约处置方案及进展

2022 年 2 月 15 日，宏图高科收到南京市中级人民法院（以下简称南京中院）下达的《南京市中级人民法院通知书》，因其不能清偿到期债务且明显缺乏清偿能力，债权人南京溪石电子科技有限公司向南京中院提出对宏图高科进行破产重整。2022 年 4 月 1 日，南京中院作出决定书，决定对宏图高科先启动为期 6 个月预重整。2022 年 10 月 1 日，宏图高科公告称，因预重整管理人近期向南京中院递交预重整延期申请，宏图高科预重整期限延长至南京中院就宏图高科重整申请作出裁定之日止。

2023 年 6 月 2 日，根据宏图高科发布的《关于预重整进展暨风险提示的公告》（以下简称《风险提示公告》），公司收到南京中院《民事裁定书》：南京溪石于 2023 年 5 月 29 日向南京中院申请撤回对宏图高科提出破产重整的申请，南京中院准许南京溪石撤回对宏图高科的破产重整申请；公司董事会接受本次法院关于准许南京溪石撤回对宏图高科破产重整申请的裁定。此外，公司在《风险提示公告》中还表示，在预重整期间已做出详细重整方案，接下来将按新的条件调整重整方案，适时继续推进破产重整工作。截至 2023 年 6 月 27 日，公司还未对处置工作的进展和计划进行详细披露。

（三）启示

宏图高科进入债务危机后，法院首先对企业进行了挽救价值的评估，考虑到债务人具有较为优质的经营条件，且债务人、债权人双方均有一定自主谈判能力。法院裁定宏图高科进行预重整。

但由于我国预重整制度发展仍处于探索阶段，实践经验相对较少，因此在宏图高科的预重整过程中涉及问题较多，预重整管理人申请了期限延长，并最终促成债务人、债权人达成一致重整方案，债权人撤回对宏图高科的破产重整申请，同时债务人表示将按照达成的重整方案，推进重整工作。从处置效果看，由于债务人与债权人在进入司法程序就已对重整方案协商一致，因此债务人企业在挽救过程中基本实现平稳经营，同时节约了司法资源，降低了处置过程对社会的负面影响。但需要注意到，截至 2023 年 9 月 1 日，宏图高科仍未详细披露其预重整的执行方案及具体进展，因此预重整制度对于该案例最终效果仍有待观察。

第三节　破产清算

破产清算是指债务公司因资不抵债而申请破产时进行的司法偿债程序，旨在通过出售公司资产来清偿该公司债务。程序涉及资产评估、债权核实、资产拍卖和分配等步骤。由于在清算过程中，可能对债务企业的员工、供应商和其他有关的利益相关者产生负面影响。因此破产清算通常是违约处置的最终手段，仅当企业无法通过其他方式来重组或恢复其财务状况时才会选择此方式。

一、破产清算制度概述及适用性

（一）破产清算的特征

在破产清算过程中，为确保债权人可以公平地收回欠款，人民法院会从有关部门、机构的人员组成的清算组或者依法设立的律师事务所、会计师事务所、破产清算事务所等机构中指定破产管理人对债务公司进行接管。破产管理人接管企业后，首先负责对企业的所有资产和负债情况进行调查，拟订破产财产分配方案，载明清算过程中可供分配的财产数额、财产分配的顺序及比例以及财产分配的实施方法等信息。随后，财产分配方案被提交至债权人会议讨论，并在会议讨论通过后呈报人民法院。从流程上看，破产清算程序首先需要进行破产宣告，由人民法院对债务人的破产进行裁定并予以公告，宣告债务人破产；其次，程序进入财产分配阶段，由管理人拟订破产财产变价方案和破产财产分配方案，提交债权人会议讨论，在方案经人民法院裁定认可后，继续由管理人负责执行；最后，清算程序进入终结阶段。由管理人需向人民法院请求裁定终结破产程序，在人民法院裁定终结后，管理人需在程序终结起 10 日内，持人民法院终结破产程序的裁定，向破产人的原登记机关办理注销登记。在清偿顺序上，破产清算程序强调优先保障劳动者利益，其次是国家税金，最后是破产债权。根据《破产法》，破产财产在清偿破产费用和共益债务后，顺序清偿依次是：（1）破产人所欠职工的工资和医疗、伤残补助、抚恤费用，所欠的应当划入职工个人账户的基本养老保险、基本医疗保险费用，以及法律、行政法规规定应当支付给职工的补偿金；（2）破产人欠缴的除前项规定以外的社会保险费用和破产人所欠税款；（3）普通破产债权。当破产财产不足以清偿同一顺序的清偿要求的，将按照比例进行分配。待人民法院对分配方案裁定认可后，由管理人按照分配方案内容完成资产出售和债务清偿等清算工作，并在财产分配完毕时，向人民法院汇报分配情况，申请裁定破产程序终结。

制度特征方面，破产清算制度的主要特点包括以下几个方面。

第一，破产清算是在特定情形下运用的偿债程序。即只有当债务企业明显缺乏清偿能力，无法履行对债权人的全部清偿义务时，才能执行破产清算程序。这是因为破产清算程序会对债务企业进行全面清算，对债权人和债务人产生较大影响，因此必须在确保必要性的前提下进行。

第二，破产清算是对债务人的全部财产进行的执行程序。不同于为某个别债权人的利益而进行的个别财产执行程序，破产清算是为全体债权人的利益而对债务人的全部财产进行的执行程序。这是为确保全体债权人得到有序清偿，避免产生部分债权人得不到偿还或仅得到少量偿还的不公平结果。值得注意的是，破产清算对其他债务清偿程序具有排他性优先适用效力，意味着其他的债务清偿程序在破产清算程序执行期间将被暂停，债务人的全部财产均受到破产清算程序的管理。

第三，破产清算是对债务企业全部法律关系的彻底清算程序。这意味着，在执行破产清算程序后，债务企业的民事主体资格将被消灭，丧失继续从事商业活动的经营资格。

（二）破产清算的适用性

破产清算与其他处置方式相比更为特殊，其主要目标是在较短时间内，将债务人的资产进行变现，并用变现所得来偿还债务。因此，债务人进入破产清算后，通常会面临经营停业、资产被售等程序，对企业本身及地方经济均产生较大影响，这也使得破产清算的适用范围相对更为严格。具体看，破产清算制度主要适用于已不具有偿债能力的企业。由于破产清算程序之后会使债务企业的经营活动被迫终止，丧失挽救机会，因此法律为鼓励具有挽救价值的企业在破产后继续参与经济活动，对于清算的执行要求设定更为严格。根据《破产法》，债务企业有“明显丧失清偿能力可能”时即可以进行破产重整，而必须满足“不能清偿到期债务，并且资产不足以清偿全部债务或者明显缺乏清偿能力”条件的才能执行破产清算。

从违约处置的实践案例中，破产清算和重整程序相辅相成，在符合一定条件后可以进行转换。由于重整制度可以给予企业一定重生机会，因此企业面临债务问题时可能会优先选择进行重整程序，并在重整无法进行转为破产清算。根据《破产法》的规定，在破产重整程序中出现以下情况的，重整程序将转换为破产清算。

第一，根据《破产法》第七十八条的规定，经管理人或者利害关系人请求，存在包括债务人的经营状况和财产状况继续恶化，缺乏挽救的可能性；债务人有欺诈、恶意减少债务人财产或者其他显著不利于债权人的行为；由于债务人的行为致使管理人无法执行职务等情形的，人民法院应当裁定终止重整程序，并宣告债务人破产。

第二，根据《破产法》第七十九条的规定，债务人或者管理人应当自人民法院裁定债务人重整之日起 6 个月内，同时向人民法院和债权人会议提交重整计划草案。前款规定的期限届满，经债务人或者管理人请求，有正当理由的，人民法院可以裁定延期 3 个月。债务人或者管理人未按期提出重整计划草案的，人民法院应当裁定终止重整程序，并宣告债务人破产。

第三，根据《破产法》第八十八条的规定，重整计划草案未获得通过且未依照规定获得批准，或者已通过的重整计划未获得批准的，人民法院应当裁定终止重整程序，并宣告债务人破产。

第四，根据《破产法》九十三条的规定，债务人不能执行或者不执行重整计划的，人民法院经管理人或者利害关系人请求，应当裁定终止重整计划的执行，并宣告债务人破产。

（三）破产清算的实践应用

根据公开披露信息，包括富贵鸟、华信国际、鸿达兴业、秋林集团等多家主体在债券违约后进行了破产清算程序。破产清算的合理运用有助于僵尸企业市场出清，确保社会资源向高效率部门流动，提高社会生产要素的平均效率。以广西有色金属集团有限公司（以下简称广西有色）为例，公司主要从事锡、锌、铅、锑、锰等有色金属矿产资源的勘探、开采、选矿、冶炼和深加工等业务。受到国际市场有色金属价格低迷、企业有色金属产量下滑、投资持续亏损等因素影响，企业债务问题逐渐暴露。2015 年 12 月，广西有色首先向法院提交破产重整申请，但由于企业挽救价值有限，破产重整最终转为破产清算程序。广西有色的破产清算案例，符合我国供给侧结构性改革，积极稳妥去杠杆要求，实现了经营困难企业按市场化的原则进行出清。但从国内市场整体看，在面对企业债务问题过程中，由于地方政府考虑到政绩及维稳压力，不可避免地会对企业破产进行过多干预，使破产清算无法及时进行。后续为了更好地发挥市场在淘汰过剩产能、提高生产效率、推动产能升级等方面作用，进一步推动我国破产清算的合理实施仍十分必要。

二、典型案例分析：富贵鸟股份有限公司

（一）违约事件回顾

2015 年 4 月 22 日，富贵鸟股份有限公司（以下简称富贵鸟）发行公司债“14 富贵鸟”，债券规模为 8 亿元，期限为 5 年。2018 年 4 月 23 日，富贵鸟公告无法兑付“14 富贵鸟”本息，发生首次债券违约。2018 年 5 月 9 日，富贵鸟于 2017 年 2 月 22 日发行的“16 富贵 01”再次违约，债券规模为 13 亿元。

富贵鸟于 1995 年成立，主要从事皮鞋和休闲服装的研发、生产和销售，曾是国内最大品牌鞋产品制造商之一，且在 2013 年于香港联交所成功上市。但在 2015 年以后，富贵鸟的经营水平出现较快下滑。从行业环境看，一是在宏观经济下行、消费需求疲弱等不利因素影响下，国内鞋服市场需求下降；二是国内市场人口红利因素的逐步消散，服装制造行业等劳动力密集型产业的成本逐步上升；三是随其他皮鞋企业涌入市场，叠加电子商务迅速发展使传统线下销售受到挤压，行业竞争程度明显加剧。从内部经营来看，富贵鸟在鞋履销售业绩不断下滑的背景下，开始进行多元化战略探索，寻求经营转型，投资领域包括互联网金融、房地产和矿业等板块。但由于公司的跨界投资管理能力薄弱、相关经营理念匮乏等原因，其多元化投资均以失败告终，使公司的债务问题进一步加重。国泰君安证券股份有限公司 2018 年 2 月发布的《关于富贵鸟股份有限公司 2014 年公司债券恢复交易的风险提示公告》显示，截至 2017 年 12 月 31 日，富贵鸟可动用的活期存款及流动资金不足 1 亿元，回售资金的偿付存

在重大不确定性。显示公司在行业景气下滑，多元投资失败的背景下，资金偿付压力已非常严重。

（二）违约处置方案及进展

2018年7月26日，福建省泉州市中级人民法院（以下简称泉州中院）依法裁定受理富贵鸟重整一案，并指定富贵鸟公司清算组担任管理人。2019年5月9日，管理人提交《富贵鸟股份有限公司重整计划草案》至债权人会议进行表决，但未获得通过。根据《破产法》第八十七条的规定，部分表决组未通过重整计划草案的，债务人或者管理人可以同未通过重整计划草案的表决组协商，该表决组可以在协商后再表决一次。2019年6月29日，管理人提交调整后的《富贵鸟股份有限公司重整计划草案》进行二次表决，但同样未获得通过。2019年8月23日，泉州中院裁定终止富贵鸟重整程序，宣告富贵鸟破产，破产重整转为破产清算程序。

2020年1月3日，泉州中院对于已由债权人会议书面表决通过的《富贵鸟股份有限公司破产财产第一次分配方案》（以下简称《第一次分配方案》）裁定认可。根据《第一次分配方案》，富贵鸟清算财产总额约为24243万元，扣除应优先支付和预留的破产费用及共益债务11236万元、扣除优先清偿的职工债权约6328万元（含预留）、税款债权约614万元及其他可能优先受偿的债权提存后，剩余破产财产约6065万元用于对普通债权实施分配或提存；第一次分配职工债权、税款债权的清偿比例为100%，普通债权的清偿比例为1.8%。2020年7月30日，泉州中院再次对于债权人会议表决通过的《富贵鸟股份有限公司破产财产第二次分配方案》裁定认可。第二次分配中，除1笔有财产担保债权外，其余均为普通债权；可用于普通债权实施分配或提存的破产财产约为1102万元；此次分配普通债权的清偿比例为0.3289%。

2020年11月19日，泉州中院发布公告，因富贵鸟股份有限公司主要财产已处置完毕，破产财产分配方案也已基本执行完毕，裁定终结富贵鸟股份有限公司破产程序。

（三）启示

在此次富贵鸟破产案件中，由于债务企业陷入债务危机之前的品牌价值较高，涉及员工众多，具有一定挽救价值，因此法院优先对判决企业进行破产重整。但重整过程中，由于重整计划草案存在忽视债权人的权益，同时没有让富贵鸟大股东得到应有惩罚的问题，得不到广大普通债权人的认可，因而重整计划草案两次未被债权人会议表决通过，最终导致企业破产重整程序终止，并进入破产清算程序。在随后的清算资产分配过程中，管理人按照《破产法》要求，优先保障职工债权和税款债权的全额兑付，并对普通债权仅进行了部分清偿，最终实现了经营不善企业的出清。该案例破产程序耗时较长，从2018年7月富贵鸟第一次申请破产重整，到2020年末破产程序才最终完成，主要由于在重整环节的失败所致。因此，企业违约事件发生后，各方有必要对债务人偿债能力与意愿进行更系统地评估，并引导债务人在重整过程中重视投资者相关利益，避免因重整失败而进入破产清算程序。

第四节　破产和解

破产和解制度与破产重整制度、破产清算制度并称为破产法律制度的三大支柱制度，相较于其他两种司法途径，破产和解中法院需要对企业和债权人达成一致的事项做出裁定而非判决，同时也无须法院执行。从适用性角度来讲，任何被申请破产的企业均有与债权人达成一致、进而和解的可能，但是通过司法途径进行违约债券争议解决的企业和债权人进行和解的可能性相对较小。西王集团有限公司（以下简称西王集团）的破产和解案例是国内首例违约债券和解实践，该和解方案针对不同规模债权灵活制订差异化债务偿付方案，多样化满足不同类型债券持有人的需求，为企业债务处置路径提供范本。但值得关注的是，西王集团与债权人达成和解两年后再次违约，也暴露了现阶段司法和解实践中仍存在不足之处。

一、破产和解制度概述及适用性

（一）破产和解的特征

破产和解制度是指为避免破产清算，由债务人提出和解申请并提出和解协议草案，经债权人会议表决通过并经法院认可的制度。从特征来看，相较于破产重整、破产清算等需要法院判决的司法途径处置方式，司法和解更依赖于债务人和企业的共识，法院在破产和解过程中起到的作用更类似于监督人而非执法者，法院需要对企业和债权人达成一致的事项做出裁定而非判决，同时也无须法院对相关事项进行执行。

（二）破产和解的适用性

根据《中华人民共和国企业破产法》（以下简称《破产法》）规定，当企业不能清偿到期债务，并且资产不足以清偿全部债务或者明显缺乏清偿能力的，或者有明显丧失清偿能力可能的，均可以申请和解。根据目前的司法实践，企业是否有较强的持续经营能力，是法院是否裁定和解的重要考量因素。从西王集团来看，其在邹平市当地属于大型民营企业，对当地经济发展和社会稳定具有一定重要性，同时法院经审查认定西王集团仍有正常经营能力，希望通过破产和解的方式能够保证企业尽快化解债务危机。因此，尽管破产和解并无对企业的硬性适用性要求，但企业的经营状况是法院裁定考虑的重点。

《破产法》中对破产和解的流程做出了规定，其流程总体有提出申请、法院裁定、方案确定和方案执行四个步骤。

1. 和解申请

当企业不能清偿到期债务，并且资产不足以清偿全部债务或者明显缺乏清偿能力的，或者有明显丧失清偿能力可能的，债务人（企业）可直接向人民法院申请和解。同时，债务人也可以在人民法院受理破产申请后、宣告债务人破产前，向人民法院申请和解。债务人申请和解时，应当同时提出和解协议草案。

2. 和解裁定

人民法院经审查，如果认定和解申请符合《破产法》规定的，应当裁定和解，予以公告，并召集债权人会议讨论和解协议草案。

3. 债权人会议的召开及和解计划决议

在约定日期召开债权人会议，债权人会议通过和解协议的决议，由出席会议的有表决权的债权人过半数同意，并且其所代表的债权额占无财产担保债权总额的2/3以上即可通过。

债权人会议通过和解协议的，由人民法院裁定认可，终止和解程序，并予以公告；和解协议草案经债权人会议表决未获得通过，或者已经债权人会议通过的和解协议未获得人民法院认可的，人民法院应当裁定终止和解程序，并宣告债务人破产。此外，因债务人的欺诈或者其他违法行为而成立的和解协议，人民法院会在发现后裁定和解无效，并宣告债务人破产。

4. 和解计划执行

和解计划获批后，债务人应按照和解协议对执行和解计划，按照和解协议规定的条件清偿债务。若债务人不能执行或者不执行和解协议的，人民法院经和解债权人请求，应当裁定终止和解协议的执行，并宣告债务人破产。人民法院裁定终止和解协议执行的，和解债权人在和解协议中作出的债权调整的承诺失去效力。和解协议失去效力后，和解债权人因执行和解协议所受的清偿仍然有效，和解债权未受清偿的部分作为破产债权。

（三）破产和解的实践应用

从破产和解的运行流程来看，企业要与债权人达成和解，可以由债权人向企业所在地人民法院提出和解申请，或由债权人提出破产或重整申请后，经双方协商转为和解申请；和解方案后，由债权人和企业讨论达成一致，最终经法院认可双方意愿后，根据和解协议进行整顿。目前国内债券发行主体达成破产和解的相关案例较少，仅有西王集团有限公司通过破产和解的方式对债务进行了重组。这一方面是因为破产和解需要债权人和企业双方协商达成一致，而如果企业和债权人有较强的协商意愿，双方可能会通过非司法途径协商对违约债券进行处置，而不需要通过申请破产和解的方式通过法院进行审理。另一方面，法院裁定企业重整或清算后，债务人也可申请和解，但此前已申请重整或清算的情形或意味着此前双方就债务偿付问题存在一定程度的分歧，后续双方达成一致并进入破产和解程序的可能性有所降低。

二、典型案例分析：西王集团有限公司

（一）违约事件回顾

西王集团有限公司于 2018 年 10 月 25 日发行期限为 1 年的“18 西王 CP001”，发行规模 10 亿元；2019 年 10 月 24 日，西王集团未能按期兑付“18 西王 CP001”应付本息，首次发生违约。此后，在 2019 年 10 月至 2020 年 1 月，公司又相继有 4 只债券陆续到期未能偿付、3 只债券触发交叉违约条款提前到期，累计共有 8 只债券发生违约，违约本息金额合计达到 48.5 亿元。

西王集团是一家位于山东省的民营企业，始建于 1986 年，历经发展成为一家以玉米深加工和特钢两大实体产业为主，兼营运动营养和健康食品及贸易的大型企业。公司旗下拥有 3 家上市子公司，分别为西王食品股份有限公司（以下简称西王食品，000639. SZ）、西王特钢有限公司（1266. HK）和西王置业控股有限公司（2008. HK）。西王集团自 2010 年起扩张步伐较快，公司通过并购、收购将业务范围有玉米深加工、钢铁业务扩展到物流、地产、运动营养品和健康食品等业务板块。公司业务扩张对外部借贷依赖性较强，使得其在 2019 年面临债务集中到期偿付的压力。

同时，公司自身获现能力和外部融资能力均下滑，偿债资金明显不足。受钢铁加工业务、玉米深加工业务原材料价格上涨的影响，2019 年前三季度公司获利能力下滑，经营活动现金流同比大幅下降，叠加公司对外提供担保的债务发生逾期、被列为失信执行人、存在未决诉讼等负面消息影响，外部融资环境也发生不利变化，最终导致公司资金链陷入紧张，无力按期偿还债券。2019 年 10 月 24 日，西王集团未能按期兑付“18 西王 CP001”应付本息，首次发生违约。

（二）违约处置方案及进展

违约发生后，西王集团于 2019 年 11 月组建了债务和解小组，试图解决公司债务问题，但商谈未形成有效成果，债权人依然向法院提交了破产申请。申请提交后，2020 年 2 月 21 日，邹平市法院召集邹平市政府相关人员、清算组成员、西王集团债权人代表、西王集团高管、股东及职工代表进行听证，依法受理西王集团破产和解案。同年 3 月 31 日，西王集团债务和解方案在第一次债权人会议上获得高比例表决通过，同意人数占出席会议有表决权人数的比例为 89.57%。同年 4 月 16 日，法院裁定认可和解协议，终止破产程序。邹平市法院认为，经过审查西王集团虽背负百亿元债务，但集团整体负债率不高，仅因结构错配问题导致暂时流动性困难，企业生产经营正常，银行等金融机构按期续贷，上市公司在股市保持稳定，通过破产和解，可优化该集团资产负债结构，彻底解决企业债券违约等风险，恢复企业可持续经营能力和盈利能力。

西王集团的债务和解方案是国内首例违约债券和解方案。该和解方案对不同规模的债权灵活制订了不同的债务偿付方案，多样化地满足了不同类型债券持有人的需求：针对 20 万元以下债权计划全额清偿，针对 20 万元以上债权分设两种方案，涉及分期偿付、债转股、加速清偿等，同时西王集团表示将争取为存续债券继续交易创造条件。对投资者而言，若持债规模低于 20 万元，则有望在达成和解协议后 6 个月内实现本息回收；持债规模较大的投资者，债权回收需要的等待周期较长，但若西王集团能够通过该方案改善经营业绩，则未来仍有望实现债权本金100%清偿；此外如果投资者选择转股，在西王集团业绩改善情况下，相关公司股票价格或股权估值提升则还可在回收本金的同时为投资者带来一定额外收益。对于急于回收本金的投资者，西王集团保证现有存续债券继续参与交易，也可以通过债券交易实现违约债权的退出（见表5-3）。

表5-3　西王集团债权处置方式

债权规模	处理方式
20万元以下债权	在法院裁定批准和解协议之日起6个月内全额以现金清偿完毕
20万元以上债权	方案一：50%留债在6年内清偿、50%转为上市公司股票和拟证券化资产。50%债权，自2021年每年12月20日前按比例偿还本金，最后一期在2025年12月20日清偿完毕。剩余50%债权及其利息，在2021年12月底之前可以按照市价9折转为西王食品股票，或西王糖业股权
	方案二：留债10年清偿。留债分期清偿，在2029年12月20日前清偿完毕。同时设置相应的加速清偿安排，将根据方案一参与债转股的总金额，对方案二项下的分期清偿期限及清偿安排进行相应的加速调整，最快可在2026年12月20日前清偿完毕；债权人没有行使转股选择权的，西王集团将继续执行现金分期清偿安排
现有存续债券	继续参与债券市场交易
其他增信手段	对留债分期清偿的债券提供了增信担保、清偿保障及维持交易等配套方案

资料来源：根据公开资料整理。

西王集团通过破产和解程序处置违约债券为国内首例，其债务和解方案既涉及了一部分违约金额的现金清偿，也涉及了分期偿付以及债转股等方式，多样化的处置方式一方面给予投资者按计划回收资金的预期，同时也为企业自身争取了度过债务危机的时间。西王集团的破产和解事件，入选了山东省高级人民法院发布2020年度优化营商环境十大典型案例。该方案的出台，对当时与西王集团情况类似的虽然已发生债务违约、但仍能正常生产经营的企业有较强的借鉴意义，有助于在违约主体当中形成示范效应。

但在达成破产和解协议的两年后，2022年3月4日，西王集团债权人向山东省滨州市邹平市人民法院申请西王集团破产，邹平市人民法院已于

2022年3月7日签收了该破产申请书。根据债权人反映，在和解协议执行期间，诸多债权人表示西王集团存在应付利息未按时支付、承诺转股的股权未兑现的情况，已经二次违约，依照法律规定，应当终止西王集团和解协议的执行并依法将其转入破产清算程序。

（三）启示

反观西王集团的破产和解化债方案，虽然保证了公司在和解后的正常经营，理论上能够实现债权人债务100%的清偿，在当时是较为理想的解决方案，但作为我国债券市场发行人达成的首例破产和解方案，方案本身具有较强的示范效应，但在实践中仍有不足之处。主要是因为破产和解缺乏对企业的有效外部约束。破产和解的达成主要依赖于企业和债权人达成的共识，和解协议的执行过程中不涉及法院的执行和监督，和解协议更大程度上是债权人对企业的让步，故虽然和解协议中对定期召开持有人会议等事项均有规定，但在法院不实际参与破产和解流程的情况下，难以对企业可能出现损害债权人利益的行为进行约束，不利于破产和解进程的开展。能够达成破产和解的企业相对于重整或清算的企业，其企业经营状况更加受到债权人认可，才会采取这样一种对企业的约束力度更小的司法债务处置途径。但在实践中，当破产和解无法改善企业困境时，缺乏外部监督机制或导致方案执行力度较弱，从而使债权人利益受到损失。

本章介绍了违约债务处置的司法途径下，破产重整、预重整、破产清算和破产和解四种处置方式的内涵及实践情况。其中，破产重整一般适用于短期债务高企、暂时性资金流断裂等短期因素或者行业陷入低迷、企业体制机制陈旧等原因导致的违约情形，该方式能够有效助力企业恢复营运能力，也是市场化、法治化债券违约处置机制的重要实践；预重整则是通过将庭外重组与庭内重整相结合而产生的一种创新的企业挽救方式，结合了庭外重组的市场自治功能和庭内重整的司法强制效力，目前在我国实践中仍处于探索阶段；破产清算制度适用于已不具备偿债能力的企业，通常是违约处置的最终手段，仅当企业无法通过其他方式来重组或恢复其财务状况时才会选择此方式；破产和解方面，不能按期清偿债务的企业均可以通过破产和解的方式进行处置，但企业是否有较强的持续经营能力是法院是否裁定和解的重要考量因素，目前在国内市场上该处置方式仅有一例实践。近年来司法途径处置违约仍是我国主要的违约债券处置途径，截至2023年3月末，债券市场上完成处置的违约债券中，超过七成采用司法途径。后续随着债券违约处置手段的成熟和相关制度的完善，司法途径或向更规范、更高效的方向演进，进一步提升违约债券处置效率。

第六章

非司法途径违约处置实践及案例分析

司法途径之外，非司法途径也是我国违约债券处置的重要方式。非司法途径处置违约债务主要涉及债务重组、发行人自筹资金、第三方代偿等方式，凭借灵活性、适用性等优势，非司法途径广泛应用在国内违约债务处置中。本章将深入剖析非司法途径中主要的三类违约处置方式，结合案例介绍其特征、适用性、实践现状等，研究探讨非司法途径的违约债务处置情况。

第一节　债务重组

随着市场化、法治化违约处置机制的发展，违约处置方式从初期的以自筹资金偿付为主，发展为多数采取司法途径、债务重组等方式处置债务风险。其间债务重组在违约债务处置中的运用逐渐增多，重组方案也实现多元化。本节聚焦债务重组，从特征、实践情况、适用性等方面出发对债务重组进行介绍，并结合典型案例分析其实践情况。

一、债务重组概述及适用性

（一）债务重组的特征

根据财政部 2019 年 5 月下发的《关于印发修订〈企业会计准则第 12 号——债务重组〉的通知》（以下简称《准则》），债务重组是指在不改变交易对手方的情况下，经债权人和债务人协议或法院裁定，就清偿债务时间、金额或方式等重新达成协议的交易。根据《准则》规定，债务重组主要包括以资产清偿债务、将债务转为权益工具、修改债权和债务条款形成重组债权和重组债务等三种形式，《准则》强调债务重组不改变交易对手方，同时只要双方重新达成协议即可构成债务重组。

在此之前，2018 年 3 月，最高人民法院发布的《全国法院破产审判工作会议纪要》中提到“在企业进入重整程序之前，可以先由债权人与债务人、出资人等利害关系人通过庭外商业谈判，拟定重组方案”，鼓励通过自主协商实现债务整理。2019 年 12 月，交易商协会发布《银行间债券市场非金融企业债务融资工具违约及风险处置指南》，指出“债务融资工具违约后，发行人应进一步通过资产处置、清收账款、引入战略投资者、资产重组与债务重组等方式加大处置力度，并积极与持有人协商，制订切实可行的处置方案”，明确违约债券的多元化处置措施，进一步推行债务重组这一处置方式。

采用债务重组方式化解违约债券风险，拥有以下优势：一是可以缓解企业债务压力。通过债务重组调整债务偿付安排，搭配多元化的债务处置方式，有助于缓解企业的短期偿债压力，债转股、第三方收购等方式也有助于企业降低财务杠杆、优化财务结构。二是有助于维持企业经营活力。作为拯救困境企业的制度之一，债务重组不仅着眼于恢复债务人的清偿能力，更兼顾困境企业本质经营问题。在进行债务重组的期间，企业经营几乎不会受到任何实质性限制，并且可以与投资者、金融机构等保持沟通，这更利于实现企业价值最大化，促使债务人恢复生产经营能力，保证企业的营运价值。

（二）债务重组的适用性

债务重组的基础是债权人与债务人协商一致对债务偿付方式进行调整，一般来说企业在面临债务危机时，应首先评估自身财务状况，确定是否适合进行债务重组；在确定进行债务重组后，需制订具体的债务重组方案，明确偿付方式、金额、期限、偿付计划等；拟定重组方案后，下一步需与债权人进行沟通协商，商议债务重组条款的具体细节；在与债权人达成一致、重组方案获得持有人大会审议通过后，双方签订债务重组协议，明确债务重组的时间表以及实施步骤等方面内容，企业需按照约定，按时履行还款义务，并定期对外披露重组进度。

需要注意的是，要进行债务重组，企业需满足一定条件，一方面企业需客观存在资金链承压、债务负担较重、偿债能力不足的情况，避免企业利用债务重组恶意逃脱债务偿付；另一方面，企业也应具备继续经营的价值，尚未严重资不抵债，债务重组主要是帮助有发展前景的企业走出债务困境。2022 年 8 月，财政部发布《关于进一步加强国有金融企业财务管理的通知》（87 号文）第五条规定“金融企业应当加强资产质量管理，做实资产风险分类，定期对各类资产风险分类开展重检，真实准确反映资产质量，不得以无效重组等方式隐瞒资产的真实风险状况”，87 号文指出“无效重组”是对“不符合条件的债务人”进行的债务协议重组（不包括法院主持下的破产重整等司法重组），或者重组后债务人难以实质性提质增效、化解风险的债务重组，同时明确“不符合条件的债务人”一般是指已不能清偿到期债务，且资产不足以清偿全部债务或明显缺乏清偿能力的债务企业，并符合下列的三大条件之一：（1）已由国务院国资委或省级人民政府列入“僵尸企业”名单；（2）主要靠政府或企业总部补贴和银行续贷等方式维持生产经营，资产负债率超过 85%且最近 3 个会计年度连续亏损，经营性净现金流为负值，并经债权金融企业评估存在实质性经营风险；（3）因生产经营困难已停产半年以上或半停产 1 年以上，并经债权金融企业评估复工无望。一旦企业符合被认定为“不符合条件的债务人”标准，则可认为其不具备实施债务重组的条件。

（三）债务重组的实践现状

在实践中债券发生违约后，面临经营困境、债务困境的企业，可选用重组的方式解决债务危机，相对于司法途径来说，债务重组方式较为灵活、适用范围广，在违约后续处置实践当中应用较多。截至 2023 年 3 月，已进行违约处置的债券中，有 36 只债券采用债务重组的方式，涉及债券违约本息合计 415 亿元，占比分别为 9%和 11%。

从实践案例来看，国内债券市场债务重组主要采取降低利率、债券展期、债券置换、债转股、第三方收购等方式处置债务，缓解债权人的短期兑付压力。近年来债务重组的案例逐步增多，目前通过债务重组进行违约处置的债券中有近三成的债券已完成违约处置，涉及主体包括山东山水水泥集团有限公司（以下简称山东山水）、永城煤电控股集团有限公司（以下简称永煤集团）等，华夏幸福基业股份有限公司、三胞集团有限公司等主体的债务重组仍在进行中。从完成兑付的债券情况来看（以山东山水和永煤集团为例），山东山水有5只违约债券与持有人达成和解，涉及债券发行规模合计68亿元，山东山水已于2021年完成兑付，处置周期超过2000天；永煤集团3只违约债券采用“债务重组+发行人自行偿付”的方式进行后续处置，根据持有人大会通过的方案，发行人先行兑付了50%债券本金，剩余本金展期，目前3只债券均已完成兑付。尚未完成兑付的主体主要通过债务置换、分步偿还、打折偿付等方式处置违约债务，多数主体于2015—2019年间首次发生债券违约，现阶段仍在继续推进债务重组，违约债券的债务处置周期较长。

二、典型案例分析：华夏幸福基业股份有限公司

随着近年来房企三道红线等措施出台、房地产市场强化调控，房地产企业经营压力加大，部分企业资金链断裂发生债券违约，债务风险释放加快。违约后，房地产企业债务处置方式不尽相同，其中多家企业采取债务重组的方式化解债务风险。本节主要介绍华夏幸福基业股份有限公司（以下简称华夏幸福或公司）债务重组相关情况，作为首家债务重组方案落地的大型房企，华夏幸福的债务重组对于其他违约房企有着示范性意义。

（一）违约事件回顾

2021年2月底，华夏幸福公告称，由于下属子公司美元债违约触发“17幸福基业MTN001”交叉保护条款，因持有人会议未能形成豁免决议，中票于公告日提前到期，而公司未能按时足额兑付债券本息，构成实质性违约，成为华夏幸福首只境内违约债券。此后，华夏幸福其他债券也

相继发生实质性违约，截至 2023 年 3 月底，华夏幸福共有 12 只债券违约，违约规模合计 225 亿元。

华夏幸福主营产业新城开发建设和房地产开发等业务，其中产业新城开发建设涵盖产业发展服务、土地整理、基础设施建设等，产业新城业务多采用开发性 PPP 模式。华夏幸福控股股东为华夏幸福基业控股股份公司，实际控制人为自然人王文学。华夏幸福承接的 PPP 项目资本金回收期较长，该业务模式下公司现金流承压，较为依赖再融资。受房地产领域调控政策持续趋严、环京区域重点项目销售不及预期、民企融资难度加大等因素影响，2021 年初华夏幸福出现阶段性流动性紧张，偿债能力弱化，陆续发生债务违约。同年 1 月华夏幸福发生银行、非标借款逾期；同年 2 月 2 日公司发布公告，表示华夏幸福及其下属子公司发生债务逾期涉及的本息金额为 52.55 亿元，涵盖银行贷款、信托贷款等债务形式。同月起华夏幸福旗下债券也相继发生实质性违约，华夏幸福走向漫长的化债之路。

（二）违约处置方案及进展

从债务处置情况来看，2021 年 2 月由华夏幸福最大债权人平安集团和工行牵头，正式组建了金融机构债权人委员会。2021 年 9 月底公布《债务重组计划》，拟通过多种方式处理逾 2000 亿元金融债务；经过多轮沟通后，同年 12 月公司《债务重组计划》获得债委会全体会议审议通过，债务重组协议的主要内容涉及“带”“展”“兑”“抵”“接”几大部分，其中部分措施显得较为类似，涉及的资产和处置方式可能略有差异。具体来看：（1）“带”即出售资产带走金融债务约 500 亿元，资产出让的同时相应将债务偿付责任转移，分为两种方式：一是出售项目公司自身金融债务，随项目公司股权出售一并带走并转出华夏幸福，由项目公司依据债务重组协议约定还本付息；二是出售项目公司通过债务置换方式，有条件承接华夏幸福统借统还的金融债务，具体置换方式由华夏幸福、可出售项目公司的收购方、相关金融债权人具体协商。（2）“展”即优先类金融债务展期或清偿约 352 亿元。其中应收账款质押和实物资产抵押的金融债务，维持原财产担保措施不变。若实物资产抵押相关担保物被处置或出售的，所担保债权可在担保物处置或出售价款范围内优先清偿；应收账款质押的，按年度分期按比例偿还。与房地产开发建设等业务相关的开发贷，由相关金融机构维持开发贷余额不变，利率下调，存量项目逐步销售偿还，新增项目逐步投放。债务重组协议签署后，年利率调整为 2.5%，利随本清。(3)“兑”即出售资产回笼资金中约 570 亿元用于兑付金融债务，按照一定的现金清偿比例，以公司出售资产现金回款由华夏幸福对部分债权予以现金偿付。(4)“抵”即以持有型物业等约 220 亿元资产设立信托，以信托受益权份额抵偿约 220 亿元金融债务，信托计划期限初定为 8 年。(5)“接”即剩余约 550 亿元金融债务由华夏幸福承接，债务本金展期至债务重组协议签署日后 8 年期满，债务重组协议签署后年利率调整为 2.5%，逐步清偿，利随本清。展期届满后，可协商直接清偿或继续展期。综合来看，债务重组协议主要通过出售资产、债务置换、现金清偿、信托受益权份额抵偿、展期清偿等方式进行综合偿付，债务重组取得实质性进展。

2022 年 7 月，华夏幸福宣布将向轻资产转型，计划在 2022 年到 2025 年 3 年内，以住宅开发和资产管理为基础，以产业新城为平台，重塑政府服务体系和企业服务体系，全面转型成为产业新城服务商。住宅业务将“轻重分离”，重资产开发业务继续完成保交房任务，同时发展房地产代建、装修、营销等开发产业链相关的轻资产业务。业务转型的同时，华夏幸福债务重组也在继续推进。

2022 年 9 月，华夏幸福公告称在《债务重组计划》基础上，拟增加偿债资源和选择权并制订相应的《补充方案》。华夏幸福计划搭建“幸福精选”平台，以该平台股权作为新增偿债资源实施以股抵债。公告显示，“幸福精选”平台以物业服务、选址服务、园区运营服务为核心，业务载体为多家华夏幸福下属公司。此时，公司《债务重组计划》中的 2192 亿元金融债务已有 1203.15 亿元签约实现债务重组，相应减免债务利息、豁免罚息金额共计107.7亿元，并启动了两批现金兑付安排，合计金额19.16亿元。《补充方案》提出，“展”类债权人可在持有的全部债权金额范围内，以债权本金金额10%的整数倍实施以股抵债；“兑抵接”类债权人因“兑”及“抵”已安排清偿资源，则仅以其“接”部分对应债权为限，以债权本金金额10%的整数倍实施以股抵债（也可选择将“接”部分全部选择以股抵债），为投资者增加“股”的偿债选项。债权人可通过与公司签署《债务重组协议》及《补充协议》等方式进行选择，未选择“股”的债权人仍按《债务重组计划》原定方式进行清偿。同年12月，华夏幸福偿债进程进一步加快，中旬公司披露了以股抵债计划的细则，拟以所持有的幸福基业物业服务等下属公司股权搭建“幸福精选平台”以及“幸福优选平台”，两个平台的市场估值约1000亿元，债权人将以八折不超过400.39亿元债权换取两个平台分别不超过49%股权或相应收益权，并为此设置早鸟期，在早鸟期内选择债务重组的债权人即可享受7.5折价格实施本次债务重组。月底，华夏幸福发布出售资产、转让股权及债权的公告，资产划转获得资金将主要用于公司及下属子公司金融债务偿付，进一步推动债务重组落地实施。

境外债务处置方面，2023年1月16日，公司组织召开了境外美元债券持有人大会，会上由英国法院批准的大会主席对债权人针对美元债券协议安排重组方案的投票结果进行了见证及统计。据统计，共有持46.74亿美元债券面值的债权人（占美元债券存续面值总额的94.24%）参与了投票，其中，投赞成票的债权人持有债券面值占参与投票债权人的97.90%，占参与投票债权人总人数已超过50%，后续公司及大会主席方将向英国法院提交前述投票结果。根据英国相关法律规定，如参与债券协议安排重组方案投票的债权人中投赞成票的债权人持有面值不低于（含本数）75%及债权人人数不低于（含本数）50%，则美元债券协议安排重组方案即可获得通过。同年2月初，华夏幸福公告称其境外美元债务重组协议已获得英格兰及威尔士高等法院裁决生效，目前正在根据英国法院批准的美元债券协议安排重组方案推进执行，并已完成重组交割。华夏幸福全部境外债券展期8年，利息2.5%，利随本清。除此之外，债权人可以依照自身需要，在享有“兑抵接”债权人30%现金兑付及16.7%信托受益权抵债的基础上，对剩余53.3%的留债部分按照10%一档，自主选择一定比例的留债及“幸福精选”平台股权以股抵债，综合确定清偿方案。

从华夏幸福重组进展来看，截至2023年4月30日，《华夏幸福债务重组计划》中金融债务通过签约等方式实现债务重组的金额累计约为1806.24亿元（含境外间接全资子公司发行的49.6亿美元债券重组）；累计未能如期偿还金额达到289.43亿元，华夏幸福实现债务重组的债务占比为82.4%，不过剩余部分债务仍面临一定偿债压力。

（三）启示

由于华夏幸福债务规模较大且结构较为复杂，涉及投资者众多，各个投资人利益诉求存在差异，因此债务重组或存在一定难度。为满足各方需求，债务重组协议通常会提供多种方案，包含现金清偿、债转股、延长期限、降低利率等多种方式，赋予投资者以选择权，但在灵活处置债务的同时也增加了协议的复杂性，也使得债务重组耗时较长。

债务重组可帮助企业化解债务危机，在维系企业继续经营的情况下逐步降低债务负担，华夏幸福的债务重组方案对于其他爆雷企业债务处置有一定借鉴和参考意义。但也需要注意，对华夏幸福而言，如何恢复经营、推进轻资产转型、加速现金回流仍是挑战，重振经营才是完成债务重组的根本；对债权人而言，获得偿付将是漫长且复杂的过程，债务具体的清偿情况仍取决于企业后续实际经营情况，资金回收仍面临不确定性。

第二节　发行人自筹资金

自筹资金发行人一般有较强的偿付意愿，违约原因一般为在流动性出现短期压力的背景下，出现了资金调配问题。自筹资金处置多发生于违约发行人仍有一定融资渠道，或企业本身仍具有一定的获现能力或可处置资产的情况。自筹资金兑付体现出发行人较强的偿债意愿，但近年来宏观经济下行压力加大，尤其是历经新冠疫情的冲击，微观企业在生产经营困境下债务问题更为突出，自筹资金作为一种依赖发行人自身资本实力的方式，其运用的频率在不断降低。后续随着债券处置市场化程度增强、违约债券转让机制成熟、风险缓释手段不断增加，发行人自筹资金偿付违约债券的情况可能继续减少。

一、发行人自筹资金概述及适用性

（一）发行人自筹资金的特征

自筹资金偿付具有偿付周期短，但对企业自身资质要求较高的特点。自筹资金指在一定宽限期内，违约的债务人通过处置资产、引入新投资者、寻求外部支持等方式自行筹集资金偿还债务。相对于以其他方式进行债务处置的发行人，其违约原因一般为在流动性出现短期压力的背景下，出现了资金调配问题，故自筹资金发行人一般有较强的偿付意愿，并且在偿付后能够维持较好的经营情况。故在发行人偿付意愿较强的背景下，通过自筹资金进行处置偿付周期较短，但是对发行人自身状况要求较高，需要发行人自身有一定可变现资产或融资渠道。

（二）发行人自筹资金的适用性和流程

发行人自筹资金进行处置，多发生于违约发行人仍有一定融资渠道，或企业本身仍具有一定的获现能力或可处置资产的情况。自筹资金的处置手段一般存在三种情形：通过处置资产获得资金，引入投资者获得资金，以及寻求母公司或实际控制人的支持获得资金。从自筹资金常见的情况来看，通过处置资产获得资金，往往需要企业仍有一定的可变现的优质资产；引入投资者获得及寻求母公司或实际控制人，以支持获得资金，也要求企业仍有一定的存续经营能力，对外部投资人、母公司或实控人而言也有更高的投资或救助价值。

发行人自筹资金流程较为简单，在债券违约后，由中介机构对相关事项进行公告，并召开持有人会议，与债权人商讨债券后续兑付计划。后续企业按照兑付计划处置资产或筹集外部资金对债务进行偿付。

（三）发行人自筹资金的实践应用

在实践中，发行人自筹资金的债券偿付方式在非司法途径中应用较广，但从发展趋势来看，自筹资金偿付在我国债券市场第一轮及第二轮债券风险暴露时期出现较多，2014—2019 年，自筹资金偿付在非司法途径处置的只数较多，其中 2016 年、2019 年两年涉及债券只数超过 10 只。但 2020 年以来，通过发行人自筹资金的情况很少出现，一方面由于违约发行人中集团型企业增多，涉及债务资金规模大，自筹资金的处置方式往往在短期内面临较大的资金筹集压力，实现难度大；另一方面，目前宏观经济情况尚待修复，债券市场多数发行人经营状况承压，偿债能力走弱，作为一种依赖发行人自身资本实力的方式，自筹资金偿付方式运用的频率在不断降低。

采取自筹资金处置的债券以民企发行的公募债券为主。具体来看，在通过自筹资金偿付的 45 只债券中，有 36 只为公募债券，占比达到 80%；从发行人性质来看，采取自筹资金偿付的发行人以民企为主，发行人家数占比超过六成；地方国企及包括公众企业、外资企业在内的其他企业均为 18%；央企占比最低，仅为 6%。

二、典型案例：珠海中富实业股份有限公司

（一）违约事件回顾

珠海中富实业股份有限公司（以下简称珠海中富）于 2012 年发行

“12 珠中富 MTN1”，发行期限 5 年，债券本金规模 5.9 亿元，发行利率 6.6%。2017 年 3 月 23 日，珠海中富未能兑付“12 珠中富 MTN1”应付本息，构成实质性违约，同年 6 月公司通过自筹资金的方式完成了该期债券的本息兑付。

珠海中富成立于 1982 年，前身为珠海市香洲区中富瓶厂，后于 1996 年在深圳证券交易所成功上市（000659.SZ），成为国内包装行业首家上市公司。公司主营业务包括 PET 饮料瓶、瓶坯、标签的生产和销售。

经营状况方面，2012 年起受饮料包装市场需求不振、竞争激烈的影响，加上原有客户提高了自我配套供应的比重，采购量持续下降，公司虽通过市场开发、成本管控及管理提升等多种手段以改善公司的经营状况，但依然持续亏损。公司自 2012 年起至 2016 年，除 2014 年盈亏基本平衡外，其他年份净利润均出现亏损，其中 2016 年亏损高达 5.88 亿元，相关资产计提减值损失 2.88 亿元，同比增加减值 2.65 亿元，对公司利润产生重大负面影响。由于经营亏损，短期内难以利用自身现金流覆盖即将到期的债券本息金额。

债务压力方面，随着公司不断扩大生产线，公司对外融资扩大推升了债务规模的增加，杠杆比例持续上升。至 2016 年末公司出现债券违约前，其资产负债率升至 70%，再次违约时的资产负债率则达到 82.06%，流动负债占总负债的 98.98%。公司有息债务规模也不断增长，同时随着债务到期短期化趋势愈加明显，截至 2016 年末有息债务规模超过 14 亿元，且全为短期有息债务，而公司货币资金对债务覆盖率不足 7%，面临很大偿债压力。

此外，公司在两次股权变更后，新股东作为增信机构没有履行代偿义务。2015 年初在一系列资本运作之后，原控股股东 CVC 完全退出公司。控股股东的变更违反了 2012 年签订的银团贷款协议中的若干限定性条款，该银团借款人有权随时要求公司提前偿还该项借款。虽然公司与银团贷款的主要行交通银行和光大银行达成了不因股东变更要求提前还款的协议，但此前普华永道认为此事项存在“可能导致对公司持续经营能力产生重大疑虑的重大不确定性”，对公司 2014 年财务报表出具了“无法表示意见”的审计报告。最终给公司的融资能力带来较大的负面影响，2015 年公司就已经发生过债券延期兑付的情况。而公司新控股股东深圳市捷安德实业有限公司曾于 2017 年 2 月 28 日对外公告了对中期票据“12 珠中富 MTN1”到期兑付本息事项的《担保函》，内容包括：票据到期时，如珠海中富不能全部兑付票据本息，担保人应主动承担担保责任，将兑付资金划入票据托管登记机构或主承销人指定的账户。珠海中富在利润连续亏损、偿债压力持续增加的背景下，在偿债暂有压力的情况下于 2017 年 3 月 29 日提请启动信用增进程序，但变更后的控股股东深圳市捷安德实业有限公司作为担保方并没有履行代偿义务，也最终导致公司债券兑付违约。

（二）违约处置方案及进展

在 2017 年违约前，珠海中富已于 2015 年发生过债券延期兑付的情况，公司通过储备土地作为担保，取得了还本付息所需资金，完成了债券兑付。2017 年 3 月发生违约后，公司称由于存在积极开拓市场研发新产品、增加银行贷款额度覆盖到期的银团贷款和中期票据、不动产变现等积极因素，公司有能力偿还到期债务和具备持续经营能力。同年 3 月末，珠海中富再次公告称，已与相关金融机构签署《流动资金借款合同》，公司以自有土地、厂房等资产抵押获得 6.5 亿元的流动资金借款，借款期限为 2 年，目前正在办理相关的资产抵押手续。2017 年 4 月至 6 月，公司分 7 次完成“12 珠中富 MTN1”本息合计 6.2 亿元的兑付，并在分期兑付期间对其拟资产减值测试项目涉及的指定设备评估报告以及对深交所问询函的回复进行了及时披露。在明确将对违约债券进行兑付的意向后，珠海中富融资状况好转，2017 年第二季度起通过借款获得的现金明显增加，筹资活动现金流大幅净流出的状况有所缓解。此外，公司 2017 年营业成本降低，净利润扭亏为盈，且 2017—2019 年间连续实现盈利，经营状况有所企稳。

（三）启示

从珠海中富的处置案例可以看到，发行人自筹资金进行处置，除了要求企业仍有融资渠道或可处置资产，还需要企业有较强的存续经营意愿。珠海中富在首次债券发生延期兑付时，就通过抵押资产进行了债券偿付；而在2017年违约发生后，公司也首先寻求担保人代偿，在担保人未履约后，又在1个月内出台了债券兑付方案，并在半年内完成了兑付，表明较强的偿债意愿。在兑付完成后，公司经营状况回暖，并存续经营至今。

总体而言，自筹资金的偿付方式往往表明发行人拥有较强的存续经营意愿和债券偿付意愿。但是在经济下行压力下，发行人资本实力和偿债能力存在走弱迹象，自筹资金方式作为一种高度依赖发行人自身资本实力且对短期内资金筹集能力要求较高的债务偿付方式，其出现的频率在不断下降。

第三节 第三方代偿

违约处置中的第三方代偿一般存在两种情形，即担保人代偿或由非担保人的第三方进行偿付。从适用性角度来讲，任何债券发行主体均可以采用第三方代偿的方式对债券进行处置。担保人代偿为第三方代偿中最为普遍的形式，非担保人代偿的情况目前在我国债券市场实践相对较少。随着信用债券市场的不断成熟以及担保公司的持续发展，含有担保条款的债券在信用债中的占比不断增加，在债券市场风险仍将不断释放的背景下，预计第三方代偿在违约处置中的出现将更加频繁，在保护债券持有人利益方面发挥更大的作用。

一、第三方代偿概述及适用性

（一）第三方代偿的特征

第三方代偿一般存在两种情形：由担保人代偿，或由非担保人的第三方进行偿付。具体来看，担保人代偿模式中，国内债券市场发行的债券中，担保人的责任普遍为“不可撤销的连带责任担保”，连带责任保证是指当事人约定由保证人与债务人对债务承担连带责任的一种保证方式。采取这种保证方式，意味着保证人与债务人对债务履行承担连带责任，债务不履行，保证人与债务人的责任都不得解除。与此同时，债券募集说明书中会对担保人信息进行详细披露，而担保人出具的担保函中也会对担保数额、保证方式、责任承担、偿还时间等要素进行详细说明，并在违约发生后根据担保条款及时履行责任。可以看到，由于募集说明书对担保责任方、偿还时间和处置流程都有明确规定，担保代偿在一般情况下具有较强的担保效力和较短的处置周期。而非担保方的第三方代偿相对担保代偿担保责任人可能更不明确，但是根据实践来看其处置周期依然相对较短。

（二）第三方代偿的适用性

从适用性主体类型的角度来看，任何债券发行主体均可以采用第三方代偿的方式对债券进行处置。这是因为如果债券本身发行时设置了担保条款，那债券发生违约时担保方就需要承担相应的担保义务，而若债券本身不含有担保条款，依然可以通过双方协商方式引入第三方承担担保责任。需要注意的是，虽然理论上第三方代偿可以适用于任意类型违约主体，但由于第三方代偿方式属于非强制性的责任偿还，对进行代偿的第三方企业而言，此类代偿行为具有一种对违约企业的投资或救助的含义。这便要求违约企业自身仍存在一定的救助或投资价值，且其母公司或股东拥有较强的资本实力和代偿意愿等条件，才更容易引入第三方参与其债务的处置。

第三方代偿流程一般涉及违约责任的确定和履行，有时还涉及担保方的追偿。确定债券违约后，债券持有人或债券受托管理人应向企业提出书面索赔要求，要求担保人根据条款履行担保义务。企业及相关中介机构将会对担保机构进行通知，要求在一定期限[①]内，将相关款项的兑付资金划拨至规定账户。若是债务重组后由非担保人的第三方进行代偿，则需要召开持有人会议，对债券偿付责任的转移进行告知，并由第三方履行债券偿付义务。此外，在担保人替债务人偿还债务后，担保人有权利以其担保责任的范围向债务人追偿。如果债务人不还款，担保人可以对债务人进行起诉。

（三）第三方代偿实践现状

如前文所述，实践中第三方代偿存在由担保人代偿、非担保人的第三方进行偿付两种情形。其中由担保人代偿为第三方代偿中最为普遍的形式，截至 2023 年 6 月，我国债券市场共有 22 只债券通过第三方代偿的方式进行处置，其中 20 只均通过担保人代偿处置，占比超过九成。近年来，含有担保条款的债券占比也呈现持续提升的态势，含担保债券只数占比从 2018 年的 8%提升至 2023 年上半年的 16%。由非担保人的第三方偿付，在国内债券市场较为少见，中国第二重型机械集团公司和二重集团（德阳）重型装备股份有限公司在被申请重整后，由其股东受让全部债务并完成了债务偿付，是我国公募债券市场上第三方代偿的典型实践。

采取第三方代偿处置方式的债券发行主体，在 2012—2017 年间以中小民企为主，自 2018 年起主要以央企子公司和国企为主。具体来看，2012—2017 年间，通过第三方代偿达成违约处置的债券共计 17 只，其中包括 14 只中小企业集合债，公开发行公司债、企业债和中期票据各 1 只；而 2018—2020 年[②]通过第三方处置的包括 3 只私募公司债和 2 只定向工具。从企业性质来看，通过第三方代偿达成违约处置的债券发行主体以民

① 募集说明书中规定的期限或企业和债权人达成一致的期限。

② 2020 年后无以第三方代偿进行处置的债券。

营企业为主，发行主体共24家，其中19家为民营企业，还包括1家中央国有企业和4家地方国有企业。

二、典型案例：中国第二重型机械集团公司、二重集团（德阳）重型装备股份有限公司

（一）违约事件回顾

二重集团（德阳）重型装备股份有限公司（以下简称二重重装）于2008年发行“08二重债”，发行期限为7年，债券规模8亿元，发行利率为6.80%；中国第二重型机械集团公司（以下简称中国二重）则于2012年发行“12二重集MTN1”，发行期限为5年，债券规模10亿元，发行利率为5.65%。2015年9月，在“12二重集MTN1”和“08二重债”兑付前夕①，中国二重、二重重装被债权人以资产不足以清偿到期债务、缺乏清偿能力且具有重整价值为由，向四川省德阳市中级人民法院提出重整申请。同年9月25日，法院公告宣布受理该申请，根据相关法律规定，“12二重集MTN1”“08二重债”于受理当日提前到期应付，发生违约。

中国二重原为国务院国资委直属央企，为国家副部级单位，2013年经国务院批准，中国二重与中国机械工业集团（以下简称国机集团）实施联合重组，中国二重成为国机集团核心子公司。中国二重主要经营重型专用设备制造及其相关服务，涵盖冶金设备、机械设备和石化设备等。而二重重装为中国二重的子公司，主要经营普通机械、成台套设备、金属制品制造、金属冶炼加工、国内外工程承包和机械设备出口等，在重型机械行业中具有重要的战略地位。二重重装原为A股上市公司，由于连续4年亏损，为避免被强制退市给股东造成影响，也为了将来可以重新选择上市，获股东大会批准后，公司于2015年5月从上交所主动退市，也成为

① 两只债券兑付时间分别为2015年9月28日和10月10日。

中国证券市场上首家主动退出交易所交易的公司。

业务经营方面，由于重机行业周期性强，对宏观经济波动较为敏感，受宏观经济下行影响，行业下游的冶金、电力等行业需求减弱，使得重机行业受到较大负面影响，市场竞争愈加激烈。在较为低迷的外部环境下，中国二重、二重重装所主营产品需求持续低迷、订单持续减少、产品价格下滑且财务费用较高。在这样的背景下，两家公司2013—2015年营业收入逐年减少，无法覆盖营业成本，净利润均出现持续亏损，经营状况日益恶化。

债务压力方面，由于两家公司经营状况较差，且部分资产存在减值迹象，2013年以来资产规模持续下降，其中存货、应收账款等流动资产规模大幅缩水，非流动资产中固定资产和在建工程规模也有所下降。同时两家公司负债规模逐年增加，且带息负债的规模较大，而银行债务发生逾期也进一步对后续融资产生较大负面影响。资产与负债规模一升一降导致资产负债率大幅上升，所有者权益由正转负。截至2015年6月底两家公司已处于资不抵债状态。

现金流方面，受产品市场需求低迷、订单减少等因素影响，两家公司经营压力均较大，2013—2015年经营活动产生的现金流量持续为负；同时其投资项目回报有限，使得投资活动产生的现金同样呈净流出状态；虽然筹资活动现金流尚能维持流入，但在经营、投资活动现金流表现不佳的态势下，货币资金依然呈现逐年减少态势，几乎无法对有息债务形成覆盖。

总体来看，在“12二重集MTN1”和“08二重债”面临兑付前，两家公司已面临较大的流动性压力。

（二）违约处置方案及进展

中国二重、二重重装被申请破产重整后发布公告称，由于存在较大不确定性，为保护投资者利益，申请将其存续债券暂停交易；次日，两家公司公告称，接到其实际控制人国机集团通知，为保护投资者利益，国机集团或其受托机构拟全额受让“12二重集MTN1”和“08二重债”，两只债券也恢复交易。此后，“12 二重集 MTN1” 于 2015 年 11 月召开持有人会议，决议对该期债券进行提前偿付，并由承接债券的国机集团完成了该只债券的兑付；之后 “08 二重债” 由国机集团完成偿付。至此，两只债券的兑付责任均由国机集团承担并进行兑付，实现了非担保方的第三方代偿。

（三）启示

中国二重、二重重装的违约案例具有一定特殊性：普通的第三方代偿，均是在债券发行时规定的担保人进行代偿，但上述债券发行时其中未含有相应条款，但股东在公司被申请重整时继承了债务关系。结合具体案例，中国二重和二重重装虽然因为行业与公司经营因素导致经营状况欠佳，但在仍有重整价值、股东实力较强的背景下，仍然通过第三方代偿进行了处置，较大程度地保护了债权人利益。由于债券在发行阶段就能约定第三方担保相关条款，且一旦债券违约后处置路径明确、担保效力也相对较强。目前含有担保条款的债券在信用债中的占比不断增加，在债券市场风险仍将不断释放的背景下，第三方担保将在保护债券持有人利益方面发挥更大的作用。

本章聚焦非司法途径违约债务处置，详细介绍债务重组、发行人自筹资金、第三方代偿三类处置方式的内涵及实践情况。其中债务重组适用于面临经营和债务困境但尚未严重资不抵债的企业，债务重组方式适用范围广，可缓解企业短期债务压力，帮助债务人恢复生产经营能力。发行人自筹资金多发生于违约发行人仍有一定融资渠道，或企业本身仍具有一定的获现能力或可处置资产的情况，且处置完成后企业仍能保持后续正常运营。第三方代偿一般发生于发行时含有担保条款的违约债券处置中，但也存在非担保人代偿的情况。非司法途径处置手段由于不涉及起诉、法院审理等过程，主要依靠企业和债权人双方商议达成协议，故相较于司法途径更加灵活。后续随着债券违约市场化处置手段的不断丰富和处置经验的积累，非司法途径或朝着更加规范化方向发展，促进违约债券加快处置。

第七章

中国违约债券交易机制的市场化探索

随着我国信用债风险释放进入常态化阶段，完善债券违约处置机制、提升违约处置效率的重要性凸显，违约债券交易不仅有助于提高违约债券流动性、增强违约债券的风险定价有效性，还可作为违约债券市场化退出渠道，分散转移信用风险，丰富债券违约处置路径。本章围绕我国违约债券交易机制发展历程及类别展开，详细介绍了“同业拆借中心债券匿名拍卖业务”“北金所到期违约债券转让业务”和“沪深交易所特定债券转让结算业务”的业务内容、交易流程，以及各项违约债券转让交易业务实践进程和特点，旨在为违约债券市场化处置、高收益债券投资及风险定价提供一定参考。

第一节　近年来我国违约债券交易机制现状

为完善债券违约处置机制、提升违约债券定价有效性，2018 年以来监管机构逐步探索建立违约债券交易机制，2020 年 7 月 1 日，人民银行会同国家发展和改革委员会与证监会联合发布《关于公司信用类债券违约处置有关事宜的通知》，推动构建市场化、法治化的债券违约处置机制，发挥违约债券交易机制作用，支持各类债券市场主体参与违约债券转让活动。目前我国已形成“同业拆借中心债券匿名拍卖业务”“北金所到期违约债券转让业务”和“沪深交易所特定债券转让结算业务”三种违约债券交易机制。

一、同业拆借中心债券匿名拍卖业务

针对具有高风险、低流动性等特点的特定券种，同业拆借中心推出基于现券匿名撮合系统的债券匿名拍卖机制，有利于促进违约债券市场价格发现、提升市场透明度和流动性。

（一）业务内容

2018年5月31日，中国外汇交易中心、全国银行间同业拆借中心（以下简称交易中心）下发《关于开展债券匿名拍卖业务的通知》（中汇交发〔2018〕192号），同时发布《全国银行间同业拆借中心债券匿名拍卖实施细则（试行）》《债券匿名拍卖业务投资者风险承诺函》两个配套文件，基于现券匿名撮合系统，在银行间债券市场推出债券匿名拍卖业务。

债券匿名拍卖，是指交易中心依据市场需求，组织市场参与者在特定时间，在交易中心本币交易平台进行债券集中匿名交易的行为。参与匿名拍卖业务的债券，应满足在银行间债券市场流通相关标准，包括但不限于违约债券、受违约影响的债券、资产支持证券次级档等低流动性债券，其中对于到期违约债券需作特殊标记（MD）。参与匿名拍卖单笔报价量最小为人民币1000万元整，券面总额最小变动单位为人民币1000万元整，清算速度为“T+1”天，结算方式为券款对付（DVP）。

（二）交易流程

根据《全国银行间同业拆借中心债券匿名拍卖实施细则（试行）》，债券匿名拍卖业务流程可分为交易前准备、拍卖申报、报价与交易、交易结算等环节，同时交易中心履行债券匿名拍卖业务日常监测职责，具体流程如下（见图7-1）。

1. 交易前准备阶段

参与机构应签署《债券匿名拍卖业务投资者风险承诺函》等材料，开通债券匿名拍卖权限，交易中心可视情况需要启动保证金制度。

2. 拍卖申报阶段

申报日前，交易中心持续收集债券匿名拍卖意向、公布拟开展债券拍卖业务时间信息及债券列表。申报日，意向参与机构通过交易平台，在申报债券列表范围内进行意向申报。资产管理类产品通过其资产管理人统一进行申报。

3. 报价与交易阶段

拍卖日，债券匿名拍卖分为三大流程：双向报价、集中竞价、iDeal 匿名协商。双向报价阶段，参与机构进行意向报价、不匹配成交，参与机构在一定价差范围内发出双向报价。双向报价阶段结束，交易平台确定集中竞价阶段价格区间。完成双向报价的机构方可参与后续拍卖流程。集中竞价阶段，参与机构可在双向报价阶段确定的价格区间内报价，交易平台根据价格优先、时间优先的原则撮合成交，以最大匹配量原则计算统一成交价，经黑名单过滤后确定买卖对手方。iDeal 匿名协商环节，对于有买卖意向且在集中竞价环节出价但未能匹配成交的机构，可进入本外币即时通讯平台（iDeal）开展一对一匿名协商，并优先匹配集中竞价环节出价更优的机构。

4. 结算及其他注意事项

债券匿名拍卖结束后，交易中心交易平台自动生成成交单，交易双方应根据成交单办理交易结算，若交易任一方未按照成交单履行合同义务，则面临一定违约金处罚。此外，交易中心对于 5 个工作日内与同一对手方就同一只标的债券进行反向交易进行了限制。

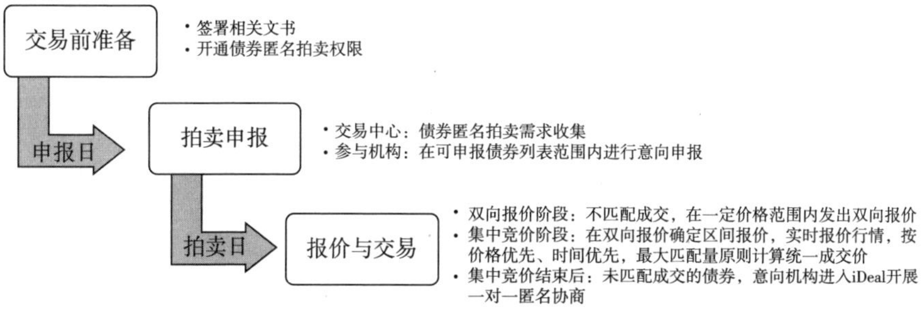

图 7-1　债券匿名拍卖业务流程

（资料来源：全国银行间同业拆借中心，中诚信国际整理）

（三）小结

同业拆借中心匿名拍卖业务对于促进低流动性债券市场流通、推动市场价格发现、提升市场透明度具有重要意义。第一，通过引入匿名拍卖机制，有利于保护参与机构头寸信息，并有效降低持券机构声誉风险，同时参与机构可进行债券匿名拍卖黑名单管理，有效增强了交易灵活性。第二，债券匿名拍卖业务包含预申报、申报、双向定价、集中竞价等环节，有助于汇集市场流动性，收拢价格区间，促进市场价格发现。整体而言，针对具有高风险、低流动性等特点的特定券种，匿名拍卖业务的推出有利于防范化解债券市场风险，进一步规范债券交易行为，提升市场透明度和流动性，助力信用债市场高质量发展。

二、北金所到期违约债券转让业务

针对到期违约债券，北金所基于多年不良资产转让业务经验，推出以动态报价为核心的到期违约债券转让机制，为银行间市场到期违约债券提供转让服务。

（一）业务内容

2019 年 4 月 9 日，北京金融资产交易所（以下简称北金所）发布公告，为贯彻中央关于“金融要为实体经济服务，满足经济社会发展和人民群众需要”的指示，落实人民银行“完善违约债券处置机制，提高违约债券处置效率，为无意参与债券重组的投资者提供退出通道，减少风险累积”的工作要求，北金所基于多年不良资产转让业务经验，推出以动态报价机制为核心的到期违约债券转让业务，为银行间市场到期违约债券提供转让服务。2019 年 12 月，人民银行发布《关于开展到期违约债券转让业务有关事宜》，明确到期违约债券应当通过银行间债券市场的交易平台和债券托管结算机构予以转让，并采用券款对付结算方式办理债券和资金结算，2020 年 1 月，北金所发布《北京金融资产交易所银行间市场到期违约债券转让业务操作指南》，进一步明确到期违约债券转让业务服务范围、业务准备及业务程序。

到期违约是指在债券发行文件中约定的到期兑付日，债券本金或利息未能得到按时足额偿付，以及因破产等法定或约定原因导致债券提前到期且债券本金或利息未能得到按时足额偿付的情形。交易中心为参与机构提供到期违约债券转让报价成交、市场监测、行情信息等服务。非金融机构合格投资人直接通过北金所参与交易中心组织的到期违约债券转让；金融机构及非法人类合格机构投资者参与北金所组织的到期违约债券转让的，应通过交易中心报价成交。

（二）交易流程

根据《北京金融资产交易所银行间市场到期违约债券转让业务操作指南》，到期违约债券转让服务具体操作流程如下（见图 7–1）。

1. 转让方提交转让申请

参与机构开通到期违约债券转让权限后，转让方按照《北京金融资产交易所到期违约债券转让及发布申请资料清单》向北金所提交《北京金融资产交易所到期违约债券转让及信息发布申请书》等相关材料，申请转让其持有的到期违约债券，列明转让底价及保证金等相关条件。

2. 北金所转让信息公示

北金所对到期违约债券标的转让信息进行信息披露，并将邮件发送交易中心同步披露。转让信息公示中对转让方信息进行匿名处理，在公示期内接受意向受让方受让申请。转让信息公示通常包括债券全称、债券简称、债券代码、债券担保情况、转让券面总额、转让底价、转让方式、自由报价期、限时报价期、保证金等信息。

3. 意向受让方提交受让申请

意向受让方首次参与受让申请的，需通过邮件向北金所备案其《到期违约债券投资内部风险管理制度》。非金融机构合格投资人直接向北金所提交受让申请，金融机构及非法人产品通过交易中心提交受让申请。

4. 意向受让方缴纳保证金

北金所对意向受让方进行资格确认。意向受让方按规定向登记结算机构缴纳保证金。

5. 北金所组织动态报价及成交

意向受让方使用指定系统平台参与动态报价环节，对拟转让标的债券进行转让，受让方可匿名参与竞价。受让方通过北金所指定的动态报价系统进行报价，在动态报价的自由报价期和限时报价期分别向交易中心提交《北京金融资产交易所动态报价线下业务委托单（自由报价期）》《北京金融资产交易所动态报价线下业务委托单（限时报价期）》，自由报价期通常为5个工作日，而限时报价期默认值为1200秒。动态报价产生中标受让方后，北金所将成交信息发送交易中心，交易中心根据以上信息生成成交单抄送北金所并传送至登记结算机构办理结算。

6. 券款对付结算

动态报价结束后，北金所通知中标受让方缴纳剩余价款，中标受让方及转让方应按照规定时间在登记结算机构以券款对付（DVP）的方式进行债券登记托管结算。

7. 转让结果披露及业务监测，并对转让双方信息作匿名处理

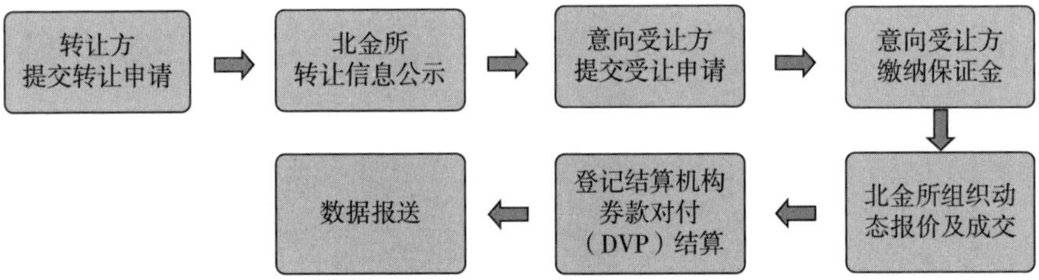

图 7-2　北金所到期违约债券转让服务流程

（资料来源：北京金融资产交易所，中诚信国际整理）

（三）小结

北金所到期违约债券转让业务具有公开、透明、合规、高效等特点。具体表现在以下三个方面：首先，北金所引入了私募基金、地方资产管理公司及非金融机构合格投资人等更多参与主体，完善多元化投资者参与结构，有效发挥市场化力量提升违约处置效率。其次，北金所通过电子化、

信息化系统，辅以全程录像、操作留痕完成竞价及定价，有助于有效防范操作风险与道德风险。最后，到期违约债券持有人采用动态报价机制公开征集标的债券受让方，动态报价机制分为自由报价和限时报价两个阶段，最终通过“竞价—价高者得”的方式确认最终受让方，动态报价机制可较广泛地吸引投资者参与标的券价格发现过程，提升信用定价有效性。

三、沪深交易所特定债券转让结算业务

针对违约债券及其他高风险债券，沪深交易所建立特定债券转让交易机制，在转让制度安排上具有一定特殊性。

（一）业务内容

2019 年 5 月，为更好地服务于债券信用风险化解处置，保护投资者合法权益，促进债券市场健康发展，根据《公司债券发行与交易管理办法》，沪深交易所联合中证登发布《关于为上市期间特定债券提供转让结算服务有关事项的通知》和《关于为挂牌期间特定非公开发行债券提供转让结算服务有关事项的通知》，针对违约债券及其他高风险债券建立特定债券转让交易制度，明确特定债券转让的受让方需为专业机构投资者。

特定债券是指在上市交易期间发生以下情形之一的公司债券（含企业债券、非公开发行公司债券，不含上市公司可转换公司债券）：（1）发行人未按约定履行还本付息义务（包括未按约定履行回售、分期偿还、加速清偿等义务，下同）；（2）发行人发行的其他债券或债务融资工具未按约定履行还本付息义务；（3）上交所为保护投资者合法权益认定的其他情形。

（二）交易流程

从交易流程看（见图 7-3），投资者可采用报价、询价、协议交易等方式按全价报价，特定债券成交价无涨跌幅限制，经上交所债券交易系统确认后成交。投资者持有的某特定债券数量少于最低申报数量的，可一次

性全部卖出。上交所的交易在上交所固定收益证券综合电子平台上进行①，在交易时间内会通过交易系统即时公布债券转让的报价信息。

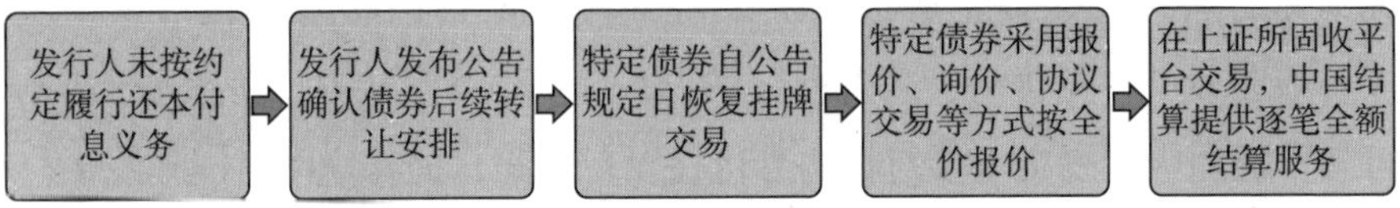

图 7-3　沪深交易所特定债券转让流程

（资料来源：上交所，深交所，中诚信国际整理）

从参与方看，特定债券转让中的受让方，应当为符合《上海证券交易所债券市场投资者适当性管理办法》《深圳证券交易所债券市场投资者适当性管理办法》等规定的合格机构投资者。

在登记结算方面，由中国结算对特定债券按照全额逐笔非担保交收方式进行清算和交收，并提供变更登记、证券持有人名册、资金偿付等相关服务，但特定债券的应计利息不予计算。

在信息披露方面，特定债券发行人除应当按规定披露定期报告以外，根据特定债券的风险特性，还需重点披露后续偿债及风险处置安排：包括在启动特定债券信用风险化解处置、达成资产处置或债务重组、进入破产程序及信用风险化解处置等节点，及时披露有关处置工作相关安排、进展情况及其对特定债券偿付可能产生的影响。

（三）小结

特定债券在转让制度安排上存在特殊性，体现在以下几个方面：一是特定债券的简称将冠以特殊标识“H”，以便于投资者识别；二是特定债券转让以全价报价，转让门槛设定为 1 张或其整数倍；三是转让价格申报无涨跌幅限制，有利于增加风险定价弹性空间。在登记结算方面，由中国结算对特定债券按照全额逐笔非担保交收方式进行清算和交收。

① 《深圳证券交易所　中国证券登记结算有限责任公司关于完善为上市期间特定债券提供转让结算服务有关事项的通知》中未披露深交所特定债券交易平台。

整体而言，交易所在原有风险及违约债券的停牌及摘牌机制基础上，特定债券转让结算服务的出台重点解决了风险及违约债券的流动性问题，一方面有利于与银行间债券市场到期违约债券转让制度形成联动和趋同；另一方面，以特定债券的特殊性为核心，在转让结算方面做出差异化安排，有利于增强特定债券价格发现及促成交易机会，加速债券市场信用风险化解、处置和出清进程，保护投资者合法权益。

第二节 违约债券转让交易情况分析

自2018年7月中国外汇交易中心首次组织开展债券匿名拍卖活动以来，截至2023年3月末，根据公开信息已达成债券匿名拍卖交易54笔，涉及发行人32家、债券41只，债项以中期票据为主，成交价格区间较广；北金所实现到期违约债券转让43笔，涉及债券22只、发行人13家，以民营企业为主，但债券成交集中度高，违约债券成交价格普遍较低；沪深交易所存量特定债券共计206只，涉及64家发行人，以民企为主，多数特定债券交易活跃度低。整体来看，我国违约债券交易机制已初步建立，但呈现交易规模较小、交易集中度较高、市场流动性不佳、存在跨市场套利空间等特点，违约债券风险定价机制也有待进一步完善。

一、同业拆借中心债券匿名拍卖业务分析

2018年7月，中国外汇交易中心组织开展了首次债券匿名拍卖活动，鄂供销“13鄂供销债”以93.5039元的价格达成交易，另有3只债券进入集中拍卖阶段但未达成交易。9月27日交易中心组织开展第二次债券匿名拍卖活动，共有22只债券进入拍卖日，58家机构（含产品）提交双向报价，43家机构（含产品）参与集中竞价，参与机构较第一次有所增

加。此外，对于集中竞价环节没有匹配成交的债券，出价的买卖双方可通过 iDeal 匿名聊天功能进行一对一匿名协商增加成交机会。自 2020 年 3 月起，交易中心匿名拍卖活动进入逐月开展的常态化模式。截至 2023 年 3 月末，根据公开信息已达成交易的匿名拍卖专场共计 25 场，披露成交结果 54 笔，涉及债券 41 只（包含带有 MD 标识的到期违约债券 13 只），涉及发行人 32 家，其中发生过债券违约的发行人有 15 家，如永泰能源、宏图高科、沪华信、华阳经贸等，也有匿名拍卖活动当期尚未违约的兰州建投、冀中能源、天津泰达等主体的高收益债券。

参与匿名拍卖的债券主体涉及行业较为广泛，民营企业和国有企业占比均衡，券种以中期票据为主，债项评级从 AAA 级至 D 级的债券均有成交。从公司属性看，32 家发行人中民营企业有 14 家，地方国有企业和中央国有企业分别有 13 家和 2 家，另有 2 家公众企业、1 家集体企业。从行业分布看，匿名拍卖债券主体涉及 12 个行业，其中综合、批发和零售业家数靠前。从券种分布看，参与匿名拍卖债券的 41 只债券以一般中期票据为主（30 只），其次为定向工具和超短期融资债券，分别为 5 只、3 只，另有交易商协会 ABN、一般短期融资券、一般企业债各 1 只。从交易时债项评级看，债项评级从 AAA 级至 D 级的债券均有成交，其中评级为 AA+级和 C 级的债券较多，均有 9 只（见图 7-4 至图 7-7）。

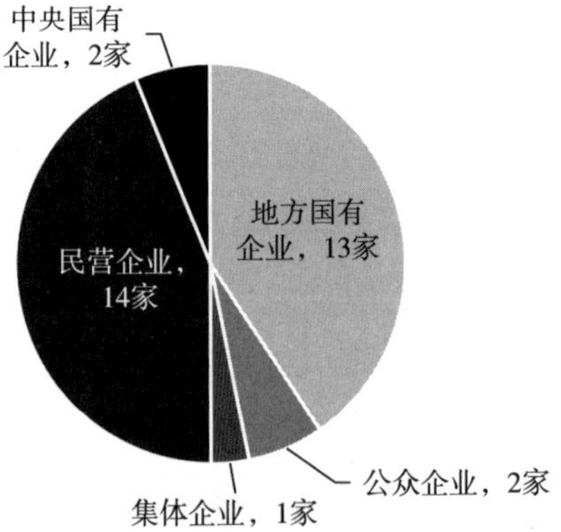

图 7-4　匿名拍卖债券不同公司属性主体家数

（资料来源：全国银行间同业拆借中心，中诚信国际整理）

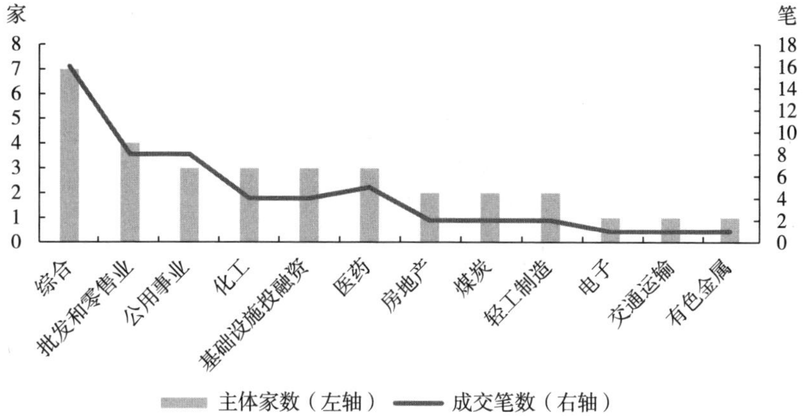

图 7-5　匿名拍卖债券行业分布

（资料来源：全国银行间同业拆借中心，中诚信国际整理）

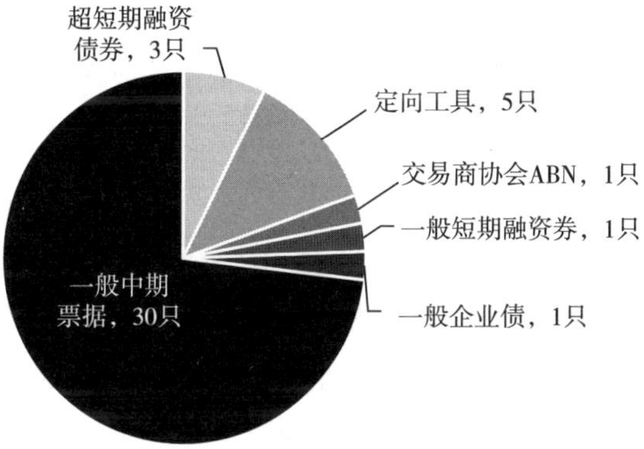

图 7-6　匿名拍卖债券券种分布

（资料来源：全国银行间同业拆借中心，中诚信国际整理）

从成交结果看，匿名拍卖债券成交价格区间分布较广泛。其中，最高成交价为营口港务“17 营口港 MTN002” 94.80 元，最低成交价来自沪华信“17 沪华信 SCP002（MD）”“17 沪华信 SCP003（MD）”，均成交于 3 元。从成交价区间来看，带 MD 标识的到期违约债券均成交在 30 元及以下，如宏图高科“15 宏图 MTN001（MD）”、中信国安“15 中信国安 MTN004（MD）”、青海盐湖“15 盐湖 MTN001（MD）”等；青国投成交价多次处于 30～60 元，活跃交投券“12 青国投 MTN3”“15 青国投

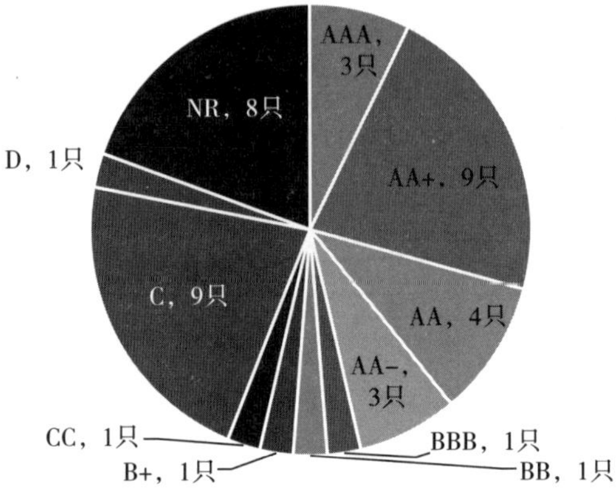

图 7-7 匿名拍卖债券评级分布

（资料来源：全国银行间同业拆借中心，中诚信国际整理）

MTN002（SPB[①]）”价格区间分布较广；此外，受永煤事件影响，冀中能源“18 冀中能源 MTN002”于 2021 年 1 月 14 日达成 35 元低价成交；启迪环境普遍交投于 60~70 元，而 70~90 元的成交主体包括春华水务、武汉当代、泛海控股、杉杉集团、兰州建投等；成交价在 90 元及以上的主体多受短期流动性扰动，如天津泰达、鄂供销等。

双向报价最高价与最低价的价差可反映交易双方对债券定价差异与博弈空间。从双向报价区间看，参与匿名拍卖债券价差（最高价-最低价）分布较广，参与者对高收益债券定价测算结果差异较大，一定程度上也反映了现阶段高收益债（及违约债券）定价机制尚在发展阶段。具体而言，价差位于［10，15）区间的交易居多，超四成的交易双向报价价差位于该区间，其次为［5，10）和［15，20）区间；价差最小值为 5 元，共成交 3 笔，分别为阳光城“17 阳光城 MTN002”、营口港务“17 营口港 MTN002”、杉杉集团“18 杉杉 MTN002”；投资者分歧最大的债券定价来自冀中能源“18 冀中能源 MTN002”，双向报价最低价为 24 元，最高价为 67.5 元，最终成交于 35 元；此外康美药业“17 康美 MTN001”、中信国安“16 中信国安 MTN002（MD）”等债券交易价差也较大，报价区间分别为［23.25，52.25］、［8.5，

① SPB 标识指特殊债券。

37.5]，最终成交价分别为25.90元、20元（见图7-8、图7-9）。

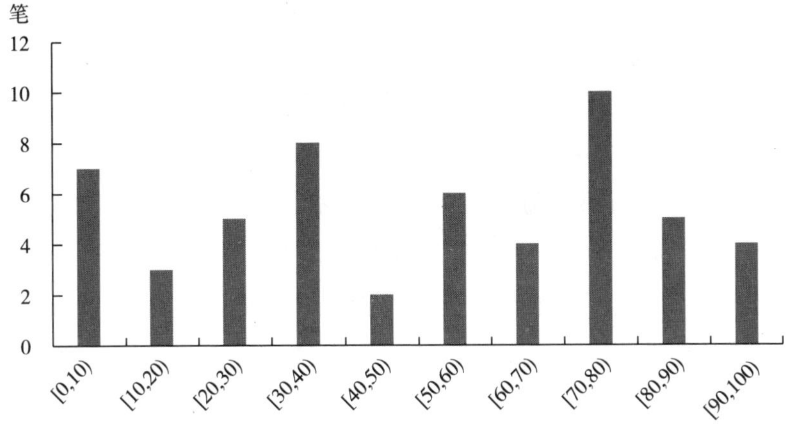

图7-8　匿名拍卖债券成交价格区间分布

（资料来源：全国银行间同业拆借中心，中诚信国际整理）

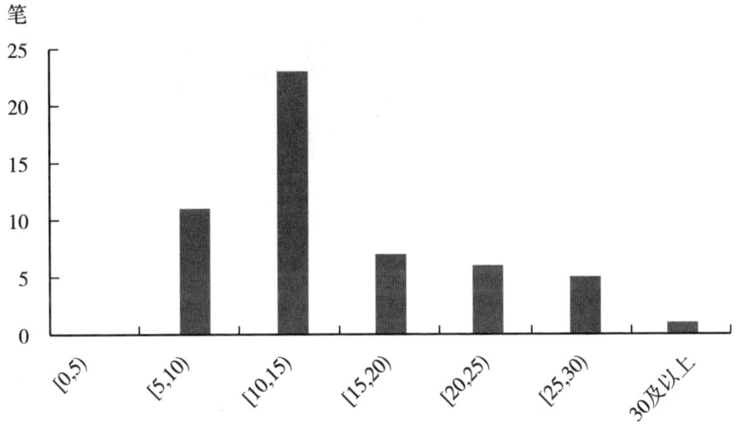

图7-9　匿名拍卖债券双向报价价差分布

（资料来源：全国银行间同业拆借中心，中诚信国际整理）

二、北金所到期违约债券转让业务分析

根据北金所公开披露数据显示，截至2023年3月末，北金所共达成43笔到期违约债券交易，转让券面总额为31.47亿元，涉及债券22只、

发行人13家；其中永泰能源、桑德环境、沪华信3家发行人违约债券交投活跃度高（合计交投笔数31笔），合计涉及债券12只，累计转让券面金额17.47亿元，到期违约债券成交集中度较高。

从发行人属性及行业看，北金所到期违约债券转让以非国有企业为主，共涉及批发和零售业、交通运输、综合等9个行业。13家发行人中共计10家为非国有企业，另有1家央企、2家地方国企。行业分布方面，到期转让的违约债券分布于批发和零售业、交通运输、综合、电子、煤炭、房地产、公用事业、文化产业、轻工制造9个行业，其中煤炭、批发和零售业涉及债券只数靠前（见图7-10、图7-11）。

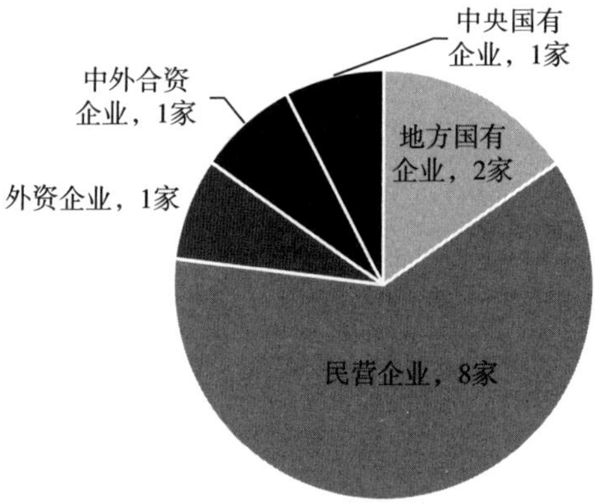

图7-10　北金所到期违约债券转让不同公司属性主体家数

（资料来源：北京金融资产交易所，中诚信国际整理）

项目转让金额方面，单笔转让金额分布区间较广，为［500万元，6亿元］，其中超八成单笔转让金额分布于［1000万元，1亿元］。具体而言，转让金额在1000万元（含）至5000万元的交易共计19笔，9笔转让金额分布在5000万元（含）至1亿元，另有12笔转让金额在1亿元及以上，其中有1笔转让金额最高、为6亿元，为2022年4月东旭集团“17东旭PPN002”，成交价格为97.33元（见图7-12）。

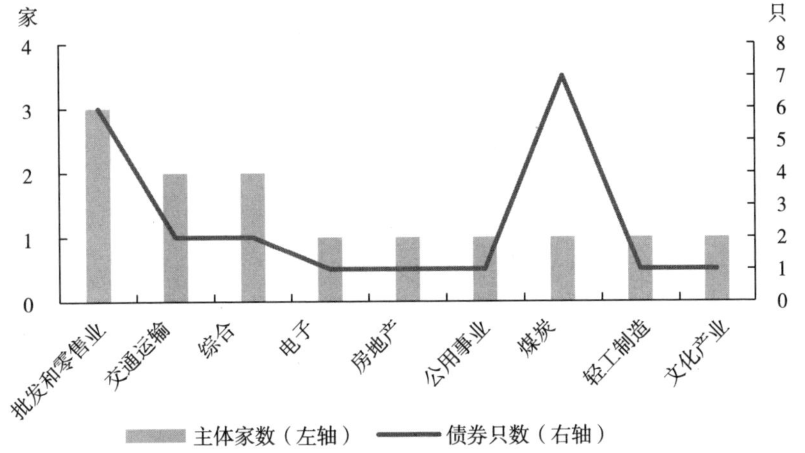

图 7-11　北金所到期违约债券转让行业分布

（资料来源：北京金融资产交易所，中诚信国际整理）

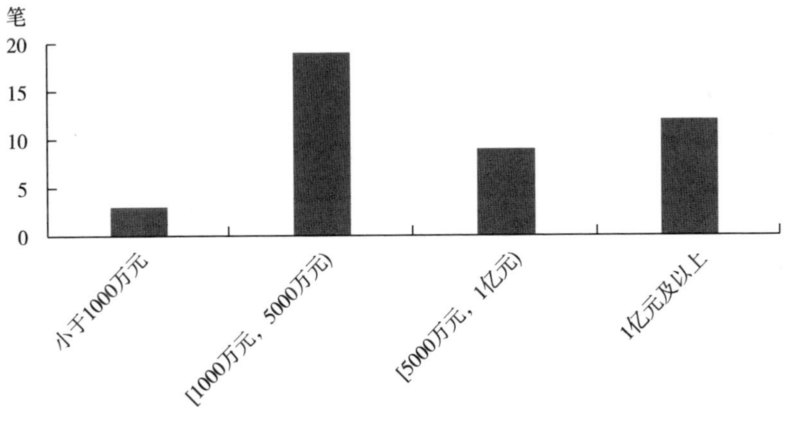

图 7-12　北金所到期违约债券转让金额分布情况

（资料来源：北京金融资产交易所，中诚信国际整理）

成交价格分布方面，到期违约债券整体转让价格偏低，超七成低于55元/百元面值，中位数及平均数在40元左右，由于跨市场交易量较少，且债券存在非市场化成交的可能性，导致跨市场交易价格具有显著差异。具体而言，成交价格20元/百元面值（含）及以下涉及16笔交易，分别来自桑德环境、华业资本、沪华信及康得投资，券种涉及短期融资券和定向工具，合计转让金额为 8.1 亿元；成交价格在 20~40 元/百元面值（含）合计 11 笔，分别来自印纪娱乐、新光控股及永泰能源，合计转让金额为 5.85 亿元；另有 8 笔交易分布在 40~60 元/百元面值（含），分别来自西王集团和永泰能源；其余 8 笔交易价格高于 88 元，主要涉及主体为大新华航空、华阳经贸、精功集团、天津航空、沪华信及东旭集团，合计转让金额 13.7 亿元。此外，部分发行人在北金所及交易中心匿名拍卖业务中均有成交，如华阳经贸、永泰能源、沪华信等发行人，但同一债项在两个交易场所价格差异极大，如沪华信“17 沪华信 SCP002” 2020 年 1 月在交易中心匿名拍卖中成交于 3 元，而在北金所分别于 2020 年 7 月成交于 10 元、2021 年 3 月成交于 95 元，价格跳升明显；而相同发行人不同债项也存在明显差异，如 2020 年 9 月华阳经贸“18 华阳经贸 CP002” 于交易中心匿名报价系统成交于 5.01 元，而同年 11 月 “18 华阳经贸 CP001” 于北金所成交于 95 元（见图 7-13）。

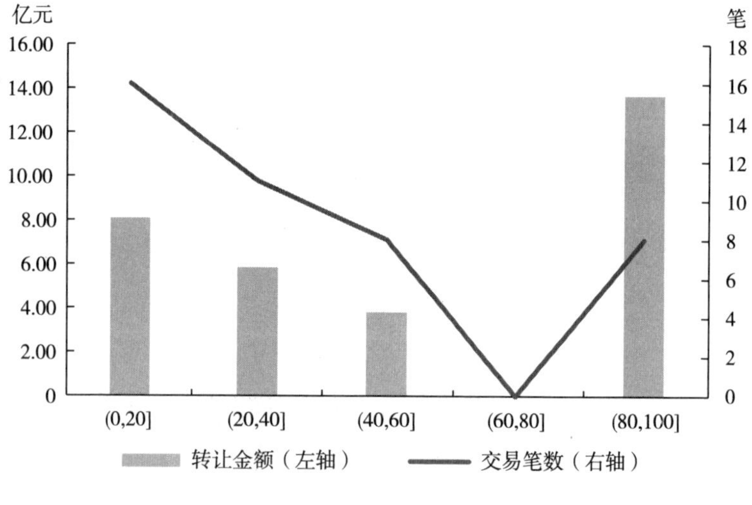

图 7-13　北金所到期违约债券成交价格分布情况

（资料来源：北京金融资产交易所，中诚信国际整理）

三、沪深交易所特定债券转让业务分析

交易所市场方面，共有 64 家发行主体的 206 只债券作为特定债券进行转让。根据 Wind 等公开信息筛查出债券简称前冠以“H”字样或根据交易所公告确认为特定债券，截至 2023 年 3 月末，存量特定债券合计 206 只，其中一般公司债 150 只，非公开发行公司债 48 只，一般企业债 5 只，另有 3 只可交换债；存量特定债券余额 1674. 06 亿元，涉及发行人 64 家，其中华晨汽车、龙光控股、金科地产等发行人涉及债券只数较多。

发行人属性及行业方面，交易所特定债券发行人多为民营企业，涉及行业较多，其中房地产、批发和零售业靠前。从公司属性看，64 家发行人中有 48 家民营企业，7 家地方国企，5 家中外合资企业，3 家外资企业，1 家中央国有企业（见图 7-14）。从行业分布看，特定债券主体涉及 15 个行业，其中房地产、批发和零售业、建筑行业主体家数较多（见图 7-15）。

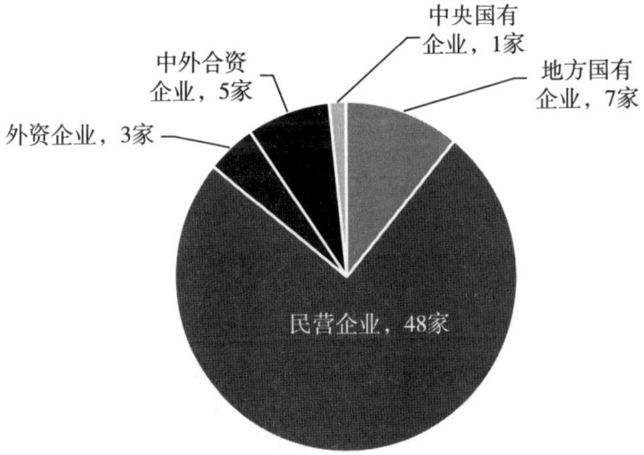

图 7-14　特定转让债券不同公司属性主体家数

（资料来源：Wind，中诚信国际整理）

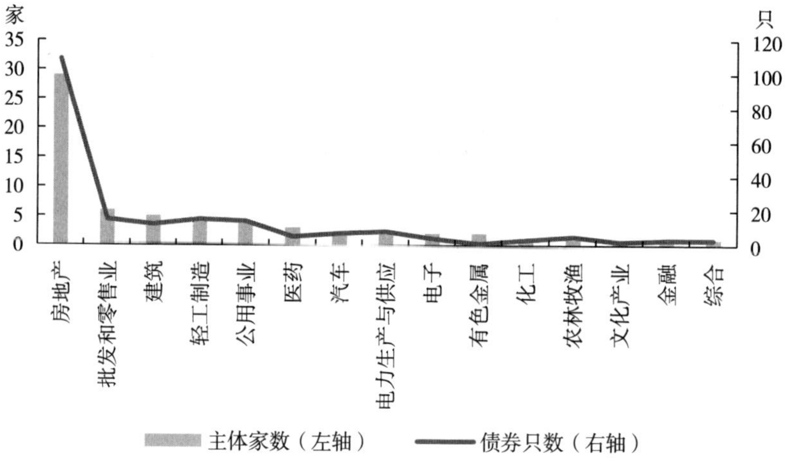

图 7-15　特定转让债券行业分布

（资料来源：Wind，中诚信国际整理）

从成交情况看，特定债券交易活跃度偏低，实际成交量不大，以泰禾集团、凯迪生态、天广中茂、吉林利源等发行人为主。以发行人转为特定债券的交易公告日①至 2023 年 3 月 31 日为交易区间看，超七成特定债券尚未达成交易，约两成特定债券交易天数小于 10 天，整体看，特定债券交易活跃度偏低。从统计区间的交易金额看，有成交的特定债券中，八成以上数量的债券区间交易金额不足 2 亿元，实际成交量较小。从交投相对活跃的特定债券主体看，主要是泰禾集团、凯迪生态、天广中茂、吉林利源等发行人，以泰禾集团"H6 泰禾 03"为例，自 2020 年 9 月 3 日该债券确定为特定债券交易至 2023 年 3 月 31 日，区间交易 272 天，累计成交金额 4.66 亿元，单日成交金额中位数为 27 万元，收盘价波动明显，区间最高收盘价（净价）出现在 2020 年 11 月 9 日，成交于 75.33 元，区间最低收盘价（净价）出现于 2023 年 2 月 21 日，成交价为 1 元，多数时期净价在［20 元，40 元］区间波动（见图 7-16）。

① 对于无公告的特定债券，以债项简称变更日为准。

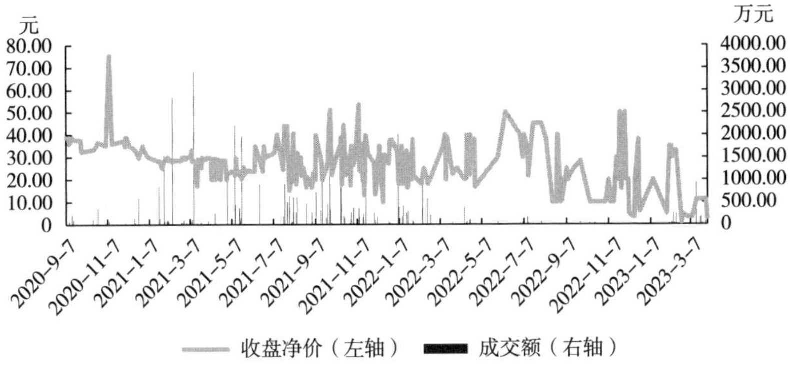

图 7-16 "H6 泰禾 03"特定债券交易情况

（资料来源：大智慧，中诚信国际整理）

总体而言，目前我国已初步形成"全国银行间同业拆借中心——违约债券匿名拍卖业务""北京金融资产交易所——到期违约债券转让业务""沪深交易所市场——特定债券（违约债券）转让业务"三种模式的违约债券交易机制。从违约债券交易实践情况看，目前我国违约债券市场容量较小，呈现流动性差、交易不活跃、跨市场价格存在明显差异等特征，而且由于我国违约历史较短、回收率历史数据积累不足，违约债券风险定价难，未来在促进违约债券处置进展、增强违约债券风险定价、健全违约债券信息披露制度等方面仍有较大提升空间。

第八章

中国债券市场违约回收率及国际比较研究

近年来我国债券市场违约风险持续暴露，违约及回收处置案例增多，违约回收率估算体系建设及风险定价机制的进一步完善逐步受到市场关注。与国际市场相比，我国债券市场违约处置过程中仍存在违约债券兑付进展缓慢、回收数据及案例积累不足等问题。本章从我国回收率估算基础体系研究入手，归纳梳理国内外债券市场违约回收情况及回收率的特征，通过对比分析当前我国违约债券回收方面存在的短板，并从中得到经验与启示，为后续提出相关建议指明方向。

第一节　回收率的基本概念与测算方法

违约债券的处置回收是信用风险管理的重要内容，尤其是近年来随着我国债券市场违约事件的持续暴露，处置回收案例也在逐步增加，信用风险定价也应从主要关注违约率逐步拓展到形成以违约率与回收率为核心的全面信用风险定价机制。但由于偿付方式的多元化、违约处置协议的复杂性以及回收过程的不确定性，在实践中，回收率的准确估量通常具有较大难度。本节将从回收率的基本概念以及测算方法、模型等方面进行分析研究，为进一步完善我国债券市场回收率估算体系提供思路。

一、违约债券回收率定义及测算

回收率通常用债务工具违约后债权人所能获得的货币数量与债务面值的百分比表示，可用来衡量损失的严重程度，即回收率越低，债务违约给债权人带来的损失越大。回收率的大小不仅受债务人信用能力的影响，还受宏观经济周期、行业特点、破产制度、债务条款等方面影响。一般来讲，抵押、担保等传统增信方式以及信用风险缓释合约、凭证等信用风险缓释工具的应用，可在一定程度上减少债务人损失、增加回收率。在实践中，违约债券回收率有多种计算方式，包括以最终回收金额计算回收率、以违约后债券交易价格估算回收率等。

（一）以最终回收金额计算回收率

国际三大评级机构通常采用多种方式计算回收率，以最终回收金额计算回收率（最终回收率）是其中较为常见的方法。最终回收率是指债券持有人在违约债券兑付完成时获得的金额（最终回收价值）的折现价值除以违约日的未偿还本金。该方法通常以清算过程中产生的一系列现金流的现值与风险暴露为基础确定回收率，主要涉及两个方面①：一是清算现金流的数额及其回收时间分布的合理估计；二是选择合适的折现率作为违约债务工具现值的计算基础。最终回收率的优点是不需要市场交易数据，不受市场情绪、流动性等因素影响。但同时该方法也存在缺点，即违约债券处置方案通常较为复杂，可能包含现金清偿、债转股、以物抵债等多重清偿方式，资产价值评估难度较大，测算结果与最终获得的货币价值可能存在差异。

（二）以违约后债券交易价格估算回收率

违约债券转让机制是实现违约债券市场化退出的重要渠道，通过将违约债券折价转让给风险偏好更高的投资者，实现风险与收益的传递，国际三大评级公司通常也采用违约后债券交易价格估算回收率（交易回收率）。交易回收率通常以实际违约事件发生后违约债券的二级市场交易价格为基础确定回收率，由于数据来自市场真实交易结果，交易价格或已反映出投资者对违约债券最终回收结果的预期，因此在理想状态下，交易回收率能够较为准确地反映出债务工具的公允价值。与最终回收率相比，交易回收率所需数据标准化程度高且获取难度相对较小。同时，交易回收率的测算对债券市场成熟度、二级市场流动性等要求相对较高，若违约债券交易活

---

① 参考《经济发展、区际非均衡增长与债务风险》。

跃度较低、投资者风险偏好趋同，交易价格对回收率的参考作用将大打折扣。

就国际市场而言，在长期的实践过程中，美国高收益债券市场运行机制相对完善，违约债券交易市场也较为成熟，交易价格通过公开渠道更容易获取，因此交易回收率广泛应用于国际评级机构回收率测算中。穆迪研究结果显示，违约后 1 个月的交易价格对最终回收率的估算效果相对较好，其原因有以下几点：一是市场能够有足够的时间反映企业违约信息；二是违约短期内债券报价较为单一，或不能反映公允价值；三是这一时期最符合投资者利用违约债券进行交易的目标。同时，穆迪也指出由于数据的可获得性，数据库中所统计的该时间区间是不固定的，通常使用公司发行的公开债务首次违约时间后的 15~60 天内的市场报价作为最终回收率计算的替代。此外，穆迪研究结果也显示回收率的概率分布一般呈现双峰分布，即回收率位于高位（80%左右）以及低位（20%左右）的分布均较多，因此利用历史交易数据估算回收率存在一定的局限性。

（三）国内违约债券回收率测算方法

目前国内关于违约债券回收率的测算大多借鉴国际三大评级公司的方法，包括利用最终回收价值、交易价格等，但由于我国违约债券交易市场容量较小，违约债券交易较不活跃，价格较为离散，实践中交易回收率的应用相对较少。李晓庆等（2006）认为对于违约债券回收率的测算可采用两种方法：一是清算回收率，即利用违约债券的回收价值计算回收率；二是价格回收率，即通过违约债券的市场价格估计回收率，并认为该种方式仅适合于金融市场化程度较高、违约债券交易市场较为发达的国家和地区。刘逸凡等（2020）针对不同债券类型采用不同方法测算回收率，对于已经结束偿付流程的违约债券，利用“偿付本息/逾期本息”公式测算回收率；对于未结束流程且无偿付记录的违约债券，借鉴穆迪方法通过交易价格估算回收率。

本书主要以最终回收金额计算回收率，由于实践中违约债券偿付方式较多，涉及现金清偿、债转股、以物抵债、留债、债权转让等多种方法，除现金清偿方式下的债券回收期及金额等相关信息大多公开披露外，其余偿付方式下回收期普遍较难明确，且很难以金额衡量债券整体的回收情况，因此本文回收率的计算主要基于违约债券回收公开披露信息中的现金偿付金额，且不考虑现金流折现。

二、回收率估计模型

在实践中，对于已违约债券回收率的测算主要基于回收价值、交易价格等。对于未违约的投机级债券回收率的研究则更侧重于模型估计，是信用风险管理的重要内容以及回收率评级的基础。本节通过研究分析回收率估计模型，为我国建立完善回收率评级等提供思路。

（一）利用单因素模型估计回收率

单因素回收率估计模型是由 Frye① 建立的由单个系统性风险因素驱动的回收率模型，其数据来源于穆迪违约风险数据库。

Frye 模型认为公司 j 会受到两个因素的影响：一是系统性风险因素 X 的影响，在对公司 j 产生影响的同时也将影响其他公司；二是仅影响公司 j 的独立性因素 Y_j，系统性风险因素 X 和独立性因素 Y_j 将共同决定企业 j 的资产收益率 A_j。

$$A_j = pX + \sqrt{1-p^2}\,Y_j \tag{8-1}$$

其中，假设 X 和 Y_j 相互独立且服从标准正态分布，从而 A_j 也服从标准正态分布。p 代表系统性风险因素 X 对发行人群体的影响程度，若 p 值很低（接近零），那么发行人与经济等宏观因素几乎没有任何关系。在此经济环境下，独立性因素对发行人的重要程度远高于系统性风险因素。同

① Frye J. Depressing Recoveries［J］. Risk－London－Risk Magazine Limited，2000，13（11）：108-111. 闫衍．经济发展、区际非均衡增长与债务风险［M］. 北京：社会科学文献出版社，2019：366-384.

样，若 p 值很高，那么每个发行人受整体经济运行影响均较大，因此 p 值较高的经济体将面临明显的信贷周期。

同时，该模型认为当公司资产价值降至阈值以下时就会违约，即若 $A_j < \varphi^{-1}(PD_j)$，则 $D_j = 1$，否则 $D_j = 0$，其中 D_j 为违约事件，PD_j 为公司 j 的违约概率。

在已知系统性风险因素 X 的情况下，根据大数定律，观察到的违约频率为条件违约概率，即

$$DF_j = P[A_j < \varphi^{-1}(PD_j) \mid X = x]$$

$$= P\left[px + \sqrt{1-p^2}X_j < \varphi^{-1}(PD_j)\right]$$

$$= P\left[X_j \frac{\varphi^{-1}(PD_j) - px}{\sqrt{1-p^2}}\right] = \varphi\left[\frac{\varphi^{-1}(PD_j) - px}{\sqrt{1-p^2}}\right] \qquad (8-2)$$

而对于回收情况，该模型认为回收率公式类似于式（8-1）中的资产收益率公式。在违约事件 j 中，回收率取决于系统性因素 X 以及特殊因素 Z_j，其中特殊因素 Z_j 只影响违约事件 j 的回收率，其公式为

$$R_j = \mu_j + \sigma qX + \sigma\sqrt{1-q^2}Z_j \qquad (8-3)$$

其中，假设 X 和 Z_j 相互独立且服从标准正态分布，R_j 也服从均值为 μ 及标准差为 σ 的正态分布。参数 μ、σ 和 q 可解释为数量、质量以及回收敏感度。敏感度 q 表示系统性因素对回收率的影响程度，$Corr(R_j, X) = q$。

式（8-2）要求已知债券发行人的违约概率，这个概率根据具有相同穆迪评级的发行人长期平均的年违约率进行测算，并利用最大似然法估计参数 p。在已知 p 后，可根据式（8-2）确定 X 的水平，然后结合回收数据以及其他公式等，估计其他参数，从而完成模型建立。

（二）利用穆迪 LossCalc™ 模型①估计回收率

穆迪利用美国市场上 1800 多个违约观测数据，涵盖了各行业中 900

① 闫衍．经济发展、区际非均衡增长与债务风险［M］．北京：社会科学文献出版社，2019：366-384．

多家违约上市企业和非上市企业，针对美国债券、贷款等违约损失率建立了涵盖立即违约和 1 年后违约两种情形的估计模型，即 LossCalc™ 模型。LossCalc™ 模型是动态模型，其预测综合考虑了宏观周期、企业特征等因素的影响，能够更为准确地预测违约损失率 LGD（等于 1−回收率）水平。而立即违约和 1 年后违约两种损失率估计也更好地满足了不同投资者风险管理等需求。

穆迪 LossCalc™ 模型的核心是利用历史数据建立多元回归统计模型，其中被解释变量为债务工具的回收率，而解释变量通常为影响债券回收的各类因素，模型中主要包含债务类型、公司资本结构、行业特征、宏观经济环境四大类，具体如下。

（1）债务类型和偿还优先级：按债务类型（贷款、债券和优先股）估算的 LGD 历史平均值等；

（2）公司资本结构：债务优先级，资产负债率；

（3）行业特征：公司所在行业的移动平均回收率等；

（4）宏观经济环境：一年期违约概率中位数、穆迪破产债券指数（即破产债券的价格指数）、投机级债券违约率、主要经济指标变化等。

对上述数据进行处理，可建立如下模型：

$$r = \alpha + \beta_1 x_1 + \beta_2 x_2 + \cdots + \beta_k x_k \tag{8-4}$$

其中，x_i 为数据处理后的解释变量，包含资产负债率、主要经济指标变化、平均回收率、违约概率等指标；β_i 为回归系数；r 为标准化回收率估计，需进一步转化为货币形式，即将贝塔分布变换的倒数应用于贷款、债券和优先股这三种情况。

根据穆迪 LossCalc™ 模型，解释变量之间的相关性较小，且预测结果在统计上是显著的，四类影响因素在预测回收率的贡献有所差异。其中，债务类型和优先级对预测回收率的贡献度最高，约为 37%，宏观经济环境、行业特征、公司资本结构的贡献度分别为 26%、21%、16%。同时，根据结果显示，模型预测误差相对较低，预测值与实际数值之间的相关性较为显著，且模型预测结果优于传统历史平均方法，可用作回收率估计的工具。

（三）利用企业价值评估法估计回收率

国际三大评级机构均建立了以回收率为核心的投机级债券评级体系，其中标普和惠誉对投机级债券的评级过程较为类似，均是基于企业价值评估法测算回收率，从而得到投机级债券评级。具体来看，回收率估算过程如下①：

1. 评估企业价值

从标普的方法看，评估企业价值首先需要判断企业是持续经营还是破产清算，在持续经营状态下，通常采用 EBITDA 倍数法（EBITDA Multiple Valuation），即

$$\text{公司价值}\ (EV) = Emergence\ EBITDA \times EBITDA\ \text{倍数}$$

$$Emergence\ EBITDA = Default\ EBITDA\ proxy \times (1+\text{周期性调整})^{②}$$

而在破产清算情形下，通常采用离散资产估值法（Discrete Asset Valuation，DAV）。在此方法下，由于资产负债类型及结构、行业特点、当地市场标准的估值方法、估值数据的可使用性、会计报告及计量准则、法律和监管政策等存在差异，资产估值有所不同。在使用 DAV 法需要考虑以下因素：

（1）折旧系数：假设的违约时点前，固定资产折旧情况；

（2）变现系数：企业陷入债务困境时，资产估值和出售将面临较大挑战，从而导致资产价值大幅下跌。此外，如果销售成本较高，也将纳入资产贬值考虑。

---

① 袁海霞，彭月柳婷，王晨．从海外回收率模型看高收益债定价［J］．金融市场研究，2023（5）：66-75.

② Emergence EBITDA：假设企业发生违约，后续通过重组等方式继续经营的价值。

Default EBITDA Proxy：企业持续经营并履行其固定义务所需的最低 EBITDA，包括维持企业运营的最低资本支出、假设违约年的利息支出、假设违约年的本金摊销金额，以及养老金等其他需要支付的债务。

周期性调整项：对于周期性企业，行业景气度下行是导致企业违约的重要因素，后续或随着行业景气度上行而增加企业价值，故增加周期性调整项，该项通常位于0~15%。

EBITDA 倍数：根据标普实证分析，EBITDA 倍数通常在 $5x \sim 6.5x$。但 EBITDA 倍数不是固定的，综合考量未来违约可能性、估值、实际回收率等，会对该值进行修改。

此外，对于房地产、油气等行业，标普通常使用针对行业特点而制定的特殊行业法对企业价值进行评估。

与标普首先判断企业经营状态、然后计算企业价值不同，惠誉首先计算持续经营和破产清算两种方法下的企业价值，选较高者作为企业价值最终结果。在持续经营情形下，惠誉通常也采用 EBITDA 倍数法，同时也会考虑现金流折现法（Discounted Cash Flow，DCF）、交易资产价格法（Traded Asset Valuation）等其他方法。如果有足够的信息可以得出未来现金流的合理估计，惠誉将使用 DCF 法估算企业价值，但在实践中这种情况并不常见。同时，对于某些资产交易较为活跃的行业，如石油、天然气等，可根据商品价格、生产水平以及开发成本预期评估企业价值，即交易资产价格法。在破产清算情形下，惠誉通常根据市场环境和企业特点，确定各类资产折现率，如应收账款折现率一般为 20%，存货折现率一般为 50%。

2. 估算风险敞口

为更准确地估计企业回收情况，标普和惠誉往往通过分析、调整企业债务结构等，对假设违约时点的风险敞口进行测算。以标普为例，假设违约时点的风险敞口通常包含债务以及非债务债权等。其中债务指的是假设违约时点的未偿还的本金和利息，而非债务债权通常包括养老金计划、融资租赁等。非债务债权的风险敞口规模很大程度上取决于企业是持续经营还是破产清算，根据标普统计，由于持续经营情形下的某些或有负债通常不需要立即偿付，因此其风险敞口金额往往低于破产清算。

3. 按债务求偿顺序分配，估算回收率

标普和惠誉均采用“瀑布式”方法分配企业价值，即根据债务条款、适用法律、清算规则、市场惯例等决定债务优先级次序，并以此分配企业价值。如标普在分配企业价值时，通常会优先分配行政费用（如法律费用、财务费用等），并将有留置权的担保债务求偿顺序排于无担保债务之前、子公司债务优先于母公司偿还（子公司未对母公司的债务提供担保）等。同时，在确定企业价值分配顺序后，可根据债券分配的价值除以未偿还债券本息，即可得到回收率。此外，根据回收率，可得到对应的回收率评级，同时综合发债主体评级等因素，对上述评级进行加减调整，得到最终债项评级，完成债券定价。

第二节　中国违约债券回收率分析

近年来，随着债券市场违约处置机制的不断完善，国内违约债券处置效率呈现不同程度的提升，但违约回收进度依旧较为缓慢。考虑回收数据的可获得性，本节主要分析债券市场公开披露现金偿付情况的违约债券，从违约债券回收情况、回收周期以及中诚信国际回收率三个维度展开分析。

一、中国债券市场违约债券回收概况及回收周期

（一）中国债券市场违约债券回收概况

从违约债券回收①效率来看，我国债券市场违约债券资金回收进度整体较为缓慢，且回收时长不确定性较高。自 2014 年以来，随着债券市场违约风险的逐步释放，违约债券规模逐年递增，但违约债券兑付规模增速远不及新增违约规模，累计违约债券兑付规模在累计违约规模中占比整体呈现下降趋势。据不完全统计，截至 2023 年第一季度末，债券市场违约债券共计 768 只，累计违约规模 6603. 39 亿元，其中完全兑付或部分兑付的违约债券共计 85 只，占比为 11. 07%，已兑付的违约债券规模为 476. 46 亿元，占比仅 7. 22%（见图 8-1）。

---

① 本章节中违约债券回收相关数据主要采用公开市场披露数据进行统计测算。

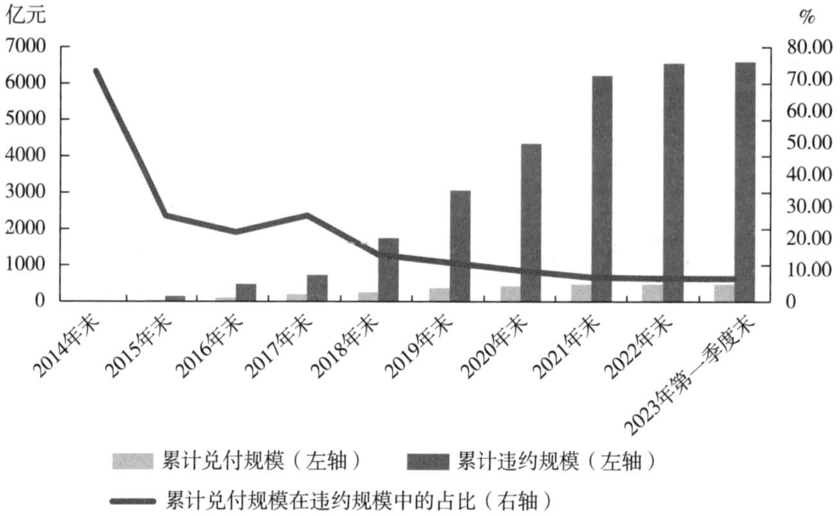

图 8-1　各年度累计兑付规模在累计违约规模占比

（资料来源：中诚信国际违约数据库）

（二）违约债券回收周期情况

从违约债券回收周期①来看，近年来随着采用司法途径方式处置债券的案例增加，违约债券回收周期有所拉长。自债券市场发生公开市场违约以来，2014 年、2020 年完成兑付债券数量较少，兑付周期普遍较长，当年完成回收的债券平均②回收周期分别为 166 天和 237 天。2015—2019 年回收周期均值在 100 天以内，具体来看，2015 年中位数为 69 天，与平均数 73 天相差不大，而 2016—2019 年兑付周期平均数在 7~99 天，中位数在 3~14 天，在此期间违约债券兑付周期普遍较短，且不同债券兑付周期差距较为显著。2021 年因统计年度内兑付债券普遍为前期违约并采用债务重组或破产重整等需要较长时间完成处置的债券，完成兑付债券的年度平均回收周期及中位数均达到历史最高值。如亿阳集团和山东山水相关债券兑付周期达到 980~2050 天，进而使得年度平均回收周期达到 1140 天

① 回收周期是指完成全额兑付债券的最终兑付日期与该债券首次违约事件的间隔天数。

② 2014 年、2020 年回收周期的平均数和中位数相等。

（见图 8-2）。

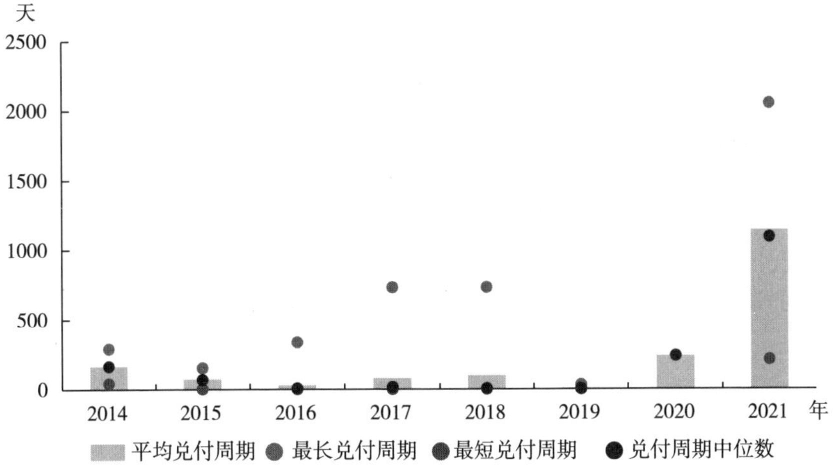

图 8-2　债券市场完成兑付债券的回收周期有所拉长①

（资料来源：中诚信国际整理）

自 2022 年以来，多家发行人依据上清所规定注销相关银行间市场违约债券，但由于相关被注销的违约债券尚未公开披露债券现金兑付情况，故未包含在本章节回收数据计算统计口径内。根据《操作指引 2022》中的第八条、第九条②规定，发行人与持有人协商一致或重整计划执行完毕，可向上清所申请全部或部分注销相关债券，如华夏幸福③、天津航空、海南航空控股、凤凰机场和美兰机场④等发行人均在与持有人协商一致或

① 截至 2023 年 3 月末，债券市场公开披露信息尚未有违约债券于 2022 年至 2023 年 3 月进行现金偿付，故此部分数据统计时间为 2014—2021 年。

② 《银行间市场清算所股份有限公司债券违约及风险处置操作指引（2022 年修订版）》第八条　发行人与持有人协商以其他方式履行还本付息义务，持有人根据有关规定就所持债权在金融机构债权人委员会决议机制下达成债务重组协议，或发行人进入破产程序后申请注销全部或部分债券份额的，发行人与愿意注销债券的持有人应提交相关申请材料。第九条 发行人进入破产程序后，法院裁定通过重整、和解或清算方案并执行完毕的，发行人可申请对其全部债券进行注销。

③ 华夏幸福与“17 幸福基业 MTN001”的部分持有人协商一致，同意在上清所注销已签署重组协议份额，并获得登记托管机构批准，于 2022 年 9 月末完成相关部分持有人份额的注销。

④ 2022 年 4 月，法院裁定确认海航集团等 321 家公司合并重整案的重整计划已执行完毕，8 月末天津航空、海南航空控股、凤凰机场和美兰机场分别向上清所申请并完成银行间市场相关所有违约债券的注销工作，共计 18 只。

重整计划执行完毕后，向上清所申请并完成银行间市场相关的所有违约债券的注销工作，共计注销债券 19 只。

从不同处置方式的回收周期来看，不同处置方案落地后回收期限差异较大。第三方代偿和发行人自行偿付的回收周期较短，而破产重整和债务重组的回收周期则相对较长。具体来看，在已完成回收的违约债券中，第三方代偿和发行人自行偿付的平均回收周期分别为 21 天和 86 天，主要由于这两种处置方式流程相对简单、处置周期短。而破产重整的处置流程较为烦琐、处置时间较长，故采用此类途径完成兑付的债券平均回收周期也有所拉长，为 794 天。债务重组平均回收周期为 982 天，主要是受 2021 年完成兑付的山东山水债务重组推进时间较长影响，回收周期平均水平被拉高（见图 8-3）。

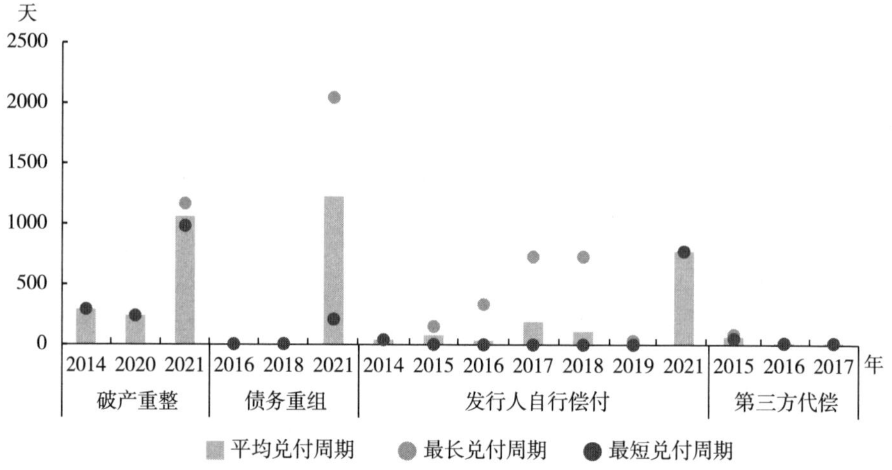

图 8-3　不同类型处置方式回收周期情况

（资料来源：中诚信国际整理）

二、中国债券市场违约债券回收率测算

（一）违约债券回收率测算相关研究

由于我国债券市场起步较晚、债券违约历史较短，违约债券样本数据

量较少，国内关于违约债券回收率的研究多为影响因素、定性层面的分析，对于违约债券回收率的计量模型测算和实证方面的研究仍有不足。但随着债券市场违约的常态化发展、违约债券的增多，市场对违约债券处置效率及违约债券回收率的关注度逐渐提升，相关性研究也有所增加。在近3年的回收率相关研究文献中，刘逸凡等（2020）① 针对不同阶段的偿付进展分别对违约债券回收率进行计算，其中对于已经结束偿付流程的违约债券，通过利用“偿付本息/逾期本息”公式测算最终回收率。测算结果显示，截至2019年8月末，35只结束偿付的违约债券总体最终回收率高达98.39%，其中，有30只违约债券的回收率超过100%②。标普信评（2023）③ 以公开披露回收信息的公募债券为样本数据，利用“预计全部收到的现金总额/债券违约日的债券余额”计算现金回收率④，其中对于以破产重整等方式进行债券处置的，以重整方案中计划的现金回收情况为统计口径。根据标普信评数据显示，目前我国违约债券的回收率处于较低水平。从有披露债券处置方式的近300只违约债券的回收情况看，截至2023年3月末，大约有70%的债券的预计现金回收率小于10%，仅有不到15%的债券预计实现全部现金偿付。从债券的实际现金回收率情况来看，约有80%的债券现金回收率小于10%，现金回收率在10%~30%的债券数量占比仅为2%（预计现金回收率在10%~30%的占比约为12%），现金回收率较低。中泰证券（2023）⑤ 针对违约债券的偿付情况按照规模和数量分别制定了回收率和偿付率⑥两个指标，其中回收率同样采用“回收规模/违约规模”的方式计算，并进一步根据回收规模的统计口径的不同

---

① 刘逸凡，王志雄，孙海容．中国违约债券的回收率问题探究［J］．债券，2020（3）．

② 相关文献中说明回收率在100%以上，是因为偿付金额中含有展期利息。

③ 李丹，钟晓玲．违约债券处置回收知多少［R］．标普信评，2023．

④ 仅统计债券投资人现金回收部分，债转股等方式不考虑在内。如果债券以破产重整、破产清算、债务重整等方式进行，以重整方案中的计划偿付现金为准。如果债务人提供多种方式供债权人选择，按照多种方式加权平均计算回收率。此现金回收率仅统计债券本金回收部分，利息相关部分均不考虑。

⑤ 肖雨，赖逸儒．哪些违约债券回收率高？［R］．中泰证券，2023．

⑥ 偿付率=偿付数量/违约数量。

具体细分为本金回收率（违约规模为违约日之后发行人偿付的本金金额）和最终回收率（违约规模为违约日之后偿付本金和利息的金额总和）。报告表示，有偿还进展的违约债的回收率呈两极分化分布。截至 2023 年 6 月末，本金回收率小于等于 10%和等于 100%的债券占比较高，分别为 43%和 42%，其中单只债券本金回收率达 100%的共有 66 只，在所有违约债券中占比为 7%。若从整体偿付情况来看，在其统计的样本数据中有 159 只债券在违约后进行偿付，累计偿还规模约 629 亿元，相比违约数量与违约规模而言，占比偏低，整体偿付率和回收率分别为 17%和 4%。通过以上文献对比可以看出，目前国内对于违约债券回收率的测算普遍采用回收本金与违约规模相比的方法。但由于公开市场获取信息渠道以及样本数据统计口径的差异性，导致最终回收率的测算结果存在较大的差距。国内违约债券的回收率相关研究仍存在完善空间。

（二）中诚信国际违约债券回收率测算

目前我国违约债券回收率①整体保持在较高水平。从公开披露违约主体的兑付情况来看，除个别违约主体相关债券回收率相对较低外，我国违约债券普遍实现全额回收，截至 2021 年末②，违约债券平均本金回收率约 90%。从历史趋势来看，2014—2016 年完成兑付的违约债券，本金均实现全额回收，2017 年本金回收率降至 84%，随后呈现逐年回升的趋势。主要原因是受东北特钢兑付方案的影响，2017 年东北特钢完成破产重整，其重整计划为普通债权人每家 50 万元以下的部分将根据债权人意愿 100%清偿，超过 50 万元部分，债券类普通债权人可以选择一次性 22%的现金清偿或者选择债转股。根据兑付方案测算，东北特钢相关违约债券的

① 在实践中，违约债券偿付方式主要涉及现金清偿、债转股、以物抵债、留债、债权转让以及组合式清偿方式，其中现金清偿方式下的债券回收期及金额等相关信息普遍公开披露，但其余偿付方式下回收期普遍较难明确，且很难以金额衡量债券回收情况。本书中违约债券回收相关数据主要采取公开市场披露数据进行统计测算。

② 截至 2023 年 3 月末，债券市场公开披露信息尚未有违约债券于 2022 年至 2023 年 3 月进行现金偿付，故此部分数据统计时间为 2014—2021 年。

回收率约为22%，使得2017年平均本金回收率阶段性回落（见图8-4）。

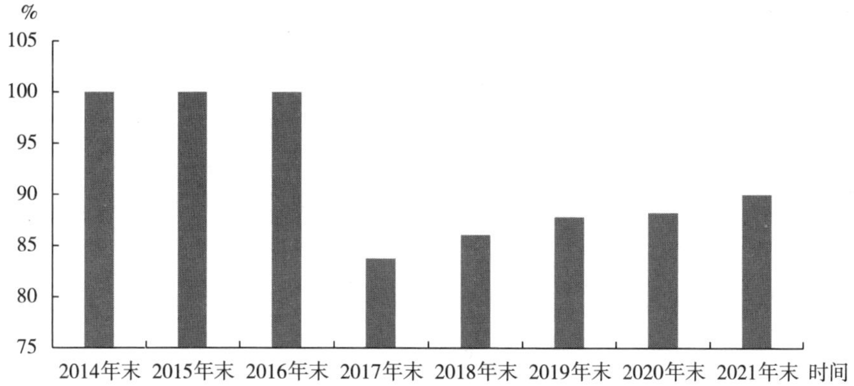

图8-4　截至各年度末违约本金平均回收率

（资料来源：中诚信国际整理）

第三节　违约债券回收率的国际比较

经历多年的探索与发展，海外债券市场已积累了丰富的违约处置回收案例及违约回收数据库，在此基础上，三大评级机构逐渐建立起针对投机级债券的回收率评级模型，有效提升了高收益债风险定价有效性。然而，相较于国际市场，我国债券市场打破刚兑年限较短，尤其在违约处置机制仍存在一定短板，违约债券兑付进展依旧缓慢，回收数据及案例积累不足，总体上违约债券回收率与海外债券市场呈现明显差异。本节首先分析了国外债券市场回收率的特征，结合上节内容，对国内外违约债券回收情况进行了对比，最后针对当前我国违约债券回收中存在的短板总结三方面启示。

一、国外债券市场违约回收率的特征

(一) 回收率吻合“绝对优先权”规则

国外违约债券回收率基本吻合“绝对优先权”规则，即债券优先级越高，回收率越高。理论上，回收率受债务偿付顺序及结构影响，而债务偿付顺序主要取决于是否有担保及债务的从属关系。对于有担保的债务，拥有对应资产的留置权，回收率通常高于无担保债项；而对于无担保债券，根据从属关系，只有优先级债务得到全额偿付后，次级债务才能获得偿付，故优先债券的回收率通常会高于次级债券。

根据穆迪的研究数据显示，全球非金融债券交易及最终回收率基本吻合债券优先级顺序。从最终回收率看，1983—2022 年高级有担保债最终回收率达 61.20%，明显高于高级无担保债的 47.10%，远高于次级债券 27.80%的最终回收率，不同层级债券回收率呈明显梯度差距，为违约债交易定价提供了良好的测算基础。结合交易回收率看，高级有担保债中第一留置权债券和第二留置权债券的交易回收率分别为 55%、44.20%，略低于高级有担保债最终回收率，为违约债投资者预留了较好的超额收益空间；同样，高级无担保债的交易回收率为 37.70%，低于高级无担保债最终回收率 10 个百分点左右；值得关注的是次级债券中，优先级次级债券、次级债券与非优先级次级债券交易回收率分别为 31%、32%、22.30%，高级次级债券与次级债券回收率交易回收率较为相近。整体而言，违约债券回收率吻合“绝对优先权”规则，显著受到优先级求偿权影响（见图 8-5、图 8-6）。

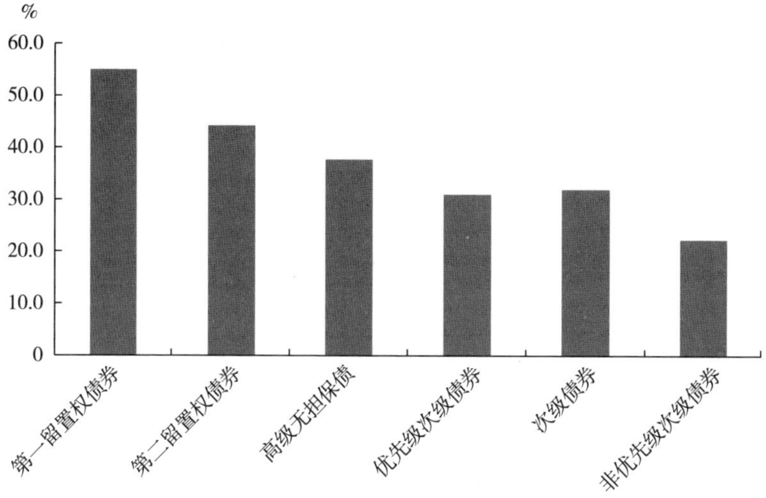

图 8-5　1983—2022 年各优先级债券交易回收率

（资料来源：穆迪，中诚信国际整理）

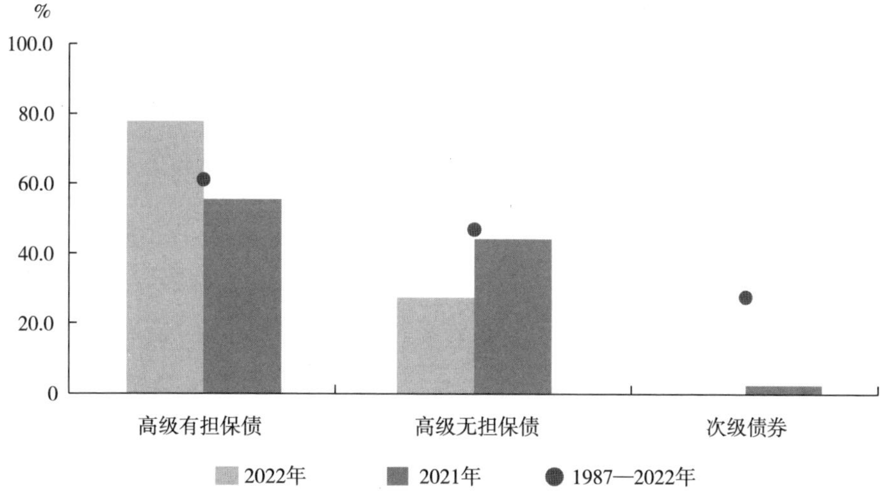

图 8-6　1987—2022 年各优先级债券最终回收率

（资料来源：穆迪，中诚信国际整理）

（二）违约债券回收率呈周期性特征，与违约率呈反向关系

除了留置权和债务结构对债券回收率具有直接影响外，回收率通常还会受到经济周期的影响。随着经济周期波动变化，债券回收率与之呈同向变化，与违约率呈现反向变化。一方面，当宏观经济处于下行周期，市场需求下降导致企业业绩下滑、盈利恶化，企业违约风险加大，债券违约率快速上行；此时，随着违约公司数量的增加和违约债务涌入市场，大量的违约债务供给导致以不良资产投资为主的机构缺乏竞价动机，债务回收价值通常会显著下降，交易回收率急剧回落。例如，2007—2008 年国际金融危机时期，平均违约率由 2007 年的 0.36%快速上升至 2009 年的 4.98%时，对应违约的交易回收率由 57.40%下滑至 34.10%。另一方面，当经济处于上行周期，受益于行业景气度上行，公司经营业绩改善及资产价值上涨，债券违约率逐步回落，对应债务的回收率也比其他时期更高。例如，2021 年海外货币政策、财政政策大幅放松，宏观经济进入复苏期，企业信用质量实现修复，2021 年平均违约率较 2020 年大幅下行 2.34 个百分点至 0.80%后，回收率上行 15 个百分点至 53.60%（见图 8-7）。

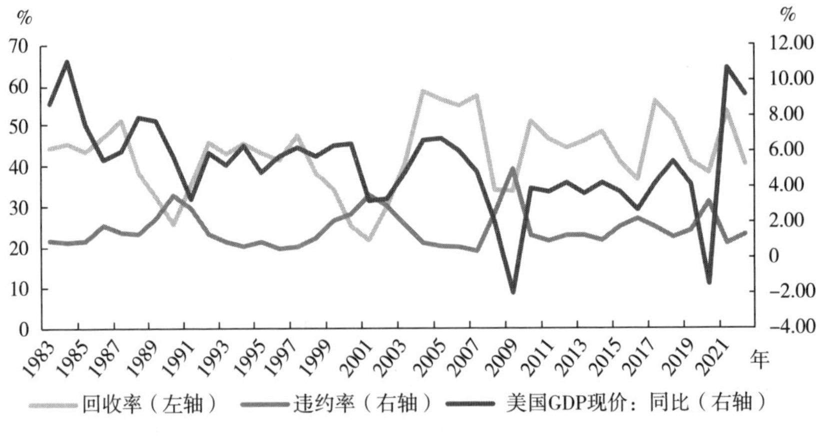

图 8-7　1983—2021 年全球非金融企业债券交易回收率及违约率呈周期性变化

（资料来源：穆迪，中诚信国际整理）

（三）行业回收率存在差异，资本密集型行业回收率更高

受经营模式、系统重要性及行业景气周期性变化影响，不同行业回收率存在明显差异，但多数行业高级无担保债回收率分布于［30%，50%）区间。具体而言，公用事业、能源、服务等行业回收率较高，尤其是公用事业下属二级行业中水资源、石油和天然气行业高级无担保债回收率分别高达82.10%、72.60%，能源行业中电力与公用事业行业的电力子行业回收率分别为58.80%、55.30%，均远高于高级无担保债回收率均值（37.70%）；保险、批发、林业产品和造纸行业回收率分布于37%～38%，接近高级无担保债回收率均值（37.70%）；电信、传媒、化学塑料和橡胶、环保、资本设备等行业高级无担保债回收率较低，分别仅为25.30%、28.40%、29.30%、29.70%、31.30%（见图8-8）。从产生因素看，公用事业、能源等监管较严的行业，整体违约率相对较低，同时由于这类行业拥有大量可变现的实物资产，且通常会策略性地选择在其资产价值较高时发生违约，以寻求监管机构的费率减免，因此整体回收率较高。另外，电信、传媒、环保等行业，呈现出违约率较高、债券回收率偏低的

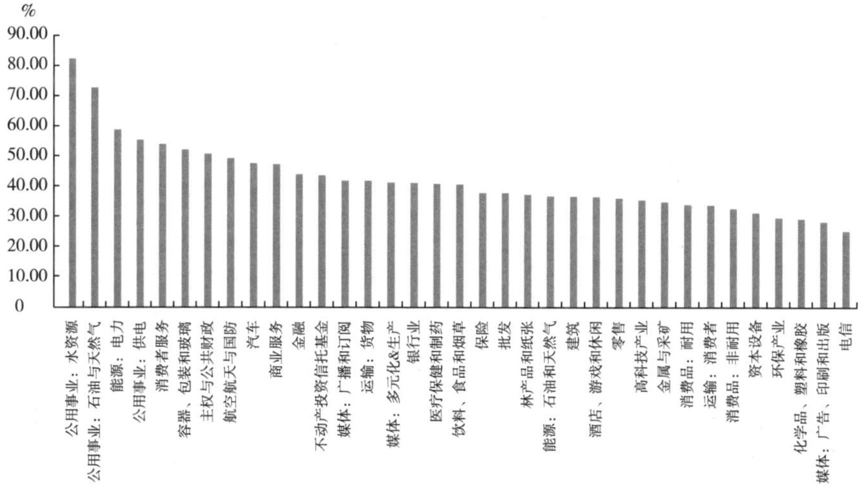

图8-8 1983—2022年全球高级无抵押债券各行业交易回收率情况

（资料来源：穆迪，中诚信国际整理）

特点，或与上述行业中轻资产的初创型公司占比高、资产回收价值偏低有关。总体而言，不同行业回收率存在明显差异，资本密集型行业比无形资产、轻资产为主行业的回收率高。

（四）投资级债券回收率高于投机级债券，投资级债券期限越长回收率越高

投资级债券回收率明显高于投机级债券，但投资级或投机级债券中各信用等级顺序与回收率关系不显著。分债券风险等级看，1983—2022 年 3 年期高级无抵押债券中，投资级债券交易回收率为 42.9%，而投机级债券交易回收率为 38.0%，投资级债券回收率高于投机级债券回收率 4 个百分点左右。结合信用等级看，投资级中，以 3 年期债券为例，A 级违约发行人交易回收率最高，达到 46.9%，其次为 Baa 级和 Aa 级，交易回收率分别为 41.6%、38.1%，回收率与各信用等级顺序关系并不完全一致，且由于 3 年及以内 Aaa 级违约债券发行人回收率数据样本稀缺、数据样本代表性不足，1~3 年期 Aaa 级债券交易回收率仅为 3.3%，远低于 Aa-Baa 级债项回收率。投机级中，Ba 级交易回收率高于 Caa-C 级和 B 级，三者回收率分别为 40.1%、38.6%、36.7%。总体而言，投资级债券整体回收率高于投机级债券，但投资级或投机级债券中各信用等级顺序与回收率关系不显著（见表 8-1）。

不同期限债券回收率较为相近，但投资级债券期限越长回收率越高。具体而言，从债券期限与回收率的关系看，1 年期到 5 年期债券交易回收率分别为 38.0%、38.0%、38.3%、38.6%、38.9%，期限长短对回收率大小影响不大。但分投资级和投机级债券看，投资级债券期限与回收率呈现正相关关系。对于信用级别分布在 Baa 级及以上的投资级债券，中长久期债券回收率普遍高于短久期债券，尤其是 4 年期、5 年期 Aaa 级债券回收率分别高达 61.9%、69.6%，4 年期、5 年期 Aa 级债券回收率分别为 44.0%、43.2%，远高于同等级 1~3 年期债券；值得关注的是，即使在投资级债券中，期限长短与交易回收率的关系也并非绝对正相关，例如 A 级

别债券中，3 年期债券则是交易回收率最高的债券，高于 5 年期 A 级别债券交易回收率 1.2 个百分点。而对于高收益债券，回收率与债券期限不存在显著关系，各期限回收率普遍分布于 36%～41%。此外，由于违约债券大多来自投机级债券，因此投机级债券回收率与所有级别平均回收率更为接近。

表 8-1　1983—2022 年全球高级无抵押债券交易回收率情况　　单位：%

级别/年限	1 年	2 年	3 年	4 年	5 年
Aaa①		3.3	3.3	61.9	69.6
Aa	37.2	39.0	38.1	44.0	43.2
A	35.1	45.3	46.9	46.3	45.7
Baa	38.4	40.8	41.6	42.0	42.1
Ba	40.9	40.6	40.1	40.0	39.8
B	36.4	36.1	36.7	37.4	38.0
Caa-C	38.5	38.7	38.6	38.5	38.5
IG	37.7	41.6	42.9	43.4	43.4
SG	38.0	37.9	38.0	38.2	38.4
All	38.0	38.0	38.3	38.6	38.9

资料来源：穆迪，中诚信国际整理。

二、国内外债券回收情况对比分析及启示

（一）国内外违约债券回收情况对比

从回收率测算方法看，国内外债券市场最终回收率测算方法存在差异，交易回收率在境内违约债券适应性不佳。从海外债券市场看，最终回收率是指债券持有人在违约处置完成时获得的实际金额（最终回收价值）

① Aaa 级别债券回收率是基于 5 个样本券，其中 3 个样本券来自 Icelandic Banks，其回收率仅 3.33%，存在一定样本偏差。

的折现价值除以违约日的未偿还本金。国际评级机构通常采用多种方法计算回收率。事实上，根据穆迪研究结果显示，债券违约后30天的交易价格对回收率的预测效果最好，且债券优先级越高，违约后交易价格对回收率预测越准确。得益于海外债券市场中违约债券也可以正常交易，交易价格相对容易获取且定价较为准确，因此三大国际评级机构在进行回收率研究时，除了最终回收率以外，通常也采用违约债券交易价格作为回收率计算的补充。而从我国债券市场看，由于债转股、以物抵债等多重清偿方式回收期普遍较难明确、数据披露较不透明，违约债券最终回收率计算方法多为“现金偿付金额/债券违约规模”，采用这一计算方法在评估违约债券真实回收价值时，存在一定局限性：一是未考虑回收资金的货币时间价值，二是债转股、以物抵债、留债、债权转让以及组合式清偿方式的回收情况较难进行跟踪，与国外最终回收率测算方法存在差异。此外，由于我国违约债券交易市场容量较小、流动性较差，违约债券交易价格较为离散、呈不对称的两极分化的特点，与债券最终回收率存在较大差距，因此，违约债交易价格较难直接作为最终回收率测算的替代方法。

海外债券市场回收率呈五大特征，而我国回收处置进程较慢、已完成兑付的债券现金回收率普遍为100%。从海外债券市场看，在拥有多年的违约数据积累及丰富的违约债处置经验的背景下，海外债券市场回收率呈现出五大特征：一是违约债券的回收率基本吻合“绝对优先权”规则，即债权优先权越高，回收率越高；二是回收率通常受到经济周期的影响，债券回收率与经济周期起伏呈同向变化，与违约率呈现反向变化；三是不同行业回收率存在差异，资产密集型行业回收率通常更高；四是投资级债券回收率高于投机级债券，但投资级或投机级内各信用等级高低与回收率关系不显著；五是各期限债券回收率较为相近，但投资级债券期限越长回收率越高。而从我国债券市场看，根据公开披露违约主体的兑付情况，对于已完成兑付的债券而言，除个别违约主体相关债券本金回收率相对较低外，我国违约债券普遍实现全额回收。但值得关注的是，尽管我国违约债券现金回收率较高，但相对于违约债券规模，违约债券已兑付本息占违约本息比例仍较低，整体看当前债券市场违约债券兑付进展依旧缓慢。据不完全统计，截至 2023 年第一季度末，债券市场违约债券共计 768 只，累计违约规模 6603.39 亿元，其中完成或部分兑付的违约债券共计 85 只，占比为 11.07%，涉及兑付的债券规模为 476.46 亿元，占比仅 7.22%。

（二）启示

从国际经验看，美国债券市场通过积累丰富的违约处置回收案例及违约回收数据，建立起针对投机级债券的回收率评级模型，最终形成了较为完善的信用评级体系，在充分发挥市场化定价机制作用、推动化解处置债券违约风险上起到了重要作用。当前我国债券市场信用风险释放进入常态化阶段，但相较于境外债券市场，我国债券市场违约历程较短，违约后续处置经验尚有不足。从国际市场发展经验出发，笔者得出以下三点启示。

第一，提升违约债券风险定价有效性是完善违约债券回收率体系的有效途径。从国际经验看，受违约处置时间较长等因素影响，违约债券回收价值较难及时准确估算，国际评级机构也采用违约债券交易价格作为计算回收率的重要依据。尽管当前我国已初步建立了“全国银行间同业拆借中心——违约债券匿名拍卖业务”“北京金融资产交易所——到期违约债券转让业务”“沪深交易所市场——特定债券（违约债券）转让业务”三大违约债券交易机制，但从违约债券交易实践情况看，我国违约债券交易及定价机制尚在起步阶段，一方面违约债交易市场投资者结构单一，违约债券成交量较小、交投价格离散，对违约债券流动性改善有限，违约债券市场化退出渠道不够通畅；另一方面违约债券交易流程较为烦琐，相关估值、清算等基础设施建设尚不完备，存在定价估值难度较大等问题。事实上，违约债券转让机制不仅是实现违约债券市场化退出的重要渠道，还可以提升违约债券风险定价有效性；通过将违约债券折价转让给风险偏好更高的投资者，实现风险与收益的传递，提升违约处置效率。总体而言，违约债券有效交易价格对回收率测算及回收率模型建立具有重要作用，提升违约债券风险定价有效性是完善违约债券回收率体系的有效途径。

第二，完善的违约债券回收数据是构建违约债券回收率评级模型的数据基础。随着我国债券市场违约逐步进入常态化阶段，违约及回收处置案例逐步积累，信用风险定价也从原先仅关注违约率逐步向以违约率与回收率为核心的全面信用风险定价机制转变。从国际经验看，得益于长时间的违约数据积累及违约债处置案例积累，三大评级机构逐渐建立起针对投机级债券的回收率评级模型，完善了高收益债定价机制，推动了美国高收益债券市场长期健康发展。然而，当前我国违约债券处置信息透明度低、数据收集难、多元化处置方式下债券回收价值估算存在较大不确定性，我国也尚未形成以回收率评级为核心的高收益债定价机制，合理价格中枢的缺失也对高收益债券市场扩容和可持续发展产生一定负面影响。因此，有必要进一步加强违约债券案例收集整理工作，尤其是梳理并整理现有违约后续处置及清偿案例，通过建立违约债券回收数据库，为构建我国违约债券回收评级模型奠定经验及数据基础，最终形成债券市场全生命流程评级系统。

第三，全面的违约债券信息披露机制是违约债券处置、交易及定价的重要前提。目前我国违约债券信息披露制度尚存在不完善之处。一方面，由于违约债券信息披露很大程度上依赖发行人的自律，因此发行人未披露或未及时披露违约信息，以及所披露的相关信息不完整或不真实的情形时有发生，投资人难以通过公开途径及时获取完整的后续处置信息。另一方面，在多头监管体系下，不同市场的信息披露标准及要求存在差异，违约债券交易信息披露不统一、不完备。如交易中心违约债券匿名拍卖业务未披露实际成交量数据，而北金所则未披露报价信息等，沪深交易所特定违约债券存在已变更债券简称、但未发布公告，因而无法确定实际转换为特定债券交易的时点，而部分违约债券虽已发布公告、但也存在债券简称尚未变更等不规范的情况。事实上，世界各国尤其是美国、欧洲等资本市场，早已将保护投资者权益提升到战略高度，全面的违约债券信息披露机制是违约债券处置、交易及定价等多环节的重要前提，通过强化市场化约束，有助于增强投资者合法权益保护。因此，未来有必要进一步完善违约债券信息披露制度，加强债券市场互联互通，增强违约债券交易结算监测，统一并细化违约债券处置及回收信息披露要求。

第九章

中国债券市场违约处置实践中的问题探讨

近年来，我国债券市场违约处置机制建设不断完善，违约处置方式日益丰富，但违约处置进展总体相对缓慢、相关制度尚未完全成熟。本章将从制度与法律、投资者保护与其他问题三个方面，总结债券市场违约处置实践中存在的问题，为后续完善相关机制建设提供借鉴与参考。

第一节　违约处置制度与法律相关问题探讨

目前，有关监管部门已出台一系列法律法规，规范债券违约处置，但在实践中，制度落实与法律约束还存在一些不完善之处。例如，信息披露不充分、虚假陈述会加大处置难度导致处置不及时，债权人和投资者的权益保护受到挑战；现有法律下，违约处置方案的约束力有限，方案落地推进缓慢、困难重重；破产重整、清算等方式，虽有法定程序保障，但诉讼时间较长加大回收不确定性；等等。

一、信息披露不充分、虚假陈述等制约投资人及时采取风险处置措施

近年来，监管部门加大了对信息披露的重视程度，出台多项新规提高对债券违约处置阶段信息披露的要求，强化对发行人信息披露的行为约束。2020 年 12 月，中国人民银行、国家发展改革委和证监会联合发布《公司信用类债券信息披露管理办法》，统一公司信用类债券信息披露的基本原则，规范债券违约和企业进入破产程序等多种特殊情形下的信息披露要求。在此基础上，2021 年银行间市场交易商协会修订《银行间债券市场非金融企业债务融资工具信息披露规则（2021 版）》，明确要求债务融资工具违约处置期间，企业及存续期管理机构应当披露违约处置进展，企业应当披露处置方案主要内容；同时发布《银行间债券市场非金融企业债

务融资工具存续期信息披露表格体系（2021 版）》，对企业未能清偿到期债务、企业进行债务重组和企业进入破产程序等情形下，信息披露义务人的信息披露时间和披露内容进行明确规定，进一步增强信息披露的可操作性，提升市场信息披露质量。2021 年 4 月，沪深交易所分别发布《上海证券交易所公司债券自律监管规则适用指引第 1 号——公司债券持续信息披露》和《深圳证券交易所公司债券存续期业务指南第 2 号——临时报告参考格式》，对公司未能清偿到期债务和公司进行债务重组等情形下发行人的信息披露内容和时间进行规定，进一步规范公司债券发行人信息披露行为。

但由于多方面原因，信息披露制度的效果尚未完全发挥到位。具体而言，一是对信息披露违法违规的处罚和落实力度不足，信息披露违规成本不高，难以对发行人的信息披露行为形成威慑力；二是发行人对信息披露的范围、要求及相关惩处机制了解不到位，信息披露主动性意识不足；三是投资者对发行人和主承销商的自律能力的外部约束力度不足，投资者维权的主动意识不强，必要时投资者可根据信息披露制度规定要求发行人对其信息披露违规行为承担法律责任，若主承销商也存在督促不力、信息披露不及时等情形，投资者可要求主承销商一并承担责任。

由于信息披露很大程度上依赖发行人的自律，因此发行人未披露或未及时披露违约信息，以及所披露的相关信息不完整或不真实的情形时有发生。如 2021 年 5 月 19 日，针对山东如意科技集团有限公司（以下简称如意科技）未如实披露债券违约等情况，山东证监局对该公司及公司董事长、信息披露负责人采取了出具警示函的行政监管措施。根据山东证监局公告，如意科技存在以下信息披露违规行为：第一，根据“18 如意 01”募集说明书约定，投资者有权于 2020 年 9 月 18 日将所持有的公司债券回售给发行人，但是如意科技未能在 2020 年年度报告中如实披露该债券的回售行权情况。第二，根据相关临时公告，如意科技未能按约定于 2020 年 9 月 18 日如期派付全部回售本息，但公司未能在 2020 年年度报告中如实披露报告期内履行募集说明书相关约定或承诺的情况、偿债计划的变化情况和对债券持有人利益的影响、逾期有息债务的进展情况等。

针对如意科技未及时披露债券违约的行为，上交所决定对如意科技出具书面警示，并责令其按照相关法律法规及上交所自律规则的要求，对2020年年度报告进行更正披露。2020年10月29日，如意科技发布公告称，已全额兑付“18如意01”利息，关于回售本金的支付正与债券持有人积极沟通协商和解，并拟定了初步和解方案，采用分期兑付方式进行解决。公告并称，该和解方案得到了债券持有人的支持理解，公司与80家债券持有人签署了相关和解协议。但关于与债权人的和解协议详情、“18如意01”回售本金分期兑付方案细节等，并无更多公开信息。

相比信息披露不及时，虚假陈述会导致债权人和投资者花费更多精力了解债务人及违约的实际情况，影响债权人和投资者做出合理判断，加大违约处置难度。以“两康案”为例，2018—2020年，康得投资集团有限公司（以下简称康得集团）、康得新复合材料集团股份有限公司（以下简称康得新）因财务造假等问题先后受到证监会、交易商协会等监管部门的调查，最终被给予公开谴责、责令整改、罚款和暂停债务融资工具相关业务的处分。

具体原因主要有：一是康得集团未对归集子公司资金并大额划出体外的过程进行真实账务处理，其中包括使用不真实存在的凭证进行财务处理、通过体外账户实现归集资金体外划转等，导致公司2015—2017年年度财务报告和2018年第三季度财务报表中货币资金、其他应收款、其他应付款、利息费用和净利润等科目数据不真实、不准确；二是康得集团于2017年9月至2018年6月发行的5期定向债务融资工具发行协议中关于发行人独立性的表述与实际情况不符；三是康得集团未就2018年10月至12月出现的多笔借款逾期事项进行存续期信息披露，也未启动发行文件约定的投资人保护程序；四是康得新及部分子公司先后加入康得集团的现金管理服务网络，相关账户资金被实时归集至康得集团账户，但其未对资金归集事项进行账务处理，2015—2018年年度财务报告信息不真实；五是康得新未在银行间市场持续披露投资康得碳谷、收购海外高分子材料平台等重大合同事项；六是康得新未及时披露向部分银行借款提供抵（质）押物的重大事项等。康得集团和康得新长期虚假披露财务信息，债务融资工具出现重大风险或违约情形，严重损害了投资人权益，最终走向庭内破产清算。

二、现有法律框架下违约处置方案缺乏执行约束力，方案落地阻碍重重

根据现行规定，持有人会议决议通过后，对全体债券持有人具有相同约束力，但对发行人是否具有约束力未做出明确规定。2015 年发布的《公司债券发行与交易管理办法》及 2020 年 8 月发布的征求意见稿中均规定，“债券持有人会议按照本办法的规定及会议规则的程序要求所形成的决议对全体债券持有人有约束力”；2019 年末发布的《银行间债券市场非金融企业债务融资工具持有人会议规程》中也明确“持有人会议所审议通过的决议对本期债务融资工具持有人，具有同等效力和约束力”；类似的规定也见于 2020 年 7 月中旬最高人民法院发布的相关文件中，“债券持有人会议根据债券募集文件规定的决议范围、议事方式和表决程序所做出的决议，除非存在法定无效事由，人民法院应当认定为合法有效”。以上相关规定中均未明确提及持有人会议对发行人的约束效力。也就是说，持有人会议所形成的决议，发行人若不同意相关议案，仍然可以不予执行，致使违约处置方案流于形式，投资者合法权益不能得到有效保障。

债券市场上该类事项时有发生，难以有效约束发行人行为，也导致不少持有人直接以自己名义申请司法程序，甚至还出现了持有人会议通过了议案，但是发行人却拒绝接受的情况。例如，持有人会议通过债项提前到期或提高逾期违约赔偿金率的议案，但发行人以增加债务负担为由拒绝；持有人“要求建议投资人与债委会等的定期沟通机制”，但发行人回复公司无权限等。可见持有人会议的决议是否对发行人产生约束，还取决于发行人的认可和履行，而发行人是否认可与募集说明书中是否有明确规定有

关系，比如部分募集说明书中并没有明确约定相关事项经过相应的债券持有人会议决策程序通过即可生效，这种情况下持有人会议决议即使通过了，在实践中执行也有很大难度。

以东北特殊钢集团有限责任公司（以下简称东北特钢）为例，2016 年东北特钢发行的“15 东特钢 CP001”“15 东特钢 CP002”“15 东特钢 CP003”连续违约，公司陷入偿债困境。国家开发银行组织召开了债券持有人会议，通过了针对“对东北特钢提起破产诉讼”的议案，东北特钢直接表示“不同意该议案，但暂无力承担如此高额的债务”；针对投资人提出的“偿还本息、承诺不强行实施‘债转股’等方式逃废债”等要求，东北特钢表示，不会单方面对未兑付的债务融资工具采取“债转股”行为，并愿就债务偿付问题与债券持有人进行协商，谋求根本解决债务违约问题。但经过多轮协商，东北特钢债务重组方案仍以债转股为主，并未实际落实持有人会议决议。

没有司法权力约束的庭外谈判也容易因为“钳制问题”导致债券违约处置方案执行失败，即持有人会议达成了书面协议并经表决通过，仍会存在部分债权人受利益驱使违反协议的情况，导致违约处置协议无法执行。以联胜（中国）科技有限公司（以下简称联胜科技）为例，2014 年联胜科技因经营困难陷入破产难题，在东莞市政府的主持下，与中国建设银行东莞分行及其他债权银行达成债务重组协议，并签署了《市政府工作会议纪要》《银行工作组会议纪要》两份书面文件。但在协议执行过程中，建行东莞分行擅自扣划联胜科技监管账户资金用于其自身的债权清偿，引发诉讼。建行东莞分行认为两份文件涉及各银行债权人协调、让步等自身权利处分的重大问题，且在多家银行表示需要请示上级机构的情况下，直接认定会议文件为具有法律约束力的重组协议，违背一般商业常识。而联胜科技认为《市政府工作会议纪要》和《银行工作组会议纪要》作为庭外重组协议和债委会决议，各方一致同意签署，条款具有可操作性且已得到实际履行，应对各方产生法律效力。最终，最高人民法院判定双方都参与了东莞市政府协调会，通过协调对相关问题达成一致意见，且两份会议文件已得到实际履行的情况下，判定会议文件对联胜科技和建行东莞分行具有法律约束力。建行东莞分行独自违反庭外协议直接导致了联胜科技债务重组失败，于 2015 年进入了司法破产程序。

三、破产清算程序复杂、求偿诉讼耗时较长，回收不确定性较大

在现行法律框架下，债权人强制进行债券回收可以采用司法途径，包括违约求偿诉讼和破产诉讼，诉讼过程中债权人和债务人须严格按照《诉讼法》规定进行，整体来看通过司法方式追偿违约债券难度较大，资金回收期限较长，回收率不确定性较高，目前仍有相当一部分违约债券尚未完成兑付。

违约求偿诉讼主要适用于债券到期时债务人还有一定偿付能力，不满足破产重整诉讼条件的情况，主要依据是《合同法》和《民事诉讼法》。债务人如不能履行按期足额偿还本息的约定，债权人可以向法院申请要求债务人在限期内偿还本息，还可要求债务人承担违约金、损失赔偿额、逾期利息等。根据公开信息，目前我国公募债券市场上通过求偿诉讼进行违约处置的债券仅有 1 只，违约规模和回收规模均为 4. 2 亿元。相对破产诉讼来说，违约求偿诉讼流程较简单，但时间同样较长，且无法保证所有债券均可以全额回收，存在一定不确定性。

破产诉讼主要分为破产清算、破产和解和破产重整三种方式。其中债权人可以提起的只有重整和清算两种，和解只能由债务人提出。破产诉讼是债权人通过司法途径进行追偿的主要方式之一，主要适用于债务到期时，债务人已资不抵债或者出现偿付能力不足的情况。法院裁定受理破产申请后，债权人需在规定申报期限内向管理人申报债权，并组成债权人会议，在后续各项议题中表决。在已确定违约处置方式的违约债券中，采用破产重整方式进行违约处置的发行人家数和违约债券数量最多。目前，完成处置的违约债券中近半数采取了司法途径，且以破产重整方式居多。

需要注意的是，破产诉讼回收的不确定性较大，存在破产诉讼程序复杂、回收期限长、回收率水平较低等困难。破产诉讼的进展取决于债务处置方案形成前各方的协商情况，法律受理破产申请之后，申报债权通常耗时良久，特别是在违约债券规模较大、涉及债权方较多的情况下，各方利益协调难度大，债券处置周期也相对较长，如华晨汽车集团控股有限公司进入破产重整程序 1 年后，其仍处于债权申报阶段，尚未有重整方案出台。目前，从法院受理申请到裁定批准重整计划用时最短的是永泰能源（82 天），最长的是上陵集团（1035 天）。在重整计划已执行完毕的样本主体中，法院批准后重整计划执行期限最短的是永泰能源（14 天），最长的是丹东港（370 天）。达成债务处置方案是债务人和债权人博弈的过程，双方能否达成一定限度的一致，会议召开条件、重整方案是否可以获得双方认可等均存在较大不确定性，进而拖长实现实质性进展的时间。另外，对于司法途径解决的部分债务问题，投资者可能面临较大的违约损失。在债务人偿付能力不足或偿付意愿较弱的情况下，其可用于偿付债务的自有资金、资产等均有限，对外融资渠道也难言顺畅，违约债券经常会进行折价兑付，较低的折价比率会直接损害投资者利益。

破产诉讼也常有地方政府参与，在地方政府协调下，企业可能会通过债转股等方式进行违约处置，要求投资机构让渡一部分利益，给投资机构造成损失。以青海盐湖工业股份有限公司（以下简称盐湖股份）为例，2019 年 8 月，盐湖股份在尚未资不抵债时由政府主导启动重整。在重整过程中，政府、发行人、管理人与法院配合紧密，银行债权人由于长期合作、持有抵押资产、转股收益高也较为支持，仅债券持有人表示反对，但由于话语权较弱，并未实质性影响重整过程。最终，盐湖股份重整方案对于超出 50 万元的普通债权，根据是否为银行类金融机构，提供留债和（或）债转股的选择，股权抵债价格为 13. 10 元/股。2021 年 8 月 10 日，盐湖股份恢复上市，首日股价最高达 43. 9 元/股，收盘价为 35. 9 元/股，远高于债转股对价，债权人转股清偿率超过 100%，其中银行是主要受益者。盐湖股份债转股回收率较高，得益于在政府支持下重整进度较快，并通过剥离不良资产聚焦主业成功扭亏为盈，但债券投资者在重整过程中的权益受损仍较大。

虽然我国诸多法律法规均确定保护债权人合法权益的基本原则，不过目前企业违约的成本仍较低，缺少制约和惩戒企业违约行为的有效机制，发生违约可能并不影响企业的生产经营。同时受信息不对称等影响，债券持有人经常处于弱势地位。进入司法程序后，由于债券违约纠纷法律关系复杂，统一的判断和审查标准尚待继续探索完善，司法机关在判决时可能较谨慎，发行人出于自身利益考虑，可能会采取管辖权异议、判决后上诉等应诉策略拖延判决，进一步降低违约处置效率。

第二节　投资者保护相关问题探讨

投资者保护是债券违约处置机制的另一核心问题。新《证券法》中首次明确了以持有人会议及受托管理人为核心的债券治理机制，完善了投资者保护的制度基础，同时，债券发行中引入较为规范的投资者保护条款，也有助于提升债券投资人的保护效力。目前，持有人会议及受托管理人制度还存在一些不完善之处，国内对投资者保护条款的应用不足，以及债券违约处置或受到地方政府或法院等第三方的不当干预，都会造成投资者利益诉求难以满足、弱势投资者利益受损等问题。

一、投资者保护条款应用存在不足，风险预防有效性受限

目前，交易商协会发布的《投资人保护条款范例》和《非金融企业债务融资工具募集说明书投资人保护机制示范文本》、证券业协会发布的《公司债券投资者保护条款范例（征求意见稿）》以及沪深交易所发布的

《公司债券发行上市审核业务指南第 2 号——投资者权益保护（参考文本）》等文件，已针对近年来违约风险事件和特征设计了多样化的投资者保护条款，能够在一定程度上覆盖债券发行人的典型风险点，有助于对发行人相关事件及指标形成约束。但随着近年来债券违约风险特征的变化，已有的投资者保护条款相比于目前债券市场上信用风险趋势和特征仍然存在一定的局限性。

一方面，现有条款尚未完全覆盖典型风险点，部分条款的触发情形尚需完善。一是缺少针对企业集团内部关联担保设置事件约束类条款。现有条款未对同一企业集团内部的关联担保事项加以约束，近年来部分企业集团内部出现了信用风险的联动传染，其中部分案例中涉及的集团内部复杂的关联担保及代偿压力加剧了债务风险的扩散，因而有必要针对关联方担保设置相应的约束类条款；二是缺少针对上市公司股权质押比例设置事件约束类条款。现有条款中未针对上市公司发行人自身股权被质押的情形设置条款。尽管上市公司在股权质押方面较为被动，主要由控股股东行为决定，但其自身股权被质押的比例在一定程度上反映了控股股东通过继续质押股权能获取的融资空间以及控股股东对其支持能力等情况，若股权质押比例过高，可能对其偿债能力产生不利影响。

另一方面，现有投资者保护条款的应用仍然不足，投资人和债权人无法对风险进行有效预警。从含有投资者保护条款的债券占比来看，2014 年我国债券市场首次发生公开债券违约后，主要信用债品种中含有投资者保护条款的债券占比缓慢增长，直至 2016 年下半年至 2017 年上半年交易商协会和证券业协会起草发布投资者保护条款的示范性文件后，债券中含有投资者保护条款的比例才出现明显增长，2023 年占比约 1/3。从条款类型来看，国内债券市场对于交叉违约条款应用较多，其他类条款如事先约束、事先承诺条款的应用则相对较少。尤其是对于上市公司发行的债券而言，事先约束条款涉及得更少，且该类条款设计较为单一，多数仅对出售/转移重大资产进行约束，而对外进行重大投资、质押或减持上市子公司股权、为债券增加担保限制等条款，在含有事先约束条款的债券中的占比均在1%左右。

具体来看，质押或减持上市子公司股权、为债券增加担保限制的条款，前者可能是由于公司缺乏流动性，通过质押或减持获取流动性支持，后者可能是由于投资人对公司偿付能力产生怀疑，从而要求公司对债券增加担保措施，两者都是公司偿债能力存疑的现象，均可能对债券偿付产生影响。重大对外投资方面，近年来债券市场上因业务扩张激进、债务规模攀升引致的资金链断裂的案例也时有发生，若公司进行重大对外投资，或将增加公司发生违约的可能。现有条款规定公司单次投资额超过总资产50%或净资产35%才能触发，触发标准较高，很难对发行人激进扩张行为形成有效约束。

从近年来业务扩张较为激进的违约主体来看，收购并购扩张业务普遍分多次进行，单次投资规模很难触发上述条件，但多次收购的累计投资规模相对较高，资金支出压力较大，可能对偿债能力产生潜在影响。触发情形中设置的统一标准过高，对发行人投资行为的约束作用有限。例如，2018年12月，银亿房地产股份有限公司（以下简称银亿股份）未能按期足额兑付债券“H5银亿01”，此后多只债券发生违约。从投资者保护条款设置上看，银亿股份有3只违约债券设置了限制资产转移类条款和限制投融资条款，但都未设置指标维持类条款①。指标维持类条款对于发行人的内部财务决策行为会有一定的约束力，能使其财务指标维持在条款规定范围内，降低信用风险，维护债权人利益。一般情况下，指标维持类条款可以控制发行人债务与资产保持一定比例，保障其偿债能力。虽然银亿股份在限制资产转移类条款里提及了对企业违约后的现金流约束，但不能从实质上约束企业盲目扩张，暂缓重大投资、收购兼并等资本性支出项目对企业现金流的挤压，投资人和债权人也不能根据企业信用风险状况提前干

① 事先承诺条款是目前唯一的指标维持类条款，指发行人在债券存续期内承诺某项指标维持在一定水平，若不能维持则执行触发后的相关措施。从触发条款的具体指标来看，事先承诺条款涉及的指标可以分为财务指标和非财务指标两大类，财务指标方面，该条款一般规定发行人截至某时间点（一般是每季度末或每年度末）的财务指标应符合事先约定的要求；非财务指标方面，包括无保留审计意见承诺、年报按时披露承诺、评级承诺和经营维持承诺。

预企业决策行为，最终导致企业现金流枯竭，陷入违约境地。

二、部分 ABS 项目在加速条款中直接引用评级结果，容易引发违约风险扩散

目前，ABS 项目普遍设置了加速条款，且普遍将评级下调作为其触发事项之一，其他产品中对于将评级结果应用到加速条款的情况相对较少。ABS 项目因为产品结构分层等特殊性，尤其债权类项目，为保障投资者或计划管理人的权益，普遍设置了加速清偿条款，而且也普遍将评级下调作为触发事项之一。

公司债项目和银行间市场的非金融企业债务融资工具产品中使用该条款的相对较少，但也有个别发行人在债券项目募集说明书中将评级变化加入违约责任相关的条款中。如在债券募集说明书中，明确将“发行人的主体评级或本期债券评级发生严重不利变化”或“发行人的主体评级或本次债券评级发生比原先低两档以上的严重不利变化”作为触发条款之一。但上述募集说明书条款中，均明确了一点，当评级发生重大变化时，加速到期是否生效，必需的前提条件是“经债券持有人会议合法做出决议”。

评级结果在加速到期条款中的使用，监管并未做强制要求，完全由参与项目的各方自行协商，因此，是否在募集中设置加速条款，以及是否在加速条款中将评级结果的变动作为前置条件，是各方博弈的结果。目前交易商协会出台的投资人保护条款范例中明确评级的变动可以、但不强制作为触发投资人保护条款的情形事件。

对于评级结果的使用方式虽然合法合规，但在实际过程中可能会带来以下不利影响：一是在目前发行人付费的模式下，评级机构任何下调级别的行为都会面临来自各方的压力，况且，将评级结果下调直接作为触发违约加速到期的情形之一，会加大评级机构的调级难度，或将影响风险预警的及时性和准确性；二是有的约束条款中并没有具体约定调降幅度，只使用了“级别发生严重不利变化”等文字表述，对于如何判断以及债券持有

人会议是否能够形成理性决策没有衡量标准，很可能引发恶性连锁反应，最终可能引发债券市场违约风险的加大。

三、持有人会议规范性与代表性不足，容易忽视弱势投资者利益诉求

债券持有人会议是重要的债券投资者保护机制之一。债券持有人会议由债券全体债券持有人组成，是代表全体债券持有人的利益、形成债券持有人集体意志的非常设机构，对债券投资者维护自身合法权益具有现实意义。新《证券法》第九十二条第一款规定："公开发行公司债券的，应当设立债券持有人会议，并应当在募集说明书中说明债券持有人会议的召集程序、会议规则和其他重要事项。"自此，我国从法律层面规定了债券持有人会议制度。伴随债券市场违约常态化，司法部门、监管部门、行业协会陆续于2019年12月底出台相关规定①，债券违约后发行人需召开债券持有人会议协商确定违约处置或债务重组等事宜。

在与投资者协商方面，多数发行人能够通过召开持有人会议的形式取得投资者关于债务重组的一致意见，但也存在因持有人会议举行不规范、代表性不足等问题，造成会议无效或协商方案难以满足全部投资者和债权人的利益诉求。近几年，随着持有人会议制度监管趋严，持有人会议无效的数量明显增加，如2020年11月16日，"17紫光PPN005"的主承销商上海银行公告称，"17紫光PPN005"2020年第一次持有人会议关于到期债务偿债计划等两项议案均表决无效，也意味着"17紫光PPN005"债券违约。此次持有人会议表决无效的主要原因在于会议召开不符合监管要

① 2019年12月27日，银行间市场交易商协会发布了《银行间债券市场非金融企业债务融资工具违约及风险处置指南》、《银行间债券市场非金融企业债务融资工具受托管理人业务指引（试行）》及其配套文件、《银行间债券市场非金融企业债务融资工具持有人会议规程（修订稿）》，完善了受托管理人和债券持有人会议制度，为市场化处置提供了操作指南。2020年7月1日，中国人民银行、国家发展改革委、证监会联合发布《关于公司信用类债券违约处置有关事宜的通知》，对债券违约后处置流程进行详细规定。

求，其中，一个议案为调整“17 紫光 PPN005”本次持有人会议召开时间，同意的持有人表决权占 86.15%，反对的持有人表决权占 5.85%，弃权的持有人表决权占 8%，但这一议案不符合交易商协会的要求——“如需豁免提前十个工作日通知的，则需等该豁免通知/提前召开的情形作为持有人会议审议议案之一，经持有人会议全体持有人出席并一致表决通过方为有效”。议案一的失效也直接导致关于到期债务偿债计划的议案二表决无效。

此前还曾出现过发行人单方面宣布与投资者协商一致展期，但遭到投资者否认的情况，使得投资者是否同意成疑，严重损害了投资者利益。如 2018 年 11 月，江苏宏图高科技股份有限公司（以下简称宏图高科）发行的 2015 年度第一期中期票据未能按时兑付本息。当时在没有和投资者达成一致的情况下，宏图高科擅自发布公告，称公司已与“15 宏图 MTN001”全部投资者就延期兑付方案达成一致，“15 宏图 MTN001”将延期兑付本息。此外，2018 年 9 月和 11 月发生的主体评级下调事项触发了宏图高科相关债务融资工具投资者保护的事先约束条款，宏图高科也未配合相关主承销商召开持有人会议。对此交易商协会给予宏图高科严重警告处分，暂停债务融资工具市场相关业务 1 年；责令其针对本次事件中暴露出的问题进行全面深入的整改。

会议规则方面，目前，我国现行公司债券持有人会议规则没有明确概括出公司债券持有人会议的议事范围，而是通过列举的方式来说明应当召开会议的情形。以 2020 年海航公司债券持有人会议为例，海航公司在债券到期前一天才通知召开会议，留给持有人的准备时间总共未超过 3 个小时，会议的表决事项是延长债券到期期限及豁免召集人违规召开会议的责任。由此可以看出，持有人会议的议事范围完全被发行人所操控，持有人会议一定程度上成为发行人规避自身责任的制度工具。

尽管交易商协会和交易所债券品种都要求持有人会议决议需 50%以上持有人表决后决议生效，但也不排除发行人和债权人另有约定的情况。因此，实践中存在持有人会议未达到约定比例即通过会议议案的情况，如青岛华通国有资本运营（集团）有限责任公司在2020年召开的停车场专项债（第一期）企业债持有人会议中仅有两名债券持有人出席，持有的债券比例仅为21.67%，该次会议却通过了提高公司资金使用额度的议案；日照港集团有限公司2020年召开的持有人会议公告中，与会的持有人所持债券仅占总额的43.5%，即通过了变更募集资金用途的议案。在此情形下，持有人会议极易被发行人伙同个别债券持有人操控、成为发行人单方面变更债券合约条款、肆意侵犯分散持有人权益的合法工具。

即使按照规范流程召开债券持有人会议，也存在持有人会议代表性不足导致协商过程忽视少部分债权人和投资者利益，或投资者利益诉求差异较大难以调和等问题。特别是在中小债券投资者权益保护方面，依据国务院办公厅《关于进一步加强资本市场中小投资者合法权益保护工作的意见》的要求，保护中小投资者的知情权，要增强信息披露的针对性，方便中小投资者查阅；还要完善中小投资者的投票机制，建立中小投资者单独计票机制。但还缺乏中小债券投资者争议的解决方案，部分中小投资者权益可能无法得到有效保护。实践中，也存在发行人通过与持有债券余额占多数的持有人协商来推动持有人会议形成有效决议，忽视中小投资者的意见，导致决议结果存在争议的情形。

以融创房地产集团有限公司（以下简称融创集团）的债务重组方案为例，融创集团以及中信建投证券股份有限公司自2022年4月1日至6月陆续组织召开3次债券持有人会议，议案包含调整“PR融创01”违约债券本息分期偿付以及增加增信保障措施的安排，均获得通过。依据持有人会议已通过的债券本息分期偿付方案，融创集团应当在2022年12月31日支付该债券本金的15%及相应利息。但融创集团对持有人会议决议再次违约，至今无力兑现分期偿付方案，从流传出的拟债务重组方案以及12月公开发布的债务重组框架公告来看，融创集团有意“向及时支持重组方案的债权人提供同意费”，给予部分债券持有人债券面值总额一定比例的同意费，明显区别对待大额、小额债券持有人，企图通过取得大额债券持有人意见来绑架中小投资者。根据违约债券《募集说明书》中关于债券持有人会议规则，出席会议的为未偿还债券金额的1/2，且经出席会议并有表决权的债券持有人持有未偿还债券面值总额的1/2以上通过即可。那么小额债券持有人即便参加债券持有人会议并行使投票权限，也会出现被大额债券持有人的意见绑架的情况。

四、受托管理人职责的界定尚待进一步统一和明晰，运行机制需继续优化

债券受托管理人是指由债券发行人选任的，对债券持有人负责并处理利益相关事务的机构。债券受托人制度是解决“集体行动的困境”，保护投资人利益的重要安排。修订后的新《证券法》在法律层面确立了受托管理人制度，要求债券受托管理人应当尽职履责、不得损害债券持有人利益。《全国法院审理债券纠纷案件座谈会纪要》（以下简称《纪要》）首次在司法层面明确了要保障受托管理人和其他债券代表人能够履行参与诉讼、债务重组、破产重整、和解、清算等债券持有人会议赋予的职责，进一步提出受托管理人违反义务应当承担赔偿责任。沪深交易所和交易商协会也发布文件对受托管理人的基本情况、相关职责和权利、防范管理措施等主要内容进行了列举式规定。

目前，各项规范内容尚未形成完整清晰的责任规范体系，且银行间债券市场和交易所市场受托管理人制度在职责内涵、权利等方面存在差异，导致市场主体对受托管理人职责认识不够清晰，影响受托管理人制度的运行。交易所市场的受托管理人机制发展较早，发行完成后受托管理人即代表持有人利益履行后续管理职责，职责较为全面；而银行间债券市场后续管理工作由主承销商及受托管理人共同分担，受托管理人工作更聚焦于违约处置阶段的相关工作，其履职的有效性一定程度上取决于能否获得主承销商的支持与配合，若主承销商兼任受托管理人，利益冲突情形下是否能勤勉尽责也存在疑问。

债券受托管理人受雇于债券发行主体，使其在债券违约处置中难以保

持中立，可能损害债券持有人的利益，再加上监管机构对债券受托管理人监管不足，债券受托管理人失职现象时有发生，也就无法实现违约偿付资产的利益最大化。以上海云峰（集团）有限公司（以下简称云峰公司）为例，2016年云峰公司连续发生6起债券违约事件，身兼承销商和债权人双重身份的上海浦发银行利用其信息优势和银行债权委员会委员的地位优势，率先针对云峰公司资产采取保全措施，明显侵害了其他债券投资人利益。近年来，监管机构对债券受托管理人的合规检查力度持续加码，因公司债券业务违规被处罚的券商数量有所增加。2021年12月，太平洋证券因担任韩城市城市投资（集团）有限公司（以下简称韩城城投）发行债券的受托管理人存在失职行为，收到陕西证监局的警示函。陕西证监局指出，太平洋证券在知悉“20韩城03”“20韩城04”债券存在募集资金用途与募集说明书约定不符，以及“20韩城03”债券存在募集资金账户使用不规范的违规情形后，未按照《债券受托管理协议》规定，在5个工作日内向市场公告临时受托管理事务报告。此外，太平洋证券在履行受托管理职责过程中，未采取充分手段核查发现韩城城投未披露重大诉讼、主要资产被冻结、未能清偿到期债务等重大事项，未尽到《债券受托管理协议》受托管理人持续跟踪监督和关注义务。

现有制度构架下，受托管理人职能的发挥也面临难度。新《证券法》和最高人民法院均认可了债券受托管理人的诉讼主体资格，不过立法层面尚未解决债券受托管理人与债券持有人之间适用何种法律关系的争议。出现违约纠纷时，若受托协议未事先约定或约定不明，受托管理人履职程序将较为烦琐，司法实践中受托管理人的功能难以有效发挥。同时，受托管理人与债券持有人会议制度源自不同法系国家，二者之间可能存在利益冲突，《纪要》明确除非法定无效事由，持有人会议决议对受托管理人也具有约束力，但并未明确法定无效事由的司法认定标准，源头不同的两种制度如何实现顺畅衔接尚需继续实践探索。受托管理人机制更好地发挥功能仍待进一步健全利益冲突防范机制，统一利益冲突的认定标准和防范机制设置要求，提高规则适用性，强化投资者保护。目前，在司法实践中，各地法院对于债券受托管理人能否以自己名义进行诉讼存在不同的司法态度，如中科云网债券违约案件中，北京地方法院接受了受托管理人提出的违约之诉，但也存在部分法院因受托管理人并非提出执行异议的适格主体，而驳回其执行异议申请的情况。

2019 年，太合汇投资管理（昆山）有限公司（以下简称太和汇）起诉绍兴众富控股有限公司（以下简称众富公司）债券违约案，被上海市高级人民法院驳回。太和汇与众富公司签订合作协议，管理并承销众富公司发行的“众富公司定向债务融资工具”债券，同时约定太和汇作为产品的受托管理人，在众富公司不能清偿债务时有权代表债券持有人提起民事诉讼。众富公司未按约兑付到期的融资产品，构成违约，故太和汇起诉，请求宣布尚未到期融资工具产品提前到期，归还本息，以及已经到期的融资产品立即还本付息。而上海市高级人民法院认为，太和汇作为债券受托管理人，不是诉讼标的的法律关系的主体。因为这种起诉制度不符合代理制度，也不符合信托法，当事人之间的民事合同并不必然能使得相关主体成为诉讼原被告。法律没有规定的情况下，禁止采用诉讼担当方式替代真正权利人进行诉讼。因此，法院依照《中华人民共和国民事诉讼法》第一百一十九条、第一百五十四条第一款第三项、《最高人民法院关于适用〈中华人民共和国民事诉讼法〉的解释》第二百零八条第三款规定，最终驳回了原告的起诉。

五、多方利益协调下处置方案的形成与落地缓慢，投资者利益让步较大

在债券违约处置中，回应不同类型债权人的诉求、兼顾各相关方的合法利益是形成违约处置方案和推动方案落地的关键。债券违约处置方案的形成不仅要从债权人保护的角度考虑债券持有人的权利实现，还要从地方经济发展和信用环境的角度兼顾企业维持，也要从金融市场安全稳定的角度维护债券市场信心，这意味着处置方案不仅是法律问题，更是一个涉及

多方利益和目标的复杂系统。

由于我国债券市场风险防范机制在很长时间以来具有较强的行政化特征，政府在债券违约处置中的过度介入屡见不鲜，特别是考虑到央企和国企特殊的经济地位以及债务关系的复杂性，政府部门更容易干预央企和国企的债券违约处置方案形成，法院也往往会参考政府及监管部门的意见。目前，政府最直接的干预方式是由政府部门及中介机构组成工作组主导处置工作，负责召开债权人会议、协调各方利益、推进方案落地等。不可否认政府或监管部门的介入有助于推进各方利益协调、推动谈判顺利开展，还能起到防范风险扩散、维护社会稳定的作用。但在过往的央企或国企债券违约处置中，政府部门在多方利益协调过程中曾倾向于通过维护发行人利益、促使债权人不合理让步的方式推动债务处置，如选择强制银行削减债务来避免央企或国企破产，或站在债务人立场强制签订重组协议，严重损害了债权人和投资者权益，甚至激化债权人负面情绪，造成违约处置难以推进。

以中国中钢集团有限公司（以下简称中钢集团）为例，2014 年下半年，受大宗商品市场不景气影响，中钢集团陷入经营困境，矿价大幅下跌、钢铁产能过剩以及经营能力不佳，导致中钢集团从 2014 年 9 月开始出现债务违约。为挽救中钢集团免予破产，2014 年底国务院授权银监会法规部协调召开中钢集团债务会议，中国银行等国有银行牵头成立债委会，与中钢集团展开债务重组谈判。据债委会统计，中钢集团此次债务重组涉及境内外 80 多家银行以及多家信托、金融租赁公司，债务人与债权人利益诉求难以协调。谈判初期，中钢集团及相关监管部门提出消债诉求，即让银行债务停息挂账在中钢集团后逐年核销，遭到银行方坚决反对，部分银行直接将中钢集团的贷款划为不良贷款处理，债务重组谈判进展十分艰难。此后，银监会法规部主导召开多次债务重组会议，协调各方利益，最终决定采用以债转股为主、涵盖减债和展期等方式在内的重组方案，重组方案于 2016 年正式上报国资委和银监会，但具体细节并未公开。此次中钢集团的债务重组历时两年之久，才最终确定重组协议。

此外，对于破产重整中的违约债券，债券对应债权的回收率是投资者关注的重点，债权性质各异的债权组的利益博弈必然会影响发行人整体债务的偿付结果。在债权人数量众多、金额巨大的破产重整案件中，多数违约债券所代表的债权仅是普通债权中的一部分，在债权金额上难以与银行贷款类债权相对抗，在债权人数量上又受到经营性债权人的限制，因此，违约债券所对应的普通债权组难以在表决中产生决定性影响。发行人在制订破产重整计划时，对债券类债权的利益考量也容易被其他债权稀释，影响债券类债权的偿付结果，相关债权人利益也难以充分保障。

以保定天威集团有限公司（以下简称保定天威）为例，2015 年 4 月，保定天威发行的“11 天威 MTN2”无法按期兑付利息，同年 9 月，保定天威发布公告称，受全球经济发展放缓、新能源行业产能过剩、价格持续低迷等不利因素影响，公司无力偿还到期债务，集团及下属 3 家公司拟申请破产重整。2016 年 1 月，保定市中级人民法院正式受理保定天威破产重整申请，同年 3 月召开第一次债权人会议，10 月提交重整计划草案。但在 2016 年 11 月召开的第二次债权人会议上，《保定天威集团有限公司重整计划（草案）》未通过表决，其中出资人组、税款债权组、小额债权组表决同意该草案，职工债权组、有财产担保债权组和普通债权组未通过该草案。重整方案中，普通债权将按债权金额的 30%进行清偿，其余 70%予以豁免。30% 的部分也将分期清偿，在重整计划批准后的 8 年内还清，第 5 年开始等额现金还款，偿债期内不计利息。而保定天威公开发行债券的债权人全部算在普通债权组，30% 的清偿率较低且偿还周期较长，未来存在很大不确定性，因此普通债权人反对意见较大，在债权人大会上未表决通过该草案。对于有财产担保的债权，预计清偿率为 100%，但在重整计划批准后 6 个月内仅现金清偿 10%，剩余 90% 也将按照普通债权人的 8 年还清方式进行偿付，苛刻的偿付条件也未获得有财产担保债权组的同意。职工债权量虽然得到全额清偿，但由于部分职工债权未得到确认，所以在表决过程中也并未获得通过。此次天威集团破产重整涉及的债权人约为 56 家，不同债权组利益协商难度较大，违约债券的债权组利益让步也超过债权人接受范围，导致违约处置迟迟未有实质性进展。根据保定天威在 2023 年 7 月 31 日披露的信息，公司正在按照法院批准的重整计划进行执行。

第三节　其他问题探讨

从实践情况看，我国债券市场违约处置还存在“担而不保”现象时有发生、不良资产处置机构等第三方机构参与度不足、违约债券的市场化处置机制以及信用衍生品市场发展还不成熟等问题，制约违约处置效率的提升。在债券市场违约常态化背景下，违约处置机制仍有较大发展空间。

一、担保物权管理不当、“担而不保”问题影响债券违约处置

设立担保权是债券市场常用的外部增信方式，主要包含抵押、质押、大型企业或担保公司无限连带责任等形式。根据《担保法》和《物权法》规定，当债务人无法履行偿还责任时，债权人有权按照规定拍卖、变卖抵（质）押财产优先受偿或要求保证人承担保证责任代为偿还，因此违约债券的担保权行使是否顺畅直接影响到含担保的违约债券的处置进程。目前，债券市场上涉及担保权行使的违约债券多半通过运用担保代偿的方式顺利实现兑付，但也存在担保权行使不畅或担保方拒绝代偿导致债券持有人利益受损的情况，特别是担保方“担而不保”现象突出。

在债券违约处置过程中，涉及物权担保的问题主要集中在以下三个方面。

一是“担而不保”导致债券违约。从主观意愿上看，无论是发行人还是担保人，如果不是真实具有担保意愿，担保往往流于形式，无法发挥增信作用。如部分发行人为降低发行成本，忽视担保机构的信用情况和代偿

能力，可能导致担保效果甚微；部分担保机构盲目扩张，业务激进导致担保风险上升，内部资金紧张，代偿能力下降。以中海信达担保有限公司（以下简称中海信达）为例，中海信达担保的债券中有7只违约债券：12蓝博01、12致富债、12中成债、13华龙01、13华珠债、13中联01、13中森债。作为不可撤销的连带责任担保人，中海信达应代为履行发行人的本息偿付责任，但中海信达自身缺乏偿付能力以及偿付意愿不足，未按时履行偿付责任，致使其担保的债券违约后投资人利益受损。

二是担保物权管理不善导致担保物价值下降或权利实际无法实现，如是否已存在优先于债权人顺位的抵（质）押权、是否被采取冻结等影响受偿顺利实现的司法强制措施及其他不利实现抵（质）押物价值的情形等。在“11超日债”违约事件中，应债券持有人要求，2013年上海超日太阳能科技股份有限公司（以下简称超日太阳）同意以本公司及其子公司的部分应收账款、部分不动产及机器设备等资产作为公司债担保，但此后超日太阳违规使用担保资产，导致作为担保的应收账款绝大部分未能按期收回，使得担保权的实际增信功能大打折扣。在债券违约之后，债权人也无法按约定变卖担保物权，投资人利益受到损害。

三是担保方与发行人之间关联性复杂，互联互保增加代偿不确定性。担保方与发行人之间的关联性会影响增信效果，如许多担保方本身就是发行人的股东或上级公司，在母公司为子公司提供担保的情形下，如果发债主体在母公司的盈利和现金流中占据重要地位，那么一旦发债主体出现兑付困难，母公司偿债能力也难以保证。此外，基于其他特殊利益关系或地域原因产生的互保、联保现象屡见不鲜，某一环资金链断裂即会“牵一发而动全身”，容易导致连环违约发生，代偿不确定性升高。

除连带责任担保外，由第三方提供的“流动性支持”承诺也是影响违约债券偿付的条件之一。流动性支持是指发行人因临时资金流动性不足，导致未能按时兑付债券利息或者本金的情况下，银行/第三方将在每次付息和本金兑付首日前给予发行人一定的流动性支持贷款。但在实践中，流动性支持承诺缺乏清晰的界定标准且法律效力不足，对债权人和投资人利益保护效果有限。一方面，流动性支持的触发条件是需要界定发行人是否由临时资金流动性不足引发的违约。只有当这个前提条件成立，银行/第三方才会给发行人提供流动贷款支持。实际上，引发债券违约的因素是多样化的，难以将违约归因于单一的临时流动性不足。当这个前提条件不成立，银行/第三方有权不提供流动贷款支持。另一方面，流动性支持只是一种承诺不能等同于担保，不能将银行的流动性支持理解为银行信用的背书。如在“11蒙奈伦”债券的募集说明书中，包商银行承诺为内蒙古奈伦集团股份有限公司（以下简称奈伦集团）提供流动性支持。但协议文本上约定，该流动性支持贷款仅针对本期债券的本金与利息偿付，应对发行人因临时资金流动性不足，保障本期债券本息偿付。在“11蒙奈伦”实质性违约后，包商银行认为债券违约并非临时资金流动性不足，而是奈伦集团经营能力出现明显恶化，流动性条款承诺的前提不成立，包商银行拒绝提供代偿本息。

二、违约债券处置中不良资产处置机构参与度不足，处置效率有待提高

我国资本市场主体较单一，资金来源高度集中于银行类机构，风险偏好普遍较低。发债企业出现违约后，市场缺乏能够有效准确反映违约债券内在价值的估值定价服务机构，能够综合运用投行手段处置违约债券的证券公司等中介机构，也很少有像美国秃鹫基金/困境基金相似的第三方机构参与到违约债券后续处置中。尽管近几年市场上有部分资产管理公司（AMC）、证券公司、投资机构开始有意识地开展证券不良资产业务，但仍处于起步阶段，业务规模和行业影响有限。

对于商业银行而言，通过AMC批量处理不良资产是一种较为成熟的模式。AMC具有较丰富的不良资产处置经验，且可发行专项金融债券为购买不良资产融资，具备参与违约债券处置的能力与资金实力。但我国现有的金融资产管理机构主要对接银行不良资产处置，很少开展证券业

务，运用上市公司平台和资本市场工具处置资产的经验不足。参考商业银行不良资产转卖 AMC 的操作，AMC 处置违约债券主要核心在于违约债券转卖的定价是否合理。因此对于违约债券对应的估值以及定价是债券持有人与 AMC 双方谈判的重点。一般而言，AMC 在参与出险企业债务化解时会采取低价收购或打折收购债权的形式，并且倾向于有对应项目、资产抵（质）押或担保等增信措施的债务。AMC 在以低价收购完成债券偿付后，通常通过债务重组、资产重组等一揽子解决方案帮助发行人改善经营后进行求偿，最终回收率与收购价格之差扣除货币时间价值即为机构获取的盈利。2022 年 6 月 6 日，银保监会出台《关于引导金融资产管理公司聚焦主业积极参与中小金融机构改革化险的指导意见》，提出 AMC 资产收购范围新增涉及债委会项目、债务人进入破产程序、公开发行债券出现违约、本金或利息逾期 90 天以上、因疫情影响延期还本付息后再次逾期等 5 类资产，违约债券收购作为 AMC 的新业务领域迎来广阔的发展空间。

司法文件的出台、违约债券处置效率的提高，也给 AMC 从传统的固收业务和信贷业务，转向权益类业务和股权业务创造了条件。2017 年，中国信达资产管理股份有限公司（以下简称“中国信达”）收购内蒙古博源控股集团有限公司（以下简称博源集团）违约债券，是国内首个通过 AMC 打折收购债券、注销登记来化解违约风险的案例。博源集团于 2016 年 12 月发生首次债券违约，违约主要是由于甲醇装置停产、煤炭行业不景气导致中短期资金链紧张，仍有通过债务重组化解风险的价值。博源集团违约后，在当地政府的积极协调下，2017 年 12 月中国信达收购博源集团“16 博源 SCP002”“16 博源 SCP001”“12 博源 MTN1”全部违约债券，规模共计 30 亿元，双方签署了《逾期债券注销框架协议》，将违约债券转换为普通债权，后续由博源集团通过股权抵偿完成对中国信达的兑付。由 AMC 收购违约债券有利于稳定债券价格、缩短偿付周期、提高回收率，但 AMC 收购债券的前提是发行人核心资产有一定价值，通过资产债务重组，发行人有机会恢复正常经营。AMC 介入债券违约处置的效率也取决于政府、股东等外部力量支持力度，交易价格的商定需平衡各方利益。根据博源集团的相关公告显示，3 只债券收购的过程历时较长，其可能的原因为债券持有人分散，需要逐一谈判，拖累了违约债券处置效率。

此外，AMC 在收购违约债券时一般要求债务人提供其他增信措施，如银河资产收购“17 巴安债”全部剩余本息金额，要求上海巴安水务全资子公司提供应收账款质押担保，还与巴安水务签订《债务重组合同》，重组期限为 12 个月；东方资产在为冠城大通代偿“20 冠城 01”债券 17.3 亿元本金后，与冠城大通形成新的债权债务关系，冠城大通则将北京太阳宫房地产开发有限公司 95%股权、大通（福建）新材料股份有限公司 79.08%股权、北京海淀科技园建设股份有限公司 69%股权以及富滇银行股份有限公司 31188.1 万股股份作为东方资产偿付债务的质押担保，双方约定冠城大通应于一年内偿还标的负债，经东方资产同意后才可延长期限。

继 2020 年两会期间提出《关于设立证券行业不良资产处置机构有效化解债券违约风险的建议》议案后，呼吁设立证券行业不良资产处置机构，有效化解债券违约风险的声音增多。不同于传统的资产管理机构主要对接银行体系，证券不良资产处置机构主要依托资本市场，开展违约债券等证券领域的不良资产处置。随着刚性兑付打破，违约债券将成为常态化的不良资产类别，或将成为证券处置机构的主要业务标的。证券业 AMC 还将推动证券不良资产处置相关制度完善和生态建设，发挥证券处置机构牵头作用，提升证券持有人在企业债务处置中的话语权，提高市场化平等协商和司法程序效率，推动不良资产处置方式创新。但截至目前，成立新的证券业资产管理公司尚未有实质性进展。

三、违约债券交易机制虽初步建立，市场化退出难度仍较大

随着我国信用债违约进入常态化阶段，建立完善的债券违约处置机制、提升违约处置效率越发重要。相较于自偿、代偿和重整等常见的违约

处置方式，违约债券交易不仅有助于提高违约债券流动性、增强违约债券的风险定价有效性，还可作为违约债券市场化退出渠道，有利于分散转移信用风险，丰富债券违约处置路径。同时，投资者通过将违约债券转让给具有更强风险承受能力和意愿的专业机构投资者，由其发挥信用风险处置能力，在提高违约债券处置效率及质量的同时，更有利于推动部分困境企业加快化解债务危机进程，是债券市场向纵深发展的必经之路。

目前我国违约债券交易机制已初步建立，但违约债券交易市场相对不活跃，债券违约市场化退出效率有待进一步提升。2018 年以前，违约债券大多处于交易受限状态 ，二级市场基本丧失流动性，例如，沪深交易所对发行人出现不能按时还本付息等情形时，实施停牌等措施限制交易；银行间市场尽管允许非本金到期的违约债券继续交易，但在债券到期无法偿付本息违约时，到期债券终止流通导致无法交易。2018 年以来，监管机构进一步完善违约债券市场化退出机制，全国银行间同业拆借中心、北京金融资产交易所及沪深交易所陆续推出了违约债券转让服务，丰富了违约债券交易渠道：2018 年 6 月，全国银行间同业拆借中心发布《关于开展债券匿名拍卖业务的通知》及配套细则，基于现券匿名撮合系统，在银行间债券市场推出针对具有高风险、低流动性等特点的特定券种匿名拍卖业务，包括但不限于违约债券、受违约影响的债券、资产支持证券次级档等低流动性债券。违约债券匿名拍卖业务自 2018 年 7 月首次开展以来，于 2020 年 3 月起由不定期模式进入常态化逐月开展模式；根据交易中心公开披露数据显示，达成交易的匿名拍卖专场共计 22 场，涉及债券 37 只，涉及发行人 28 家。

2019 年初，北京金融资产交易所基于多年不良资产转让业务经验，推出以动态报价机制为核心的到期违约债券转让业务，同时引入私募基金、地方资产管理公司及非金融机构合格投资人等更多参与主体。此外，2019 年 12 月人民银行正式发布《关于开展到期违约债券转让业务有关事宜》，明确到期违约债券应当通过银行间债券市场的交易平台和债券托管结算机构予以转让，并采用券款对付结算方式办理债券结算和资金结算。2020年4月，北金所正式发布《北京金融资产交易所银行间市场到期违约债券转让业务操作指南》，到期违约债券转让业务主要包含以下7个环节：转让方提交转让申请；北金所转让信息公示；意向受让方提交受让申请；意向受让方缴纳保证金；北金所组织动态报价及成交；券款对付（DVP）结算；数据报送。此外，北金所依托国有金融资产转让及不良资产处置经验，引入非金融机构合格投资者等更多参与主体，为到期违约债券解决提供了新的思路，不过当前成交债券仍不多，而且主体的集中度较高。

2019年5月，沪深交易所分别联合中证登发布《关于为上市期间特定债券提供转让结算服务有关事项的通知》和《关于为挂牌期间特定非公开发行债券提供转让结算服务有关事项的通知》，针对违约债券及其他高风险债券建立特定债券转让交易制度，特定债券简称前冠以“H”字样，转让不设价格涨跌幅限制，投资者可以采取报价、询价、协议交易等方式交易，有利于特定债券价格发现及交易机会的促成。

总体而言，我国目前初步形成“全国银行间同业拆借中心——违约债券匿名拍卖业务”“北京金融资产交易所——到期违约债券转让业务”“沪深交易所市场——特定债券（违约债券）转让业务”三大模式的违约债券交易机制，但从参与违约债券转让规模及频率、交易方式、涉及发行人结构、参与机构范围、违约成交信息披露等方面看，我国违约债券交易机制仍处于起步阶段，对违约债券流动性改善有限，违约债券市场化退出难度仍较大，高收益债券市场有待进一步发展。

四、信用衍生品市场仍处于起步阶段，对债券违约风险缓释作用有限

信用衍生品工具作为固定收益市场的重要组成部分，是海外高收益债券市场发展过程中重要推动因素之一。从风险定价角度看，信用衍生品有利于提升高收益债券、违约债券成交活跃度和市场流动性，进一步完善债

券市场风险定价机制。从风险分担角度看，投资者通过信用衍生品可实现信用风险缓释或对冲，当信用事件发生时，信用保护购买方通过将违约风险向信用保护卖方传递，从而获得债务违约快速退出机制，因此信用衍生品市场是债券违约处置机制中重要一环。

我国信用衍生品市场起步时间较晚，交易商协会、沪深交易所已推出“6+1”（6 种信用衍生品工具及 CDS 指数产品）类信用风险缓释工具。2010 年 10 月，中国银行间市场交易商协会吸取国际金融危机教训，结合国内市场发展实际推出信用风险缓释工具（CRM），发布了盯住参考实体单一债务（债券、贷款或其他类似债务）的信用风险缓释合约（CRMA）和信用风险缓释凭证（CRMW），标志着我国信用衍生品市场的诞生。2016 年，交易商协会为丰富银行间市场信用风险管理工具，在 CRMA 和 CRMW 的基础上，新增了盯住参考实体一揽子债务的信用违约互换（CDS）和信用联结票据（CLN）两类信用风险缓释工具。2018 年 11 月，上海证券交易所信用保护工具业务开始试点，并于 2019 年 12 月推出信用保护凭证业务。此外，2021 年 4 月，交易商协会公布《关于银行间市场信用违约互换指数编制及交易有关事项的通知》，目前银行间市场已发布“高等级”和“民企”两个主题 CDS 指数。

尽管近年来我国信用衍生品市场产品逐步丰富，但从配套制度与监管机制、市场容量与投资者参与结构等方面看，信用衍生品市场仍处于探索阶段，对信用风险对冲功能发挥尚不充分，在债券违约处置机制方面发挥的作用有限。

配套制度方面，我国信用衍生品各类产品制度依据以《业务指引》和《业务规则》等指引性文件为主，缺乏上位法支持，难以适应市场快速发展的需要 。2010 年 10 月，交易商协会推出《中国银行间市场金融衍生产品交易主协议》《银行间市场信用风险缓释工具试点业务指引》及《中国银行间市场金融衍生产品交易主协议（凭证特别版）》等指引性文件。2016 年 9 月正式发布《信用风险缓释凭证业务指引》《信用风险缓释合约业务指引》等配套文件，2021 年 4 月交易商协会修订发布《银行间市场信用风险缓释工具试点业务规则》《信用违约互换业务指引》《信用联结票据业务指引》；交易所市场方面，2019 年沪深交易所发布《沪深证券交易所　中国证券登记结算有限责任公司信用保护工具业务管理试点办法》。整体而言，信用衍生品市场缺乏上位法支持，难以适应市场快速发展的需要。

监管机制方面，银行间市场与交易所市场指引相互独立，存在二重监管的发展制约。我国金融市场长期存在银行间市场与交易所市场互相独立的二元体系，两者监管体系与制度法规互不相同、相互独立，对于同类信用衍生品交易或存在不同标准及要求，缺乏协调和统一机制，长期看不利于信用衍生品业务的发展和管理，同时可能出现监管冲突或监管真空的情况。

信息披露方面，我国信用衍生品市场交易透明度低、信息披露规则较为散乱，缺乏整体性的信用衍生品信息披露体系和制度。由于我国目前对于证券市场参与主体的信息披露要求上仍以权益市场为主，信息披露存在同质化、形式化的问题，这一点在债券发行人的信息披露中尤为明显。与一般的债券交易相比，信用衍生品交易除了参考主体的信用状况外，还需要关注交易对手的信用状况，因此涉及信息披露的对象更多、对信息披露的要求更高，而现阶段我国信用衍生品的交易仍缺乏系统完整的衍生品信息披露制度。

目前，我国债券违约处置进展整体较为缓慢，相关法律法规落实还不到位，具体来看，基础制度与法律方面，信息披露不充分、虚假陈述等问题依然存在，违约处置方案法律约束力不足不利于保护投资人等利益各方的合法权益，破产清算程序复杂、周期较长导致回收不确定性升高；投资者保护方面，投资者保护条款应用不足以及部分与信用级别挂钩的条款设计不合理，不利于保护投资者利益，持有人会议和受托管理人制度作为保护投资者的重要制度，运行机制还不够规范，权责划分尚待进一步明晰；其他突出问题还包括“担而不保”问题、专业第三方机构参与不足、违约债券交易市场不够成熟、信用衍生品等风险对冲工具利用不充分，等等。

我国外债违约处置实践中暴露的问题，需要更为完善的制度和法律规范处置流程，更需要发行人、投资者、监管机构等市场参与各方，共同努力推进违约方案实际落地，提升违约处置效率。

第十章

主要发达国家债券市场违约处置实践经验

美国、英国、日本等主要发达国家经过长期实践形成了针对债券市场违约处置大量可供参考的经验，本章首先介绍了主要发达国家典型的违约处置制度框架，其次从“事前预防措施”“事中应急机制”“事后处置机制”三个方面阐述主要发达国家针对违约处置行之有效的配套机制，然后探讨了高风险债券市场化交易实现风险再分配提高处置效率的途径，最后总结归纳了违约处置的国际经验启示，为完善我国债券市场违约处置制度提供参考。

第一节　典型违约处置的制度框架与实践

国外债券市场发展历史较久，且经历了数次金融危机引发的市场动荡，违约债券数量和规模较大，因此积累了较多违约处置经验，并形成了多元化的违约处置方式。从大类来看，主要发达国家违约债券处置方式涉及司法途径和非司法途径两类，其中司法途径主要包括破产重整、预重整、破产清算，破产和解也有一定应用，但相对较少，非司法途径则以庭外重组为主，本节将逐一介绍这五种框架设计及主要发达国家的具体实践经验。

一、司法途径

（一）破产重整

破产重整指在相关利益方的参与下，法院主导违约处置流程，旨在帮助债务人摆脱财务困境、恢复经营能力、最大化企业价值。基于企业持续经营、以未来盈利偿还债务的假设，美国《破产法》第 11 章设定了一系列保护性条款为企业争取完成债务重整的时间和空间，以增加企业持续经营的可能性。比如，根据自动终止条款，在申请破产重整之后，除非事先获得破产法院批准，企业有权暂停支付债务本息直至债务重整完成，债权人不得发起诉讼、冻结资产、要求企业提前偿还债务、增加增信措施等；债务人仍保持对企业的控制，成为“拥有控制权的债务人”；在法院批准破产重整申请后，企业可通过资本市场获得新的借款用于维持日常经营，DIP 借款在存量债务中优先层级较高；同时 363 条款允许企业在法院允许下通过出租、出售资产等方式回笼资金以解决债务问题。

第 11 章规定在法院宣布救济令之后的 120 天内，债务人需提出重整计划并向法院提交书面披露文件，各利益相关方对重整计划进行投票表决，该阶段一般在法院宣布救济令之后的 180 天内完成。若重整方案较为复杂，债务人提出重整计划的期限和债权人投票可分别延长至法院宣布救济令之后的 18 个月、20 个月。美国《破产法》对重整信息披露做出了较为明确的说明，第 1126（b）款规定，在提起重整申请前，债务人需要按照第 1125 条（a）款的要求，向债权人、股东等利益相关方进行充分的信息披露，除非其他法律、法规有例外规定。第 1125 条（a）款基于“理性投资人”的标准界定了“充分信息”，即能够使相关债权人或股东对重整方案做出理性判断。在 Metrocraft Publishing Service，Inc. 一案中，主审法官列举了 19 项内容对第 1125 条（a）款的充分信息进行描述，包括：导致提出破产申请的材料；可获得的财产清单及相应价值；公司未来发展前景预测；在披露说明中记载的信息来源；第 11 章破产重整程序进展情况；债权人清单；清算模式下债权人能得到的清偿价值；预计所需的管理费用；会计师审计方式及主要责任人；债务人未来管理层；与债权人做出拒绝或接受重整方案决定有关的财务信息、资料、评价、预测；有关债权人在重整程序中可能遇到的风险信息；可撤销转让行为所追回的财产实际或预计的合理价值；除破产程序之外的或有诉讼、债务人纳税情况、子公司明细等①。

---

① 高峰，叶甲生．预重整制度比较研究［EB/OL］．http：//www. cqlsw. net/news/overseas/20200729 35064. html.

为了达到平等对待所有利益相关方的目的，美国司法部专设分支机构——受托人办公室参与破产程序，由当地代表负责参与听证会，组建相关利益方委员会，并对债务人行为进行监管和干预，维持总体公平。受托人一般选择参与意愿最高且持有规模最大的 7 家无担保债权人组建债权人委员会，委员会可聘请律师和财务顾问提供专业意见，相关费用最终由债务人承担。根据具体情况，受托人还可组建其余类型债权人委员会或股东委员会，以代表不同群体的利益，对债务人形成制约。基于利益方对债务人求偿的优先次序，对受损利益方进行分组，重整计划应当得到每组债权人按债权金额计算的 2/3 多数和按人数计算的 1/2 多数的赞成，以及股东按股权数额 2/3 多数的赞成。重整计划在得到利益方投票通过后，法官需要判断该计划是否通过“债权人最佳利益”测试，即重整方案下每类债权人的赔偿金额高于破产清算情形。若通过“债权人最佳利益”测试，各利益方按照重整方案得到部分或全部清偿，案件结束，债务人恢复经营。若重整计划未能获得全部类别债权人赞成，法院可以允许债权人或股东自行提出重整计划，也可以任命管理人接管企业强制执行重整方案，或者转成第 7 章破产清算程序。

（二）预重整

预重整制度起源于美国，1978 年美国《破产法》在立法层面确定了预重整制度，逐渐应用在破产实践中。由于庭内重整存在程序复杂、耗时较长、费用较高等问题，为了缩短流程时间、降低成本，预重整制度的核心思路就是将重整计划谈判程序前置于司法程序。在具体实践中，美国有两种模式，一种是预重整模式，即企业向法院申请破产重整前，与相关利益方通过谈判形成重整计划且经债权人表决通过，将重整计划设立及表决程序提前，进入破产程序后由法院直接批准债权人投票通过的重组方案，极大地压缩了流程时间，避免传统重整程序的拖延和高额成本，但要求公司申请破产之前向债权人做到充分信息披露且获得绝大多数债权人同意，避免债务人二次重组。另一种是预协商模式，指在企业向法院申请破产重整前，债务人就重整方案核心条款与主要债权人协商并达成一致意见，但没有征求投票，仅将重整计划设立程序提前，进入庭内重整程序之后仍需要执行计划草案表决程序，且前期达成一致意见的债权人不得投反对票，相比预重整模式，耗时会更长一些。预重整制度以自愿协商为基础，结合一定的司法干预，一方面避免了庭内重整程序复杂、耗时长、费用高的缺点，另一方面避免了庭外重组缺乏法律保护、谈判陷入僵局的情况。

欧盟“预防性重组”与美国“预重整”相似，指在正式的庭内破产程序开始前在法院或者官方机构的监督下实施的一项有约束力的解决债务人危机的准集体清偿的计划方案，属于破产前程序的推进。预防性重组强调建立早期风险预警机制，尽早发现困境企业并进行重组，同时为了避免“预防性重组”被恶意使用，债务人若因违反法律法规而承担刑事责任，在采取适当措施纠正之后才允许其进入预防性重组程序，成员国可根据自身情况限制债务人在某一时期内使用预防性重组的次数。为了消除欧盟内部不同国家在预防性重组、破产、清偿债务方面法律程序的差异，2019年6月，欧盟正式通过了《2019/1023指令：“关于预防性重组框架的指令，债务清偿和剥夺资格的框架，以及关于提高重组、破产和债务清偿程序效率的措施，并修正（欧盟）第2017/1132号指令”》（以下简称“2019/1023指令”）。“预防性重组”程序引入美国《破产法》第11章中的DIP制度，除特殊必要情况外，债务人保持对企业的经营权。在程序启动后会赋予债务人中止期，所有债权人在此期间不得向债务人追索，中止期最长为4个月，在相关利益方请求下法院或行政机构可以适度延长或提前终止。利益受损的债权人或相关方需要按照一定标准分组参与重组方案的表决，在任何一组，组内债权额或者债权人数量同意比例占多数（不应该高于75%）即通过重组计划。法院或行政机构需要审查重组计划的流程规范性、债权人是否被公平对待、重组计划信息披露、债权人最佳利益测试等内容，只有在法院批准之后重组方案才能对所有债权人和债务人产生约束力。若重组计划未能获得所有债权人分组通过，法院或行政机构可在特定条件下强制批准重组计划。

（三）破产清算

破产清算是由法院选任的管理人全面接管企业，负责对破产企业财产进行清算、估价、处理、分配以解决债权债务关系，使经营难以为继、资不抵债的企业退出市场，确保市场有效运行。按照美国《破产法》第7章的规定，一般情况下由债务人向主要营业场所或资产所在地的法院提交破产清算申请，之后法院会指定破产管理人。破产申请同样受到自动终止条款的保护，在提交申请后的21~40天，管理人需召开债权人会议，债务人必须出席并回答管理人和债权人提出的关于公司运营和资产的问题。如果会议召开地没有破产管理人常驻，可在清算申请后不超过60天内举行。债权人会议召开后的第10天，管理人需向法院报告该案件是否滥用破产清算程序，无担保债权人需在债权人会议召开的90天内向法院提交债权证明材料。基于企业救济原则，美国《破产法》允许债务人在符合要求的情况下，由破产清算转为破产重整。

在破产清算程序中，管理人主要职责是清算债务人资产，提高债权回收率。美国《破产法》赋予管理人“撤销权”，可请求法院撤销债务人在破产清算程序开始前一定期限内做出的不利于债权人整体利益的行为，追缴相关资产或权益纳入破产财产。管理人在清算债务人资产之后，收入所得按照“绝对优先权”规则分配给债权人，有担保债权人基于抵（质）押资产求偿，无担保债权人分配次序依次为：破产程序管理费用（诉讼费、律师费、管理人费用等）、具有法定优先权的利益方（税金、租金、应付职工薪酬等）；无担保债权人及有担保但未受偿完成的债权人；股东。只有高等级债权人得到足额偿付之后，低等级债权人和股东才可能获得赔偿。

（四）破产和解

破产和解制度指经营不善的债务人为了避免破产宣告或者破产清

算，与债权人就债务减免或延期等达成和解协议，经法院裁定认可后生效的法律程序，对债务人和全体和解债权人均有约束力。与破产清算相比，破产和解成本相对较低，避免了进入破产清算程序需要花费的高昂费用以及债务人资产大幅折价拍卖的损耗，债权人一般能获得比破产清算程序更高的清偿比例。基于破产和解优于破产清算，多国确立了“和解优于破产”的原则。1883 年，比利时最早颁布《预防破产之和解制度》，开创了和解制度的立法先河，随后瑞士、丹麦、意大利、法国、德国、日本等国家纷纷效仿制定独立于《破产法》的和解法，确立了和解分离主义原则，即和解程序和破产宣告程序并行，当事人申请进入和解程序，和解失败可直接转化为破产宣告程序，也可先申请破产程序，在破产宣告前启动和解程序，由法院裁定许可后中止或者终结破产程序。19 世纪末 20 世纪初，英美法系国家也确立了和解制度，即在《破产法》中设置有关和解的章节，实行和解前置主义，规定当事人在申请破产程序前必须先进行和解，只有和解失败才能开始破产程序。大陆法系国家破产和解程序一般由债务人提出，而英美法系国家认为破产和解属于缔造合同，债务人和债权人均可提交和解申请，旨在鼓励使用和解程序解决债务问题①，如果当事人不提出和解申请，法院不能依职权提出和解。

以日本为例，当事人在破产申请到破产分配被认可前均可向法院提出和解申请，法院需要进行债权调查，债务人需要提交偿债方案、担保物权、资产和负债明细表等资料，法院对债务人的和解申请和方案进行讨论，若认可和解申请，即可开始进行和解，选任和解管财人，确定债权人申报债权期及债权人会议召开日期。和解协议需要先由参加债权人会议的债权人过半数且所代表的债权额占总债权额 75%以上同意通过，然后由法院认可并决定程序生效。和解生效后，和解管财人需尽快完成债务清偿，然后向法院申请召开债权人会议报告执行情况，最后由法院做出和解终结的决定。

---

① 企业破产与重组研究会．破产和解常规流程及关键环节简析［EB/OL］．http：//www.ebra.org.cn/news/detail/6334_1.html.

近些年来，破产和解制度并不能很好地解决企业债务问题，逐渐被庭外重组和破产重整制度所替代。一方面，破产和解制度虽然有强制力，但不能限制担保债权人的担保物权，中国台湾破产法规定和解不影响有担保或者优先权的债权人权利，除非该债权人同意；日本破产法也规定了优先权债权人不受破产和解协议约束。然而，担保物一般涉及债务人多数核心资产，缺乏对担保债权人的约束将导致企业难以恢复正常经营，但破产重整和庭外重组分别设有“自动终止条款”和冻结期，可以对抗包含担保权在内的所有债权人。另一方面，法院难以建立有效的监督机制，债务人往往掌握企业的所有资产和经营情况，债权人处于信息弱势地位，法院并不实际参与和解程序，和解协议可能不被严格履行，欺诈性和解、转移资产、财务造假等侵害债权人利益的情况时有发生。

二、非司法途径

庭外重组属于非强制性程序，由债券持有人与债务人相关方私下协商解决债务违约问题，司法程序并不介入，是主要发达国家以非司法途径处置违约债务的主要方式。庭外重组主要目的是缓解企业偿债压力，方式包括但不限于债务置换、展期、降息、债转股、更改法律条款等。在取得利益方同意的前提下，同类债权人可以自主选择不同的债务处置方案，具备灵活性。此外，庭外重组制度的回收率高于司法途径，一方面是因为企业为了高效解决债务问题，需要提出债权人损失较小的重组方案以激励债权人同意并实施；另一方面，庭外重组可以避免进入复杂的司法破产程序并支付高额的法律费用，缩短处置周期以及最大化企业价值。鉴于其灵活性和低成本优势，美国违约处置案例中，2008 年之后以庭外重组方式处置违约债券的数量和金额逐步增加，2019 年两者占比分别高达 74.36%、71.37%。值得关注的是，庭外重组制定的债务重组方案效果可能弱于司法途径。根据标普违约数据库统计①，2013 年至 2021 年 5 月，北美选择庭外重组方式解决违约债务的 208 家公司中，76 家（占比 37%）发生第二次违约，17 家（占比 8%）出现了 3 次违约，还有部分公司最终仍通过司法途径处置违约债务，主要系股东为保留控制权而倾向于制订更利于债权人、但不利于公司资本结构恢复至合理水平的重组方案，若企业经营活动仍面临较大问题，再次违约的可能性较高（见图 10-1）。同时，庭外重组程序缺乏法律保护，重组方案制定和投票过程中可能出现债权人被不公平对待的行为，或者部分债权人或股东出于自身利益考虑拒绝接受重组方案，降低重组的公平性和效率。主要发达国家通过说服、第三方介入、“多数决”表决机制方式建立庭外重组的协商程序，以增强约束力。

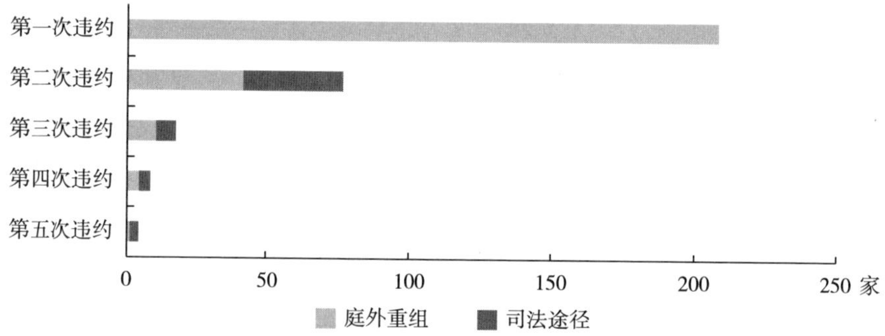

图 10-1　北美多次违约发行人债务处置分布

（资料来源：标普，中诚信国际整理）

在英国，企业陷入困境之后倾向于使用“伦敦规则”进行庭外重组，主要是因为庭外重组非公开、保密性强、不受司法程序限制，可以避免企业因声誉受损、投资者信心下降而引发融资能力恶化等问题。但“伦敦规则”不是法定程序，不具备法律强制力，需要债权人与债务人自愿协商进行债务重组②。庭外重组不具备法定争端解决机制，所以债权人银行会选举一家银行作为牵头银行，负责组织、协调和推进重组进程，多数情

① 资料来源：https：//www. capitaliq. com/。

② British Banker Association. Description of the London Approach ［Z］. Unpublished Memo，1966：1.

况下由英格兰银行担任。若债权人银行就某些事项产生意见冲突，牵头银行需要发挥调解作用，通过债权人委员会说服异议债权人，但是这种方式对异议债权人并无强制力。若部分债权人银行仍持反对意见，且其余债权人无法通过表决比例通过重组方案，只能选择购买异议方持有的债权，使其退出表决程序①。

日本引入专家主导庭外重组程序，具备专业性、规范性、高效性。2001 年，由日本多家金融机构组成的委员会出台了《多金融机构庭外重组指导方针》，参考“伦敦规则”引入庭外重组流程，由主要银行债权人主导，并要求债务人在重组后的 3 年内弥补净资产和净利润损失。然而在实践中，金融机构债权人对庭外重组方案较易产生分歧，重组效率较低。因此，日本在 2008 年以立法形式制定了《以特别认证 ADR 程序为基础的企业再生程序规则》，即“事业再生 ADR 制度”（Turnaround ADR），改变了庭外重组以银行主债权人为主导的模式，由司法部和经济产业省公认的第三方专家团体主导，对债务人与金融债权人进行调停，成为日本现代化、规则化的庭外重组程序。当债务人向事业再生实务家协会提出事业再生请求时，专家根据债务人资产、负债等情况判断其是否具有重组希望，若有则可以启动事业再生 ADR 程序，进入程序后由专家协助债务人进行重组计划的制订，并由专家在债权人会议上向债权人说明该重组计划，全体债权人一致同意则重组程序成功，如未通过表决程序，则会启动庭内重整程序②。

韩国庭外重组程序由主债权人主导，但在表决方式上采取特别多数决，并设置了异议债权人保护条款，赋予异议债权人债权回购权。2001 年，韩国出台《企业构造调整促进法》，以法律形式完善了庭外重组制度。根据《企业构造调整促进法》，债务人主银行（一般为债权敞口最多的银行）负责审查债务人信用风险，若发现债务人存在潜在的违约风险，主银行通知债务人申请庭外重组程序。之后，主银行会召集其余金融债权人组

---

① 张海征．英国破产重整制度及其借鉴［J］．政治与法律，2010（9）：41-51.

② 董晓弘．我国破产司法实践中的预重整模式探索及完善［D］．兰州大学，2020.

建债权人委员会，并有权要求金融债权人在第一次会议召开前不得对债务人进行债务追索。在第一次债权人会议上，委员会可以决定债务人冻结期，时间最长不超过 4 个月，冻结期内债权人不得向债务人追索债务，也不得行使优先担保权。在此期间，主银行根据第三方机构出具的尽职调查报告制订重组计划，委员会必须进行表决，并在通过后的一个月内与债务人签订协议实施。同时委员会可决定是否向债务人注入新的资金，新注入资金在偿还顺序上低于有担保债权、高于无担保债权。根据法案第 24 条对于委员会表决权的规定，表决人债权金额占债权总额 3/4 以上即为通过；为了保护少数债权人的利益，若主债权人单独持有 75%以上的债权总额，则表决人数（包括主债权人）超过 40%同意即为通过，若少数债权人持有异议，有权要求主银行买断其债权。

第二节　违约处置配套机制建设的实践经验

本节将从“事前预防措施”“事中应急机制”“事后处置机制”三个维度介绍主要发达国家违约处置配套机制建设的代表性实践经验，其中“事前预防措施”旨在防止和减少债券违约，“事中应急机制”指维护债券持有人利益的制度，“事后处置机制”指债券已违约且无法全额兑付情况下的处置机制。

一、事前预防措施

（一）监管引导企业建立内部风控制度，从源头上管理信用风险

建立并落实一整套完善、高质量的风险防范机制，能确保维护企业的资产负债安全，在债务风险上升时及时识别、提前防控，同时不断提高企

业经营管理效率。2004 年，美国反虚假财务报告委员会（COSO）颁布《企业风险管理——整合框架》（COSO-ERM），把风险管理要素分为内部环境、目标制定、事件识别、风险评估、风险反应、控制活动、信息与沟通、监督八个方面，为公司董事会提供有关企业所面临的重要风险以及如何进行风险管理方面的重要信息。在 COSO-ERM 框架指导下，美国不同类型企业建立了符合自身发展的内部风险管理制度。债务风险作为企业重要的可控风险之一，企业采取积极的措施来应对可控制风险，通过降低其损失发生的概率、缩小其损失程度来达到控制风险的目的。

（二）信息披露制度是违约处置的核心，有助于保护投资者合法权益

信息披露制度要求处于信息优势地位的债务人及时、准确、完整地履行信息披露义务。美国债券市场信息披露相关法律主要有三部：《1933 年证券法》《1934 年证券交易法》《萨班斯—奥克斯利法案》，分别对证券发行信息披露、持续信息披露以及违规行为处罚措施进行了明确的规定。日本 2006 年颁布了《金融商品交易法》，其中证券市场信息披露监管有三个特点：一是差异化披露，根据有价证券的流动性划分设计了不同证券适用的信息披露制度；二是采取与证券募集金额挂钩的课征金征收制度，针对不同的违反信息披露规定的行为，课征金征收比例不同，使违法行为的实际损害程度与处罚力度相匹配；三是课征金加算、减算制度，针对反复从事违法行为者处以课征金加倍的处罚，若违法者在监管部门调查前主动报告其违法行为，减半收取课征金。此外，建立风险信息共享平台可帮助债权人或监管机构掌握其他渠道相关信息，如欧盟“2019/1023 指令”提出建立早期风险预警机制，信息来源包括但不限于债务人逾期支付预警机制、公共或私营部门提供的咨询服务、掌握债务人相关信息的第三方机构（如会计、税务、社会保障局），成员国应该保证早期预警工具的信息公开可查。

（三）债券分类管理增加市场理性、避免不当投资，减轻违约处置复杂程度

不同类型债券风险特征以及监管重点有所区别，分类管理旨在增加市场理性，避免不当投资，减轻违约处置复杂程度。以美国市场为例，公司债券根据信用风险程度分为投资级债券和高收益债券，受《多德—弗兰克法案》《沃尔克规则》等监管条款规定，银行不得利用参加联邦存款保险的存款进行自营交易、投资对冲基金或者私募基金等高风险投资，非银机构成为高收益债券的主流投资机构，且以资产管理公司、保险公司这一类具有高度专业性、较强风险识别能力以及丰富市场经验的机构投资者为主，有利于增加市场理性，避免不当投资，减轻违约处置的复杂程度，还可通过衍生品对冲部分信用风险，减少潜在损失。

（四）强化评级机构的独立性和真实性，发挥风险预警功能

信用服务对投资者较为重要，在法律允许的范围内，信用评级机构从多种渠道采集受评对象历史信息，分析和判断其未来出现信用风险的概率，从而确定信用等级，并面向全社会提供信用信息产品与服务，包括专业、准确的企业信用报告或评级报告等，事先对债券违约行为进行有效评测和监管。2008 年次贷危机的发生暴露出了评级机构存在的内部控制薄弱、利益冲突协调机制有限等诸多问题。为了进一步强化评级机构的独立性和真实性，美国 2010 年通过的《多德—弗兰克法案》针对评级公司加强了监管，包括提高信息披露要求、降低与被评级机构和承销商之间的利益关联度、实施离职审查、授予 SEC 对评级机构进行检查及撤销其资格的权力等内容。2010 年 4 月日本正式实施《信用评级机构监管指引》，要求信用评级机构必须严守诚信的职责，遵守“独立性、规范公正性与透明度”三个原则，并突出强调了信用评级机构被发现存在有违反专业评级标准与恶意欺诈等行为将会面临金融厅吊销其营业执照的严厉处罚。

（五）合理应用投资者保护条款，保护存续期投资者利益

为了避免债务人在债券存续期内损害投资者利益，债券通常设定投资者保护条款，包括事件驱动型条款和事先约束条款。前者主要针对债务人财务指标进行限制，比如最低利息覆盖倍数、最高杠杆比例、最低息税折旧摊销前利润、最高资本开支等指标。后者则是对公司日常经营事项进行约束，常见约束条款包括不得将其资产为其他负债做抵押和担保；营运资本需占全部资产一定比例；限制现金股利金额和比例、普通股回购；资本性开支不得超过一定比例；限制新增债务；限制资产出售；交叉违约；提前赎回；实际控制人变更；评级调整等。债务优先级越低，条款使用越多，高收益债券设定各类条款的数量明显高于银行贷款和投资级债券。若债务人在未征得债权人豁免的情况下违反投资者保护条款，债权人有权要求债务人采取补救措施，严重时可能引发债券立即进入清偿程序。

二、事中应急机制

（一）持有人会议制度为维护债券持有人共同利益而设立

大陆法系国家通常在其法律法规中对持有人会议作出明确规定，如日本《公司法》、韩国《公司法》、意大利《民法典》、法国《商事公司法》、德国《债券法案》及瑞士《债法典》等均明确了持有人会议的议事权限、召集主体、召开流程、表决机制和决议效力等要素[①]。在此制度框架下，持有人会议具有一定的强制性，监管当局通过在法律中认可持有人会议的法律地位，为持有人表达利益诉求提供了合法的机制安排。在国际债券市场中，持有人会议普遍对当期债券持有人进行约束。如德国《债券法案》第5（2）条规定，债券持有人会议通过的决议应平等地约束该期

① 黄鑫，沈钰棪．国际债券市场持有人会议的法律效力及对我国的启示［J］．债券，2019（2）：50.

债券的所有持有人。若持有人会议通过的决议不是对所有持有人平等适用，除非利益受损的债券持有人明确表示同意该决议，否则该决议无效；对决议有异议的投资者可以向法院起诉要求撤销决议。

持有人会议决议通常在三种情况下对债务人产生约束力。一是持有人会议是由债务人主动发出要约而达成的合意，即债务人提出的议案得到持有人认可，双方达成新的协议并受合同法保护。二是决议经过法院认定，实践中由债务人执行。例如，根据日本《公司法》规定，公司债券持有人会议做出决议后，召集人[①]需向法院申请对该决议的认可，持有人会议决议获日本法院认可后即具备较高的权威性，几乎所有债务人都会主动执行，不存在持有人权益难以保障的问题。三是在由持有人（或受托管理人）召集的持有人会议中，债务人主动宣布将执行持有人会议决议。

（二）受托管理人制度实现对债券专业管理，落实债权人权益保护

通常资本市场发达的国家或地区大都要求公开发行公司债必须委任债券受托管理人，并对受托管理人的资格、选任、权利义务等几个方面予以全面规范。美国、英国、新加坡、加拿大、澳大利亚等国家的法律要求向公众发行的债券必须指定受托人。除法律规定外，一些国家的自律组织规则也要求向公众发行的债券应当为公众债券持有人指定受托人，如英国金融行为监管局颁布的上市规则要求对上市交易的公司债券委派受托人。尽管各个国家和地区具体制度设计有所差异，但归根结底，债券受托管理人制度的存在可以监督债务人遵守债券契约规定的义务，对契约所约定事项进行专业化管理，对可能损害债券持有人利益的事项及时采取应对措施，依据债券契约代表债券持有人采取行动，包括提起诉讼来强制债务人履行债务，维护全体债券持有人利益。

美国 1939 年颁布的《信托契约法》要求美国公司以任何形式跨州向

① 日本《公司法》规定的召集权人有三类：（1）发行人；（2）受托人；（3）代表公司债总额 10%以上的债权人。

公众发行的公司债券必须为债券持有人指定受托管理人，且明确了受托管理人资格，应当具备以下条件：（1）受托管理人需为金融机构或专业受托公司，考虑到受托管理人需要具有良好的专业知识以及管理经验，其合并资本及盈余不得低于15万美元；（2）受托管理人至少有一家法人团体在当地注册并接受国内法律监督和管辖，确保监管机构对受托管理人进行直接监督管理；（3）避免受托管理人存在受托义务与私人利益存在潜在冲突的情况，比如不得为债务人其他债券的受托管理人（债券要素统一除外）、不得担任债务人承销商、不得为持有债务人投票权10%以上的控制人；不得为持有债务人其他违约债务10%以上的投资者等[①]。受托人享有债券的法定所有权，需遵守“审慎者原则”，在信托契约约定的事务处理上采取的谨慎和专业态度要与处理自身事务相同，需尽最大能力维护债券持有人利益。在债券存续期内，受托人负责审查债务人财务报告、年度合规报告等披露文件是否符合契约要求，但没有对其真实性进行分析和验证的调查权，更偏重在违约后环节维护债权人利益。

日本债券市场受托管理人制度设置富有灵活性，管理人职责更为复杂。一方面，出于受托管理人制度成本和收益权衡的考虑，针对个人投资者发行的债券或者高风险债券需强制指定受托管理人，但对于面值超过1亿日元或者监管部门认定不会损害投资者利益的债券可不强制要求，确保信用风险相对较低、市场知名度较高的企业能够以较低的成本灵活发行公司债券。另一方面，日本《公司法》要求债券受托管理人秉持公平诚实谨慎的原则，采取一切司法和非司法途径保障债权人利益，必要时可向法院申请对债务人行使调查权，管理人职责更为复杂。

---

① 于春敏．公司债券受托管理人的角色定位及其制度设计［J］．上海财经大学学报，2019，21（6）：139-152.

三、事后处置机制

（一）责任追究制度通过主张过错赔偿，降低违约债券损失

除了采取违约处置制度保障债权人利益，在法律策略上，债券持有人可以诉讼参与债券发行上市活动各方相关者的过错，通过主张过错赔偿的方式减少损失。例如，如果存在控股股东滥用法人人格、恶意逃避债务的情形，可以追究股东的连带责任；如果存在欺诈发行的情形，可以主张控股股东、实际控制人、保荐人等连带责任；如果债券托管人存在过错，严重违反勤勉注意义务造成损失，投资人也可以向债券托管人追责；如果存在销售机构不当销售的情形，则可以向销售机构主张赔偿[①]。

美国证券法中，投资者主张中介机构承担虚假陈述责任的代表性法律条款包括《1933 年证券法》第 11 条、《1934 年证券交易法》10b-5 规则等。根据《1933 年证券法》第 11 条规定，除了在买入证券时已知悉证券发行环节存在虚假陈述的买受人，其余只要能够证明相关证券可以追溯到含有虚假陈述的注册申报文件的买受人均可提出索赔，且举证责任负担较轻，索赔对象包括债务人及其高管董事、承销商、会计师、评估师或其他专业人士等注册申报文件签署人，同时第 15 条规定债务人控制人也需承担相应赔偿责任，除非其不知情也无合理理由相信其存在被指控的事实。但第 11 条也存在一定限制，不适用于《1933 年证券法》中的豁免证券（如政府及特定银行发行的证券）和豁免交易（如若干小额发行和私人交易），而且只限于买受人（不包含出让人）有权起诉，起诉依据只能是证券注册申报文件，不包括债务人的定期或临时报告及其他信息披露文件，起诉对象也有限[②]。因此，实践中《1934 年证券交易法》10b-5 规则

---

① 吴伟央．债券违约应对处理法律机制探析［J］．证券法苑，2014（13）：189-214.

② 汤欣．美国证券法上针对虚假陈述的民事赔偿机制——兼论一般性反欺诈条款制度的确立［J］．证券法苑，2010（2）：192-215.

使用更为普遍，允许任何证券的买受人或出让人对参与使用任何方式进行欺诈、对重大事实进行虚假记载或遗漏的任何人提起损害赔偿诉讼，但投资者必须有强有力的证据证明被告明知或应知其陈述不实且投资者的损失直接由被告的不实陈述导致，投资者举证责任负担较重。

（二）秃鹫投资者参与违约处置，市场化专业化提升债务处置效率

鉴于破产程序的复杂性和不确定性，美国破产法允许破产债权交易，这一制度培育了专业的不良债务投资者（秃鹫投资者），将美国破产程序从监管主导转变成市场主导。现代秃鹫投资始于 1929 年美国经济大萧条，1980 年后秃鹫投资市场快速发展，主要有三方面原因：第一，经济衰退环境下债券违约率攀升，为秃鹫投资者提供了丰富的标的资产；第二，1978 年美国破产法修订，鼓励企业进行破产重整，重整过程中债务人保持对企业的控制，秃鹫投资者可向债务人施加压力，加强秃鹫投资者对于公司的控制能力，提高投资回报；第三，不良债务二级市场的发展保证了违约债券的流动性，降低了交易成本。根据投资策略差异，秃鹫投资者可分为两种类型：第一种是寻求债务人的控股权，以买入违约债券并通过转换成公司股权的方式成为公司控股股东，积极参与公司治理，这一类投资者通常是私募股权投资机构；第二种则是寻求折价债权的交易价差，低价买入定价偏低的多种类型债权并控制重组流程，解决债权人分散的问题，从协调重组中获利。秃鹫投资策略收益颇丰，1993—2012 年，秃鹫投资策略的年化收益率为 11.07%，跑赢股票市场（6.11%）和高收益债券市场（8.22%）①。

① 本书以 Hennessee Distressed Index 代表秃鹫投资策略市场表现，数据在 2013 年停止更新，S&P 500 Index 代表股票市场表现，Barclays High Yield Credit Bond Index 代表高收益债市场表现，资料来源：http：//www.hennesseegroup.com/indices/returns/strategy/distressed.html。

第三节　高风险债券的市场化交易实践

高风险债券的流动性和信用风险管理工具的可获得性决定了投资者的持有意愿，建立高风险债券市场化交易制度以及发展信用衍生品市场有利于完善债券定价机制，提高交易转让的流动性，以合理的价格更好地实现风险再分配，进一步推动债券市场信用风险的化解、处置和出清。

一、高收益债市场

高收益债又称为垃圾债，目前债券市场尚无对高收益债的官方明确定义，但根据高收益债高风险和高收益的特征，欧美市场普遍按照评级作为划分依据，评级在 BBB-、Baa3 以下的债券被认定为高收益债，无评级但信用资质较差的债券也属于高收益债范畴。高收益债最早出现于美国二级债券市场，20 世纪 30 年代美国经济大萧条期间，超过 40%的存续债券由于信用资质恶化评级被下调至投机级。1977 年之后，一级市场中的投机级债券逐渐增加，完备的一、二级市场层次和联动效应推动高收益债市场快速发展，美国成为全球规模最大、发展最为成熟的高收益债市场，在美国信用债券市场的占比近年来稳定在 20%左右。高收益债市场主体可分为三类：第一，“堕落天使”，指初始评级为投资级，但随着行业步入成熟期末期、衰退期或企业竞争优势削弱，发行人信用资质恶化，评级下调至投机级的债券；第二，“明日之星”，指发行人处于起步期，尽管发展前景较好，但公司规模较小、经营不确定性较高，未来存在较高的违约风险，无法获得投资级评级；第三，“杠杆收购”，即收购方利用被收购公司的资产或信用发行债券，被收购企业作为偿债方，债务压力加大，一旦收购整合不及预期，偿付能力将会大幅恶化。

美国高收益债市场的发展与成熟归结于三个关键因素：第一，债券对银行贷款的替代效应，1977 年美国遭遇石油危机，企业获得银行贷款较为困难，融资需求外溢至债券市场，同时注册制下对发债主体没有较多资质要求，为中低评级主体提供了融资便利，高收益债市场萌芽；第二，追求高回报率的投资者，货币宽松环境下带来的通货膨胀促使投资者要求更高的投资回报率，叠加美国监管部门对金融管制政策的放松，高收益债券投资需求增多；第三，完善的债券基础设施，以多层次做市商联络网为核心的场外交易机制显著提高了市场流动性和风险定价有效性，同时信息披露、存续期管理、违约处置等投资者保护措施相对健全，有效保障了投资者的合法利益。

美国高收益债券的二级交易市场主要由以集中指令驱动交易方式进行的场内交易市场和以报价驱动交易方式进行的场外交易市场（OTC）两部分组成。其中，场外市场的交易系统繁多，可以电话委托系统或电子交易进行。依托于高度发达统一的托管、清算与结算体系，美国债券市场拥有多个交易前端互联互通的电子平台，允许市场主体自主选择，竞争性强，不存在跨市场套利或多个交易系统和交易环节，降低了交易成本，同时美国证监会建立了 TRACE（the Trade Reporting and Compliance Engine）制度，要求场外市场上所有公司债券的交易必须进行报告并公布，否则视为违规，提高了债券交易的透明度，有利于债券的二级市场流通。从美国高收益债券市场实践看，二级市场的绝大多数交易都由做市商完成，占交易总量的比例超过 95%，做市商发挥着为市场提供流动性的作用，其做市的效果直接影响债券市场流动性的高低，并且做市商的市场势力有逐渐增强的趋势。

美国高收益债券市场二级成交额占公司债交易量的 30%～40%，活跃度高于投资级。2008—2009 年金融危机期间，高收益债成交占比明显下降，从 2005 年的 38%下降至 2009 年的 33%，但随后出现回暖，2014 年高收益债成交占比回升至 40%。受 2016 年英国脱欧和美国大选、2018 年油价暴跌等负面事件持续冲击，投资者避险情绪升温，高收益债成交占比不断下行，2022 年高收益债成交规模占比约为 32%。从发行方式来看，私募发行的高收益债占整体高收益债成交规模的占比从 2002 年的 10.75%增长至 2022 年的 53.58%，交投较为活跃。从高收益债成交评级分布看，以 BB 和 B 评级成交为主，合计成交占比从 2003 年的 15.98%增长至 2022 年的 22.58%，同时 CCC 及以下（含违约）的高风险债券也有一定规模成交，尤其是在 2008 年金融危机期间，成交规模占比一度高达 12.83%（见图 10-2、图 10-3）。

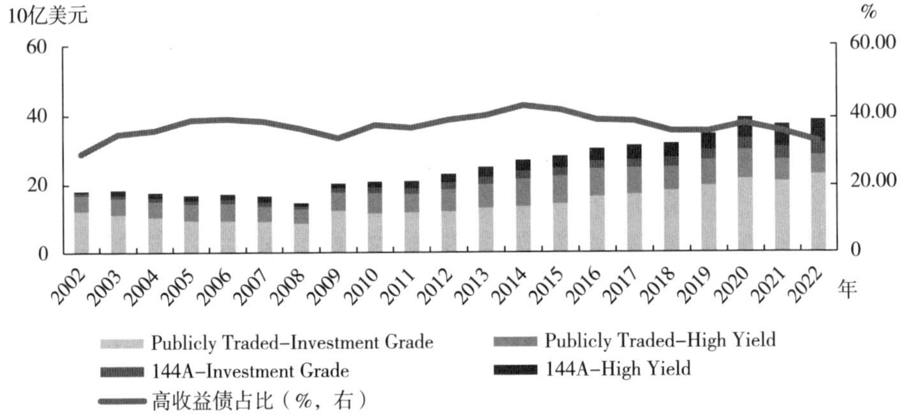

图 10-2　美国公司债日均成交量

（资料来源：SIFMA，中诚信国际整理）

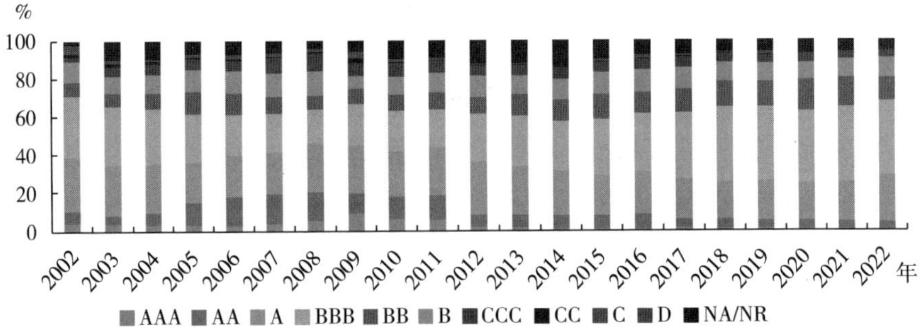

图 10-3　美国公司债日均成交评级规模分布

（资料来源：SIFMA，中诚信国际整理）

二、信用衍生品市场

信用衍生品本质是一种在交易双方之间转移信用风险的双边协议，其价值基于协议指定的参照实体（Reference Entity）的信用表现，具体的参照实体可以是一家或多家公司、主权政府或特定的金融工具。常见的信用衍生品包括信用违约互换（CDS）、总收益互换（TRS）、信用利差期权（Credit Spread Option）等，其中CDS是最常见和广泛使用的种类，且流动性一般好于其他信用衍生品，但与国债期货等场内衍生品相比，由于其发展时间较短、投资者数量较少等原因，交易活跃度相对较低。在一般的CDS交易结构中，买方（即希望对冲信用风险的一方）向卖方定期支付固定费用；当参照实体发生信用事件（Credit Event）时，由卖方向买方支付事先约定的金额，从而实现信用风险的转移。

信用衍生品最早诞生于20世纪90年代初，当时的交易双方主要为商业银行与保险公司。自2000年起，对冲基金等机构投资者开始进入信用衍生品市场，信用衍生品的投资属性逐渐增强。2000—2006年，对冲基金在信用衍生品买方中的占比由3%上升至28%，在卖方中的占比也由5%上升到了32%。截至2006年末，市场中信用衍生品的本金总额达到20万亿美元，较1997年增长了110倍之多，信用衍生品的种类日益丰富，应用更加多样化。这一时期的信用衍生品交易主要发生在OTC市场，使用国际掉期与衍生工具协会（ISDA）的《ISDA主协议》作为标准合约。《ISDA主协议》最初制定于1992年，后续经过多次更新改版，与同为ISDA制定的《信用衍生品定义》共同组成了国际上信用衍生品交易中影响力最强、应用最广泛的标准化文本。

同一时期，信用衍生品市场的另一大特征则是合成CDO（Synthetic Collateralized Debt Obligation）的广泛使用。与一般CDO不同，合成CDO的现金流一般不来源于信贷资产，而来自CDS或其他能产生现金流的衍生品。与CDS类似，合成CDO使得投资人可以在不持有底层资产的情况下获得相同的信用风险敞口，并且在此基础上根据信用风险对现金流进行分层，以满足投资人不同的风险偏好。随着2003—2004年美国房地产市场的快速扩张，以房地产支持债券（MBS）等作为底层资产的合成CDO（一般称为ABS CDO①）也快速增长，仅2006年的新发行金额就超过了2000亿美元。2008年金融危机爆发后，欧美监管、学界、媒体的主流意见认为信用衍生品的过度使用是导致金融危机的主要原因之一。美国金融危机调查委员会（Financial Crisis Inquiry Commission，FCIC）在其报告中称，CDS和合成CDO为资产支持证券的滥发提供了通道，扩大了房地产市场泡沫破裂导致的损失，始终位于金融危机的“风暴中心”。

尽管信用衍生品究竟在多大程度上导致了金融危机仍存在一定争议，但各国纷纷在一定程度上收紧了对其的监管。美国2010年颁布的《多德—弗兰克法案》中包括了三处对CDS市场有直接影响的内容：（1）禁止商业银行用自营账户从事对冲信贷风险以外的衍生品交易；（2）建立CDS的集中清算机构；（3）逐步清退未结清的单体CDS。欧盟于2012年颁布的《欧洲市场基础设施规范（EMIR）》中也包含了类似的条款，如建立OTC市场衍生品的集中清算机构、强化交易双方的信息报送、提高对衍生品交易对手的信用风险评估监测要求等。在此基础上，欧盟进一步禁止了机构和个人在未持有参照实体债权的情况下利用CDS的做空行为。

金融危机后各国监管对信用衍生品的态度整体趋严，而金融危机的冲击也使一部分市场参与者对信用衍生品产生了不信任感，两者共同作用下，信用衍生品市场增速有所放缓，部分品种甚至出现了一定程度的收缩。例如，2011年单体CDS每周平均成交额曾达到1400亿美元，而2016年的周平均成交额仅有570亿美元，降幅超过60%。在金融危机前一度风靡市场的ABS CDO发行量在2007年同比下降了25%，而自2008年后更是基本绝迹。同时，清算机构在信用衍生品交易中的地位显著提高。截至2017年末，按交易笔数口径已有80.5%的CDS交易通过清算机构进行；

① ABS CDO包括以实际资产支持债券作为参考实体和以CDS作为参考实体两个种类，严格来说前一种并不属于信用衍生品。

截至2022年末，这一比例则达到了88.0%，iTraxx和CDX指数中通过清算机构完成清算的比例都超过了90%。

自诞生之日起，以CDS为代表的信用衍生品就被债券市场参与者视为风险管理的重要工具。投资人可以通过购买CDS完全或部分对冲发行人的信用风险，仅保留债券的市场风险，从而实现风险的分离和转移；而CDS卖方也无须持有相应债券就可获得对应的信用风险敞口，使得更多机构能够参与信用风险的交易、评估和套利。因此，至少在理论层面上，信用衍生品能够补充债券市场的流动性，降低全体市场参与者的交易成本，并提升市场的整体运行效率。例如，Nashikkar等发现CDS流动性越好的债券价格越高、收益率越低（“流动性溢出”效应）。Massa和Zhang也认为CDS市场的存在可以减少投资者被迫折价抛售债券的情况，从而为债券市场提供额外的流动性。

由于交易对手风险的存在，信用衍生品无法完全对冲掉信用风险，但其作为事前的偿债保障措施仍有独特的优势。当发行人发生违约时，CDS持有人可以直接从卖方处获得赔付，无须经过诉讼程序，也无须等待发行人完成债务重组或清算，在违约处置效率方面存在着天然的优势。除此之外，在美国法律体系中，衍生品在企业破产清算过程中享有实质的“最优先级”待遇，而这种待遇有利于信用衍生品买方在交易对手违约时更好地维护自身的权益。理论上，假设CDS卖方与发债主体的信用水平相同，由于CDS的优先处置机制，持有CDS的违约损失率要低于直接持有参照实体。衍生品的最优先待遇主要来源于三个方面：第一，CDS买方可在对手宣告破产前终止协议并获取抵押品，而一般债权人无法如此操作。第二，当CDS买方对交易对手同时存在长短双向头寸时，可对头寸进行轧差，减少对破产主体的现金支付，从而在清算过程中优先保证自身利益。第三，当主体宣布破产时，美国破产法规定主体可收回破产前90天内已支付的款项并将其用于破产清算，但对CDS的支付不在此列。

第四节　违约处置国际经验对中国的启示

与国际债券市场相比，我国债券市场违约历史尚短，个别主体曾出现违规转移资产、恶意逃废债的行为，同时违约处置机制尚不健全，司法诉讼处置效率偏低，债务重组时间较长，投资者维权难度大。美国、英国、日本等国家均建立了较为完善的金融投资者保护制度，减少债券违约对债券持有人造成的损害，平衡债券投资者与债务人之间的关系，对进一步完善我国投资者保护机制主要有三点启示。

一、违约处置方式

主要发达国家对于违约债务的处置方式较为丰富，市场参与主体基于最小化违约损失的原则灵活选择合适的违约处置方式。在相对完备的违约处置体系下，庭外重组、破产重整、预重整、破产清算、破产和解各展其能，债务处置效率逐步提升。一方面，庭外重组回收率高于司法途径，尤其是求偿顺序相对劣后的普通债券，庭外重组回收率比司法途径增加超过30%，主要系企业为了高效解决债务问题，倾向于提出各类债权人损失均较小的重组方案以激励债权人同意并实施，同时庭外重组不需要进入复杂的司法程序，避免支付高额的法律费用和折价抛售资产，企业留存价值高于司法途径（见图 10-4）。另一方面，美国司法途径处置中破产重整使用占比不断提升，2023 年 1—2 月有 87 家企业申请第 11 章，占比接近八成；同时，司法途径处置耗时明显缩短，预重整模式下第 11 章通常可在 30~45 天内完成，有部分案件在提交破产申请后 1~2 天内即可获得法院对重整计划的确认（见图 10-5）。

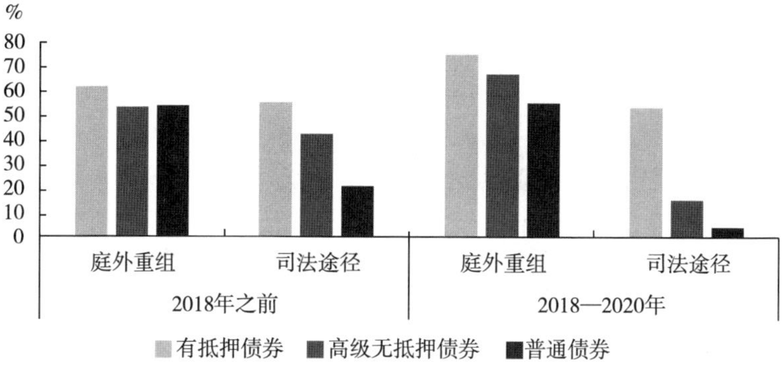

图 10-4 美国庭外重组和司法途径下不同层级债券回收率对比

（资料来源：标普，中诚信国际整理）

二、投资者保护制度

主要发达国家投资者保护制度相对健全，实现对债券生命周期全流程管理。具体来看，主要发达国家形成了涵盖“事前预防措施”“事中应急机制”“事后处置机制”等内容较为完备的投资者保护制度，强化发行人、中介机构尽职尽责义务。其中事前预防措施包括引导企业建立内部风控制度、严格履行信息披露义务、分类管理高风险债券、提高评级机构风险预警能力、合理应用投资者保护条款约束债务人等，有助于债权人和监管机构及时掌握债务人信用资质情况，对违约风险进行全面识别和评估，降低债券违约风险的发生概率和影响程度；事中应急机制充分发挥受托管理人及债券持有人会议在违约处置中的核心作用，较好地代表债券持有人督促债务人履行清偿责任，切实保障债券持有人合法权益，尤其是在投资者数量较多且持有份额分散的情况下；当债券违约已发生且无法满足债券兑付情况下，市场参与主体基于市场化、法治化的原则选择合理的违约处置方式，同时通过责任追究制度畅通投资者权利救济渠道，最大限度地减少债权人的损失。

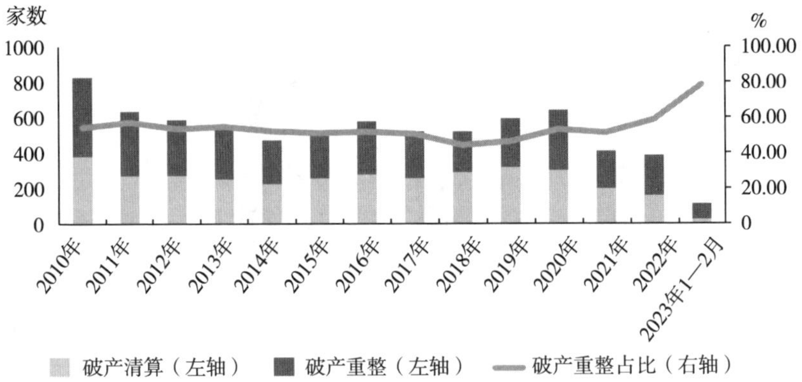

图 10-5　美国司法途径处置方式分布

（资料来源：标普，中诚信国际整理）

三、违约债务投资

具有专业资产处置经验的机构参与违约债券投资和处置过程，推进违约处置由监管主导向市场主导转变，有助于提升违约处置效率。秃鹫投资者通过折价收购债权、提供新增融资、购买股权等方式成为主要利益相关者，从而获得对债务人的控制权。为了提高投资回报，秃鹫投资者会加速推进债务处置进程，并采取注入资金、资产出售、并购整合、业务调整等方式让发行人尽早恢复正常经营，提升企业价值。从效果来看，一方面，秃鹫投资者的参与有利于债券市场充分博弈，形成对违约债券的合理定价，从违约债券前后的价格对比来看，秃鹫投资者的参与将违约债券的年化收益率平均提高了 7 个百分点；另一方面，秃鹫投资者通过购买违约债券，提高债权人集中度并减弱债权人利益冲突，能有效增加债务重组的成功概率，从债务重组周期对比来看，秃鹫投资者的参与将处置周期平均缩短了 44 天，且秃鹫投资者参与公司治理的积极性越高，重组效率提升越明显。

美国、英国、日本等主要发达国家经过长期的实践，形成了高效的违约处置机制。首先，违约处置方式多元化，包括庭外重组、破产重整、预重整、破产清算、破产和解，其中庭外重组具备灵活性，且成本较低，成为境外违约债务处置的主流方式。其次，投资者保护制度涵盖“事前预防措施”“事中应急机制”和“事后处置机制”，实现对债券生命周期全流程管理，尽量减少债券违约对投资者造成的损害。最后，高风险债券市场化交易机制提供了风险再分配的途径，同时秃鹫投资者的参与推进违约处置由监管主导向市场主导转变，进一步提升处置效率。我国可基于当前违约处置过程中存在的不足，借鉴上述国际经验，进一步完善债券违约处置机制，推动违约风险的出清与化解。

第十一章

中国债券市场违约处置机制完善及建议

党的二十大报告指出："深化金融体制改革，建设现代中央银行制度，加强和完善现代金融监管，强化金融稳定保障体系，依法将各类金融活动全部纳入监管，守住不发生系统性风险底线。"防范化解重大金融风险特别是守住不发生系统性风险的底线，是维护国家金融稳定的重要内容，也是金融工作的根本任务和永恒主题。近年来，我国坚持将防范化解金融风险工作放在重要位置，从多层次角度完善风险防范化解机制，加快补齐制度短板，持续优化违约处置制度，推动违约处置机制法治化、市场化、多元化发展。在此背景下，我国债券市场违约处置和回收呈现积极变化。本章根据市场表现及政策方向对后续违约债券处置及回收情况进行展望，并基于当前违约处置过程中存在问题及难点，总结和吸取国内外违约处置机制建设及市场实践经验，为推动违约风险化解、完善债券违约处置机制建设提出相关建议。

第一节　中国债券市场违约处置机制完善的方向

相比于美国、日本等发达国家成熟的债券市场体系，我国债券市场发展起步时间较晚，公募市场违约历史不足 10 年，违约处置领域仍存在相关法律体系不健全、处置回收效率低、信息披露不充分等问题。近年来，债券违约处置机制建设逐步推进，大型企业违约处置实践案例陆续落地，实践中处置方案也更加灵活。但值得关注的是，不同处置方案落地后回收期限差异仍然较大，不同清偿方案的违约债券回收资金进度也存在一定不确定性，违约债券回收效率有待进一步提升。在市场化退出渠道方面，我国违约债券交易市场仍存在较大的发展空间。

一、统一制度框架下配套制度逐步细化、落实，违约债券处置有望逐步市场化、法治化

在我国债券市场违约风险暴露初期，相关司法救济制度不完善，持有人会议流程不规范、违约诉讼求偿难、债券“担而不保”等现象时有发生，投资者权益难以得到有效保障，影响投资者信心，对债券市场运行稳定性也带来不利影响。但近年来，随着《关于公司信用类债券违约处置有关事宜的通知》《全国法院审理债券纠纷案件座谈会纪要》等文件的发布、落实，监管机构在违约债券处置法治化保障方面已有诸多作为。市场各方在推动债券违约处置方面积极探索，开展了诸多实践，持续完善市场化、法制化违约处置机制建设，推动构建统一的违约处置制度框架，并从审理债券纠纷案件、规范金融机构债委会规程、探索违约债券交易机制等多方面完善配套制度，推进违约债券加快市场出清。

随着违约债券处置相关制度的不断完善、细化及进一步落实，违约后续处置流程不规范、投资者保护力度不足、违约债券信息披露不完备等实务中存在的现实问题有望得到妥善解决，推动债券市场违约处置逐步市场化、法治化。

二、信用风险防范与化解机制持续优化，违约处置效率有望提升

近年来，违约处置制度持续优化，风险防范化解机制建设多层次完善，违约处置效率上升趋势也有所显现。从债券市场违约处置的历史统计来看，2014—2016 年由于债券市场违约规模相对较少，且处置方式以非司法途径为主，违约债券处置效率整体处于平稳波动状态；2017—2020 年，由于违约规模的快速增长，违约债券处置进度远不及违约规模的增长

速度，处置效率明显降低。不过自 2021 年以来，随着违约后续处置机制的不断推进，多家主体采取破产重整或与债权人达成重组协议等方式处置债券，违约处置效率波动回升。未来在违约处置制度落实、处置流程优化的带动下，司法途径以及债务重组过程中多方协商的效率有望提升，推动违约处置进程进一步加快。

与此同时，大型企业违约处置案例落地，也有望带动违约处置效率进一步提升。当前债券市场违约风险释放进一步常态化，特别是 2020 年以来，以集团型企业债务危机暴露为主。集团型企业自身债务体量大、利益相关方及关联企业众多，债务风险处置具有高难度和复杂性的特点，其能否妥善处置也牵动着市场投资者情绪，对于维护债券市场稳定运行至关重要。伴随大型企业债务处置与化解力度逐步加大，特别是 2021 年以来海航集团、华夏幸福、北大方正等大型企业债务处置方案的有序落地，向市场传递了大型企业化债的决心，有效提振市场信心，也有助于对后续危机企业债务化解形成示范。尤其在合并重整、预重整制度以及债委会制度的完善及成功实践的推动下，债券市场违约后续处置进程有望逐步加快。

三、多元化组合处置方案兼顾多方利益和操作灵活性，市场化处置手段更加丰富

2019 年以来，金融监管部门逐渐聚焦公司信用类债券违约处置，不断加快完善违约债券的处置制度，加大投资者保护力度。为进一步提高违约债券处置效率，债券监管部门多次发布关于风险债券处置的指导类文件，引导债务风险缓释方式向市场化、多元化方向发展，丰富市场化债券违约处置方式，包括允许发行人在基于平等、自愿原则的前提下，通过债券置换、展期等方式协商进行债务重组。在此背景下，银行间债券市场及交易所先后推出债券置换业务相关通知和债券置换业务试点。2022 年银行间债券市场正式引入债券置换、同意征集机制两项制度，不仅丰富了发行人主动债务管理工具，还有助于债券偿付和处置方式的多样化。同

时，中国证监会曾在工作会议中多次强调要健全市场化、法治化、多元化债券违约风险处置机制，健全违约债券转让机制，并不断完善了债券购回、债券置换、回售转售等债务管理工具相关制度安排。

在一系列完善违约处置机制举措的推动下，我国债券市场违约处置方案逐步由采取单一方式向多元化组合处置转变。早期债券市场违约处置方式主要以发行人自筹资金或第三方代偿为主，债务问题的解决缺乏市场化手段，投资者求偿处于相对被动地位。近年来，国内通过诉讼或破产等司法途径以及协商债务重组方式处置债券的案例逐步增多，并探索司法和解、折价兑付等多元化方式。此外，还有很多违约主体在破产重整或协商重组方案中通过引入战略投资者，制订了现金清偿、债转股、展期或留债等多样化组合的清偿方案。采取多元化方式处置债务不仅为发行人清偿债务提供更为灵活和可操作空间，也为债券持有人提供更多样选择满足多方需求，有助于促进双方协商达成一致。未来随着处置路径及方案的不断创新，市场化处置手段将更为丰富，同时也将有更多的违约债券采用多元化组合的方案予以处置。

四、违约债券回收存在不确定性，违约数据平台化建设有待进一步发力

随着违约处置机制的完善、处置方式的丰富、处置效率的提升，均有利于违约债券后续的回收。但从近年来已有的处置实践来看，虽然重整方案不断地丰富，股抵债、留债展期等清偿方式被灵活运用，但后续资金的回收情况仍存在一定不确定性。具体来看，不同处置方案下资金回收不确定性较高，如在破产重整方案中，普通债券持有人由于清偿顺序靠后，清偿率相对不高，一旦重整失败进入破产清算，清偿率将大大下降，回收周期往往也较长；协商重组方案下多方利益协调所需的时间存在不确定性，重组方案落地后债券持有人还可能因重组让步面临一定的资金损失。另外，不同清偿方式下资金回收也同样存在不确定性，除现金清偿是较为

直接的资金回收方式外，展期或留债等方式下资金回收期限将进一步拉长，需持续关注期间内发行人盈利能力是否实质改善以支撑其未来债务偿还；债转股方式下则还需关注发行人长期发展战略目标及完成情况，以及后续股权退出等问题。

此外，受违约债券信息披露不足的影响，在公开市场难以获取较为全面的违约债券回收情况，这直接影响到违约债券回收样本数据的完备性和准确性，使得国内债券市场违约回收率测算工作的开展面临难度。从信息披露情况看，当前国内债券市场仍存在部分发行人公告已完成违约债券的兑付，但未披露具体偿付情况；也有部分发行人已完成处置程序，或已执行完成重整计划并注销旗下违约债券，却未公开披露相关违约债券兑付情况等情形。信息披露的不完整降低了违约债券回收率统计的准确性，可统计的回收数据与实际回收情况或存在较大差异。现阶段违约处置信息披露主动性不足、缺少专门的违约信息披露平台或是制约违约债券信息披露完备性和准确性的重要因素，未来健全违约处置信息披露规则、推动违约数据平台化建设势在必行。

五、违约债券交投活跃度较低，市场参与主体丰富程度及交易规模尚有较大的提升空间

为完善债券违约处置机制、提升违约债券定价有效性，2018 年以来监管机构逐步探索建立违约债券交易机制。目前我国银行间债券市场违约债券可通过匿名拍卖、北金所到期债券转让方式进行交易，交易所市场则可通过特定债券转让结算开展交易，以市场化退出为导向的违约债券交易机制发挥了一定作用。但当前我国违约债券交易市场仍处于建立初期，存在交易规模较小、交易集中度较高、市场流动性不佳、交投活跃度低、参与机构范围及数量少等问题。此外，在市场匿名拍卖债券成交价格的双向报价中，成交价格区间分布较广，参与机构对高收益债券违约及回收率测算结果差异较大。由此也可以看出，现阶段高收益债或违约债券的定价机

制尚处于发展阶段。因此，有必要进一步发展高收益债券市场，完善风险债券交易、定价估值等机制，着力提高违约债券转让规模及活跃度。

第二节　完善中国债券市场违约处置机制的建议

随着我国债券市场违约逐步进入常态化阶段，债券违约处置机制的短板已经成为制约债券市场健康发展的重要痛点。结合我国债券市场违约处置中存在的问题及难点，总结和吸取国内外违约处置机制建设及市场实践经验，遵循市场化、法治化原则，本节从完善违约处置制度框架设计、建立违约处置与回收信息平台、推动建设高收益债券市场、发展培育信用衍生品市场四方面，为推动违约风险化解、完善债券违约处置机制建设提出相关建议。

一、完善违约处置制度框架设计，依规落实投资者保护制度

当前我国违约债处置仍缺乏全面的制度框架设计，实践过程中由于缺乏清晰、统一的程序化、制度化的决策与执行机制，存在操作流程不规范、忽视投资者权益保护等问题，影响了违约债券市场化、法治化债务处置的进展。因此，进一步完善违约处置制度框架设计，依规落实投资者保护制度，具有重要性和迫切性。

（一）完善违约处置制度框架设计，健全持有人会议等现有庭外协商机制

完善违约处置制度框架设计，构建庭外重组指导方针。近年来，我国违约处置相关规则不断发展完善，除破产重整、破产清算等庭内处置方式

外，持有人会议等庭外重组协商机制逐步多元化，但由于我国企业债务重组仍多以“一企一案”方式推进，缺乏清晰、统一的程序化、制度化的决策与执行机制，一定程度上影响了市场化、法治化债务处置的进展。因此，建议结合国际经验以及我国近年来违约处置的实践案例，完善违约处置制度框架设计、构建符合中国特色的违约处置指导方针，明确违约处置的工作机制、决策机制、流程步骤和约束条件等，将债务重组流程程序化、制度化，并与现有债权人委员会制度、持有人会议、同意征集要约、债券置换要约等庭外重组相关协商制度有机结合，增强债务处置业务可操作性。

健全持有人会议制度，强化其法律约束力，规范会议流程，引入异议债权人保护条款，实现少数债权人利益保护。受托管理人及持有人会议是债券市场投资者保护制度的核心机制，应充分发挥其在债券违约处置中的关键作用。首先，强化持有人会议决议的法律约束力。根据现行规定，持有人会议决议通过后对全体债券持有人具有相同约束力，但未明确规定债券持有人会议决议对发行人是否具有约束力，因此需进一步明确持有人会议决议对发行人的约束安排，切实发挥保障债券持有人集体权益的作用。其次，规范持有人会议流程，细化债券持有人会议触发条款。应结合近年来违约企业信用风险释放情况，对可能影响企业偿付风险的重大事件进行梳理及总结，完善持有人会议触发条款设计，规范持有人会议流程，充分发挥持有人会议议事平台作用。最后，引入异议债权人保护条款，赋予异议债权人债权回购权，实现少数债权人利益保护、降低“钳制效应”对庭外重组程序的负面影响。

（二）丰富债务重组机制设计，强化投资者合法权益保护

首先，引入自动冻结制度，实现对债权人的充分保护。自动冻结机制是保护债务人和债权人利益的基本措施之一，以达到救助债务人、公平对待所有债权人的目的。当债务人陷入债务困境时，具备信息优势的债权人可能会通过司法、行政或其他手段对债务人进行追索，这一行为或将对其

他债权人利益造成损失，并造成债务人资产减少、影响正常经营、加剧债务风险处置难度。此外，由于当前我国尚未建立完整规范的企业债务重组法律法规体系，债权人假借债务重组进行资产转移、逃脱债务等情形也有所存在。因此，通过在债务重组中引入自动冻结机制，可有效防范部分债权人利用信息优势提前进行债务追索，或重组双方进行勾结串联转移资产、恶意逃废债等行为，有效保障债务人和全体债权人利益，提高违约处置效率。

其次，设立专家机制，保证流程专业性、中立性和公正性。日本“事业再生 ADR 制度”通过引入了专家主导机制，使得债务重组程序更具专业性、规范性和高效性。例如，可引入破产专家协会，由具备丰富破产重组经验的律师、会计行业的专家主导债务重组程序，在重组价值判断、重组计划制订、重组流程及环节推动等多方面发挥自身的专业优势。同理，英国“伦敦规则”中在商讨重组方案时也会参考相关专业机构对债权人的尽职调查报告。因此，通过引入专家机制，提高违约处置程序的效率，保证专业性、中立性和公正性，实现对全体投资者的保护。

（三）增加债权人保护性条款使用，增强内部约束、维护债权人利益

增加债券保护性条款的使用，可以在存续期内有效监控发行人经营和财务表现，并及时发现企业异常情况。在美国证券市场，为避免发行人在债券存续期内损害投资者利益，债券通常设定多种约束性条款，且债务优先级越低，限制性条款使用越多。常见条款如下：（1）不得将其资产为其他负债做抵押和担保；（2）营运资本需占全部资产一定比例；（3）限制现金股利金额和比例、普通股回购；（4）资本性开支不得超过一定比例；（5）限制新增债务；（6）限制资产出售；（7）交叉违约；（8）提前赎回；（9）实控人变更等。此外，还可有选择性地设置其他限制性条款，比如对资产负债率、利息覆盖倍数等指标加以限制，限制发行人对外担保及关联资金拆借、重大资产重组等事项，多方面维护债权人利益。若发行人

在未征得债权人豁免的情况下违反约束性条款，债权人有权要求发行人采取补救措施，严重时可能引发债券立即进入清偿程序，从而及时、有效识别企业债务风险，最大化保障企业和债权人价值。

相比之下，尽管2016年以来投资者保护条款在中国债券市场应用不断提高，但信用债总体应用比例相对不高，风险覆盖点不充分，使得此类条款在对债券的违约风险预防能力较弱，无法实现事前保护债权人利益的目的。因此，建议增强债权人保护性条款使用，限制发行人对外担保及资金拆借，增强股息分红限制条款、核心资产划转限制条款、交叉违约条款、新增债务限制条款、支出限制条款等保护性条款使用。此外，需根据债券市场风险点进一步完善及增设条款设计，例如补充针对企业集团内部关联担保、上市公司股权质押比例等情形的约束类条款，针对上市公司股价异常波动设置相应的维持类条款，多方面维护债权人利益。

二、提升违约债券信息披露质量，建立违约处置与回收信息平台

高质量信息披露是企业推进债务重组的必要条件，针对当前违约处置过程中存在的信息披露相关问题，应进一步完善违约企业充分信息披露标准，通过构建信用风险预警机制、搭建违约处置与回收信息平台，确保违约企业信息披露全面性、准确性、及时性，并通过提高信息披露造假等犯罪惩罚力度，强化信息披露法律约束力，有效提升违约企业信息披露质量。

（一）健全充分信息披露标准，提升违约债券信息披露质量

明确违约企业充分信息披露标准，提升信息披露全面性、准确性、及时性，防范违约企业再生过程的声誉及舆论风险。由于违约处置过程中，双边或多边谈判并不能保证所有的利害关系人都能亲自参与其中，因此高质量信息披露是债务重组高效推进的关键。但同时违约企业信息披露

后，也面临投资人、债权人、企业职工等相关利益方的高度关注、社会舆情及反馈，因此，一方面需提高违约企业信息披露透明度，加强信息披露准确性要求，明确重大信息的披露时间限制；另一方面，需有效平衡高质量信息披露与违约企业再生过程中面临的声誉及舆论风险。

首先，提高违约企业信息披露透明度，制定充分信息披露标准，明确债务重组发起环节、协商环节及执行环节等各环节需进行全面披露的具体内容，并要求企业通过权威渠道以标准化形式披露相关信息。其次，加强违约企业信息披露准确性要求。实践中，违约企业为获取更大利益，倾向只披露正面信息，信息不对称严重影响了违约处置的效率及进程。信息披露文件应措辞明确，不得选择性披露或采用不当措辞故意引诱、误导投资者。再次，明确重大信息的披露时间限制，确保信息披露及时性，对于发行人故意拖延信息披露而影响债务处置进程的行为，严格落实信息披露违法违规行为的惩处。最后，有效平衡高质量信息披露与违约企业再生过程中面临的声誉及舆论风险，避免违约企业因过度信息披露或媒体错误报道造成企业声誉受损、影响投资者信心及重组进程的情形。

（二）规范违约债券信息披露要求，搭建违约处置与回收信息平台

首先，需进一步完善违约债券信息披露标准，统一并细化违约债券处置及回收信息披露要求。债券违约后，发行人等应及时披露企业财务信息、违约事项、涉诉事项、违约处置方案、处置进展及其他可能影响投资者决策的重要信息，对于进入破产程序的发行人，应持续披露破产进展，以及企业财产状况报告、破产重整计划、和解协议、破产财产变价方案和破产财产分配方案等其他影响投资者决策的重要信息。

其次，搭建违约处置与回收信息平台，为投资者提供统一、高效、准确的违约处置信息获取渠道。公开、透明、及时的违约处置及回收信息数据是投资者参与违约债交易及投资的重要基础，加强违约处置与回收信息披露工作，尤其是梳理并整理过往违约后续处置及清偿案例，有利于投资

者构建全面信用风险定价机制、更好地把握债券信用风险。建立统一的违约处置与回收信息平台，可以为投资者提供统一、及时、高效、准确的违约处置信息获取渠道，有助于进一步增强市场透明度，提升违约债处置效率及效果。

（三）提高信息披露违规成本，保障已出台措施落到实处，增强信息披露约束力

现阶段我国《破产法》中对于违反信息披露义务的法律责任主要为罚款，参考国际市场惯例，例如美国证券市场，通过刑事处罚、巨额罚款等方式很大程度上遏制了信息披露造假等问题。一方面，为增强信息披露要求及相关制度的法律约束力，加大信息披露造假等犯罪惩罚力度。构建信息披露立体式追责，落实穿透式监管和全链条问责，对于违约处置各环节中，严重违反信息披露义务的情形应处以刑事责任，尤其是对于董事、监事、高管，以及控股股东、实际控制人等“关键少数”未能依法履行信息披露要求、存在信息披露严重违规的行为，予以刑事责任追究、依法追究其赔偿责任。另一方面，近年来，相关部门围绕公司信用类债券信息披露陆续出台了多项制度性安排，建议进一步落实现行债券信息披露要求和相关惩处政策，保障已出台措施落到实处，强化市场化约束。此外，中介机构作为证券市场“看门人”，需进一步压实保荐人等中介机构在违约处置程序中信息披露职能，对信息披露真实性、准确性、完整性进行核验，加强执法衔接与责任追究以倒逼市场参与方归位尽责，加大信息披露造假等犯罪惩罚力度，强化信息披露的法律约束力。

三、建设高收益债券市场，培育多层次投资者结构

根据美国的实践经验，在长期的实践过程中，美国孕育出相对完善和成熟的高收益债券市场运行机制，有利于促进违约债券的交易及处置。当前中国高收益债券市场仍处于初步发展阶段，配套设施建设尚不完善，对

于化解违约风险作用有限。在此背景下，基于高收益债券市场建设视角，为推动违约风险化解、完善市场化法治化债券违约处置机制的效率，提出以下建议。

（一）发展高收益债券市场，完善违约债券交易机制建设

第一，建设中国高收益债券市场，推动违约债券交易市场发展，提升违约债券交易活跃度。从国际经验来看，违约债券是高收益债券市场的重要组成部分，而违约债券的交易价格对回收率测算以及高收益债回收率评级模型的建立具有重要作用。当前我国违约债券交易市场发展仍在早期探索阶段，相较于违约债券规模，我国违约债券交易市场容量较小，违约债券交易价格较为离散、呈不对称的两极分化的特点，与债券最终回收率存在较大差距，违约债交易价格无法作为最终回收率测算的替代方法。因此，建议发展培育中国高收益债券市场，尤其是进一步推动违约债券交易市场发展，引入违约债券做市商制度，完善违约债券动态报价机制，增强违约债交易市场活力，促进债券市场有效出清的同时，提升违约债券风险定价有效性。

第二，完善违约债券交易机制建设，构建跨市场统一的违约信用债交易市场。基于当前多头监管的债券市场体系下，违约债券交易市场相对割裂，三种违约债券交易业务适用范围、交易方式存在差异，相同违约主体跨市场交易过程中存在一定套利空间。从国际经验看，依托于高度发达统一的托管、清算与结算体系，美国债券市场拥有多个交易前端互联互通的电子平台，不存在跨市场套利或多个交易系统和交易环节，降低了交易成本。建议进一步完善违约债券交易机制建设，构建跨市场统一的违约信用债交易市场，有利于消除因监管规则不同而产生的套利机会，并有效改善因市场割裂而导致的违约债券市场流动性不佳等问题，提升违约债券风险定价有效性。

（二）培育多层次投资者结构，引入不良资产专业投资机构参与违约债券处置交易

从国外高收益债市场发展历程来看，拥有多样化投资主体、多层次的投资风险偏好是高收益债市场发展的重要基础；此外，引入秃鹫基金、AMC 等具有不良资产处置经验的专业机构，有利于推动市场化、法治化违约处置进程。一方面，从国外高收益债市场发展历程看，拥有多样化投资主体、多层次的投资风险偏好是高收益债市场发展的重要基础。大量、多类型的机构投资者通过购买高息债，优化资产配置，平衡收益风险。这些投资者包括但不限于共同基金、保险公司、对冲基金、养老基金和商业银行等各类投资机构。另一方面，在海外高收益债市场中，“秃鹫基金”是一类专注于违约企业债券交易的不良资产交易者，投资者通过将违约债券转让给具有更强风险承受能力和意愿的专业机构投资者，由其发挥信用风险处置能力，在提高违约债券处置效率及质量的同时，更有利于推动部分违约企业加快化解债务危机进程，提升债务回收，是债券市场向纵深发展的必经之路。

因此，针对我国高收益债市场投资者结构单一、风险趋同等现象，建议逐步培育风险偏好不同的多层次投资者结构，鼓励符合条件的金融机构依法设立不良资产处置基金，支持具有不良资产处置能力的机构（如境内外秃鹫基金、私募股权投资基金、产业投资基金、不良资产处置基金等各类基金）按照市场化、法治化原则参与违约债券处置，加快培育与债券市场发展相适应的正确风险理念，持续深化债券市场投资者结构改革，推动市场化、法治化违约处置机制建设。

四、发展信用衍生品市场，有效发挥违约风险缓释功能

信用衍生品的创新和合理利用增加了市场管理信用风险的工具，1990 年，信用违约互换（CDS）和担保债券凭证（CBO）等衍生品的出现加快高收益债券市场的发展。从风险分担角度看，债券持有人可通过购买 CDS

将违约风险转移至 CDS 出售方，而 CBO 则是将债券打包成结构化衍生品，把债券的信用风险分离出来，通过信用分层、信用增级、破产隔离等方式重新改变金融资产的风险收益特征，将违约风险向信用保护卖方传递，从而获得债券违约快速退出机制，有效发挥违约风险缓释功能。

（一）推动信用衍生品市场创新发展，发挥违约风险缓释功能

推动信用衍生品市场创新和发展，积极发挥违约风险缓释及转移功能。从国际衍生品市场发展经验看，20 世纪 90 年代，在金融自由化和信用危机背景下，银行业开始通过多渠道的信用风险管理来化解信用风险，实现违约风险的有效缓释及转移，信用衍生工具应运而生。随着几十年的发展，美国衍生品市场结构多元化、产品丰富，参与主体也从银行拓展到对冲基金、投资银行及资产管理公司等多种金融机构。目前我国信用衍生品市场发展不足，市场规模小、产品种类较少，参与主体风险偏好趋于同质化、市场活力不佳。因此，建议增强信用衍生品市场投资者培育，考虑适当放宽信用衍生品市场主体参与限制，引导商业银行、保险公司、基金公司、担保公司等不同类型市场机构参与到信用衍生品业务各环节；加强信用风险缓释工具创新及应用，开发适合中国市场需求的产品，由需求端驱动信用衍生品市场发展壮大，有效发挥违约风险缓释及转移功能。

（二）完善衍生品法律法规和监管框架，加强跨市场跨部门协调合作

建立健全配套制度与监管机制，明确各类机构监管责任、加强跨市场跨部门协调合作。首先，我国场外衍生品的制度依据以指引性文件为主，如《银行间市场信用风险缓释工具试点业务指引》及相关配套文件，各类产品的指引相互独立且缺乏上位法支持，难以适应市场快速发展的需要，交易实施难度大、覆盖面不足等问题仍然存在，如 NAFMII 主协

议与 ISDA 主协议具有标准尚未统一的问题①。其次，我国债券类衍生品监管机构众多，就信用衍生品而言，存在银行间市场和交易所市场两套监管制度，其监管机构横跨“一行两会”，同时涉及交易商协会、中国外汇交易中心、沪深交易所等，极易出现监管重叠或真空、权责不清晰、跨市场和跨机构监管工作不协调等问题。从国际经验看，监管问题长期积累会损害金融系统稳定以及债券衍生品市场的良性发展，信用衍生品监管缺失致使市场过度投机为引发 2008 年金融危机的重要原因。2008 年金融危机作为美国金融监管改革的重要转折点及分水岭，由此诞生的《多德—弗兰克法案》成为美国 OTC 衍生品市场的基本法，从多方面强化了对场外衍生品的监管，促进了债券类衍生品市场长期稳定发展，确立了美国对债券衍生品监管的制度框架，并由此确立了 CFTC 和 SEC 基于产品种类分类的有效监管模式，发挥自律监管组织在证券和衍生品监管中的重要作用。因此，应进一步加强顶层设计与统筹协调，推动制定信用保护工具专项法规，持续完善场外衍生品自律规则体系及自律监管框架，明确各类机构的监管责任，加强跨市场跨部门协调合作。

（三）加强集中清算体系建设及应用，推进信用衍生品交易标准化

从国际经验来看，信用衍生品采用集中清算是主要发展趋势。目前我国场外衍生品的主要清算都通过上海清算所进行，具体到信用衍生品上，根据交易商协会的《业务规则》，在特定情况下也允许交易双方自行清算。在我国信用衍生品市场的起步阶段，为最大限度地控制交易对手风险、规范交易行为，应坚持以集中清算为主，由人民银行认定的清算机构作为信用衍生品的中央对手方。在对中央对手方的管理上，可沿用同类金融资产的清算管理方式，在此基础上借鉴国际先进经验，通过清算会员、保证金、资本金比例限制、逐日盯市等机制控制交易对手风险 。

为便于集中清算，信用衍生品工具的标准化也需要进一步加强。交易

① 周怡，马克．信用衍生品市场发展问题探讨［J］．西南金融，2020（2）：41-48.

商协会制定的《银行间市场金融衍生产品交易主协议》及《场外信用衍生产品交易基本术语与适用规则》是目前场外衍生品交易的标准化文本，其内容很大程度上参考了ISDA的《主协议》及《信用衍生品定义》。在此基础上，可借鉴ICE等国际清算机构的，逐步对产品本金、票面利率、清算日期等方面进行标准化，提高信用衍生品市场流动性。对于不通过集中清算的非标准化产品，也应建立一定的监测与跟踪机制，实现交易逐笔可追溯，避免因交易链条过长产生风险集中的情况。

后记

债券市场经过数十年发展，逐渐成长为拓宽融资渠道、服务实体经济的重要抓手，在中国融资体系中的地位越发重要。发展的过程中，随着国内外经济形势变化和供给侧结构性改革，叠加新冠疫情加剧了我国经济的下行压力，信用风险逐渐显现、累积，从没有违约到打破刚兑再到违约逐渐常态化，呈现出违约主体性质多元化、违约债券品种多样化等特点。尤其是经历疫情冲击，企业资产负债表受损，债务偿付能力承压，目前大部分的违约债券仍然未有实质性处置进展，不利于防范化解债券市场风险、维护投资者的合法权益，在此背景下强化对违约处置机制的研究仍有着较强的必要性和实用性，加快推进违约债券后续处置已成为信用债券市场的重要议题，持续受到市场的广泛关注。

中诚信国际依托多年来的丰富业务实践经验以及专业的研究团队，持续开展宏观经济、地方政府债务、债券市场、信用风险等领域的研究，聚焦国内外经济动态、债券市场发展及前沿性热点领域，取得了一系列高质量的研究成果，得到了政府决策部门及市场的认可。信用风险领域是中诚信国际的重要研究板块，近年来中诚信国际持续跟踪市场风险演变情况和后续处置情况，围绕违约风险处置做了大量研究工作。在前期工作积累的基础上，又汇聚团队力量，进一步深化对违约风险处置的研究，完成《中国债券市场违约处置研究》内容的创作，为健全违约处置机制及促进债券市场健康发展建言献策。

本书是中诚信国际继2017年出版《中国债券市场信用风险与违约案例研究》书稿之后开展债券市场和信用风险研究的又一重要成果，由浅入深、层层剖析我国违约处置机制，系统梳理我国债券市场信用风险演变、违约处置机制发展进程、国际实践经验等情况。通过全景式描绘，对我国违约处置机制的演变和实践情况进行了阶段性总结，探讨处置实践中的现存问题，并结合实际展业经验和借鉴国际经验，有针对性地提出政策建议，希冀为完善我国违约处置机制、加快违约债务清偿提供一些参考贡献绵薄力量。

中诚信集团创始人、中国人民大学经济研究所所长、中诚信国际首席经济学家毛振华教授，中诚信国际董事长闫衍博士和中诚信国际研究院执行院长袁海霞博士确定了本书的选题、研究思路和研究框架，袁海霞博士和研究院高级副总监谭畅具体负责了本书的组织协调和文稿讨论工作，并对书稿结构与内容修订提供了指导性建议。中诚信国际研究院研究员姚姝冰、卢菱歌、张堃、彭月柳婷、王肖梦、翟帅、梁蕴兮、王晨、侯天成等参与了撰写工作。他们在债券市场、信用风险、违约处置等方面的研究与实践是本书的主要构成部分。此外，还要感谢中国金融出版社的吕楠编辑等工作人员，为本书的出版付出了精心细致的编辑工作。

由于时间和能力有限，本书难免存在不足之处，还恳请读者朋友们批评指正。